초급

경제시사중국어

차성만 저

백산출판사

머리말

경제의 이해

현대 중국은 이미 미국과 함께 국제사회에서 세계 2대 강국이 되었다. 중국의 경제적 성장은 중국을 정치적으로도 국제사회의 주도 국가로 만들었다. 중국 경제의 급속한 성장은 80년대 이후 개혁개방 정책으로부터 시작되었다. 특히 1992년 한·중 국교 수립 이후 양국관계는 우호협력관계에서 전략적 협력동반자관계로 발전하며 더욱 긴밀해졌다.

한·중 수교 20년 동안 한국은 중국과의 경제적 관계에서 급속한 성장을 이룩했다. 그간 양국 간의 교역규모가 증대하여 중국은 한국의 최대 교역 상대국이 되었다. 또한 투자부문에서도 중국은 한국의 제2 투자 상대국으로 성장했다.

이제 한국의 대외경제 활동은 중국과의 관계에서 불가분의 상태가 되었다. 이런 한·중 관계의 환경 형성을 고려하며 중국어를 학습한다면, 여러 분야 중에서도 가장 실용적인 내용이 경제 분야가 된다. 그러므로 중국 경제의 이해는 중국어 학습자의 필수사항이 되었다.

중국어의 학습 자세

중국어가 어렵다고 사람들은 말한다. 물론 어렵다. 모국어가 아닌데 어찌 쉽겠는가. 하지만 쉽다. 학습 의지가 지속적이고, 학습 방법이 용이하면, 쉬울 수 있다.

먼저 학습 의지는 학습자의 몫이다. 학습자는 중국어 숙달의 목표를 굳게 마음먹어야 한다. 굳게 먹은 마음을 꾸준히 지속해야 한다. 다음으로 학습 방법은 교수자의 몫이다. 교수자는 중국어 숙달을 위한 지식과 정보를 친절히 제공해야 한다. 친절히 제공된 학습 방법이 어렵다는 중국어 숙달을 쉽게 만들어준다.

학습 의지의 견지와 학습 방법의 제공에 의해 중국어 숙달은 쉬워진다. 때문에 중국어 학습 자세는 본인의 의지에 따라 좌우되고, 중국어 학습 효과는 교재의 내용에 의해 결정된다. 교수자의 몫으로 본서의 목표는 시사중국어를 쉽게 설명할 것이다.

본서의 구성 특징

본서의 대상은 중국어 초급과정을 마친 후 중급과정에 들어선 학습자이다. 본서의 내용은 중국 경제 분야의 일상적인 용어를 중심으로 한 시사성 문장에 대한 번역 학습이다. 본서의 목표는 어렵다는 경제 중국어를 '문장을 짧게 나누어 조금씩 설명해서 쉽게 이해하는 것'이다.

1. 단어 정리 : 각 과마다 모든 단어를 정리하고, 본문에 해당하는 뜻을 새겨놓았다. 비록 앞 과에서 이미 출현한 단어라고 해도, 뒤 과에서는 새로이 그 뜻을 정리하여 제시했다. 그러므로 사전 없이도 단어의 의미를 파악하여 본문을 번역할 수 있도록 제공했다.
2. 단문 해설 : 기다란 문단이나 문장이 아니라, 짧은 단문을 번역의 기본으로 삼았다. 또한 단문의 번역은 단문 속의 어법적인 구와 절을 자세히 짧게 나누었고, 여기에 해설을 붙이고 단문 번역의 기초로 삼았다.
3. 문장 번역 : 짧은 단문의 번역을 장문으로 결합하여 문장의 번역으로 재구성하였다. 앞서 제시한 단문 번역에 추가적으로 장문으로서 갖추어야 할 어법적 내용을 덧붙인 의역을 실었다.
4. 읽기 훈련 : 중국어 학습에서 내용의 이해, 즉 번역 이외에 또 하나 중요한 점은 머릿속에서 이해한 것을 입 밖으로 말하는 것이다. 중국어 학습의 목표는 중국어를 눈으로・귀로 이해하고, 손으로・입으로 표현하는 것이다. 우리가 실용적 외국어 학습을 최종 목표로 삼는다면, 눈으로・귀로 이해하고 손으로 표현하는 것을 모두 종합하여 입으로 표현하는 것이 가장 중요한 것이다.
   때문에 시사중국어를 학습한다 하더라도, 입 밖으로 소리 내어 표현하는 방법을 배우는 것이 중요하다. 본서는 머릿속의 이해뿐만 아니라, 입 밖의 표현도 중시하여 발음을 병기하여 읽기 훈련의 기회를 제공했다.
5. 연습 문제 : 매 과의 뒤에는 본과와 내용적으로 연관된 문장을 제시하여, 본과에서 터득한 번역 요령을 활용할 수 있도록 하고, 그 해답으로 번역을 실었다.

본서의 학습 방법

본서의 편성 순서는 1장 〈正文〉: 글, 2장 〈生词与解释〉: 문장, 문장의 번역, 단문, 발음, 단문의 번역, 단어・구・절의 해설, 3장 〈번역〉: 글의 번역, 4장 〈练习〉: 연습 등으로 구성되어 있다.

보통 글은 단어·구·절·문장·문단·글로 구성된다. 본서의 설명 순서는 먼저 단어·구·절의 뜻을 새기고, 다음으로 이들을 바탕으로 문장을 번역하고, 끝으로 문단의 내용으로 결합되어 있다. 본서는 간편한 번역과 해설을 위해 하나의 문단을 여러 문장으로 나누었다. 하나의 문장은 하나의 마침표를 단위로 나뉘고, 하나의 숫자 번호가 붙여졌다. 문장은 각각의 단문으로 세분되어 하나의 로마자 번호가 주어졌다.

번역과 해설의 기본 단위는 하나의 단문이다. 단문에는 먼저 발음을 병기하고, 다음으로 단어에 대한 의미 그리고 구와 절에 대한 설명을 구체적으로 하였다. 번역은 직역을 우선으로 하고, 의미의 순조로운 풀이를 위해 문장의 뜻을 새겨서 의역을 첨가했다.

본서의 이해력을 높이기 위한 학습 순서는 첫째 숫자 번호의 문장, 둘째 로마자 번호의 단문, 셋째 단어·구·절의 뜻, 넷째 단문의 번역, 다섯째 문장의 번역, 여섯째 발음 읽기, 일곱째 글의 번역을 참고할 수 있고, 마지막에는 연습 문장을 스스로 번역해 보는 것이다.

끝으로, 본서의 집필 과정에서 느낀 빈·슬·람의 사랑 그리고 본서의 출판을 위해 백산출판사 모든 구성원이 특히 베풀어주신 배려에 깊은 감사를 드립니다.

2012년 12월

蠶室曉凡齋에서

범 례

1) 해설 문장의 구분 방법

① 문장 1) 2) 3) 등은 하나의 마침표를 위주로 구분함.
② 어귀 a) b) c) 등은 하나의 개사구 혹 하나의 동사(서술어)를 위주로 구분함.

2) 기 호

→ 는 ① 직역한 뒤에 의역을, 혹은 ② 단어나 어귀의 뜻을 더욱 새겨서 사용함.
예. ① 성장을 안정되게 하다 → 성장 안정.
② 가까운 시기 → 최근.

( )는 ① 괄호 속의 단어나 어귀가 생략이나 첨가가 가능한 경우 사용함.
예. 투자(금) : 투자. 투자금.
② 한자어의 경우에는 그 한자를, 외래어의 경우에는 그 원어를 표시함.
예. 성장안정론(成長安定論). 제로(zero) 성장.

〔 〕는 ① 그중 하나를 선택적으로 사용 가능할 경우를 나타냄.
예. 감소〔하락〕하다 : 감소하다. 하락하다.
② 어떤 단어나 어귀를 어법적이나 내용적으로 설명할 경우 사용함.
예. 〔동사나 동사구 뒤에 쓰여 동작이 지속 상태임을 나타냄〕
〔사람 이름〕

※ 는 어떤 단어나 어구를 문법 때문에 번역에서 특별히 해설할 경우에 사용함.
예. 본문 중의 变은 '변하다'의 현재형 표현이지만, 내용상 '변했다'의 과거형으로 표현함.

3) 품 사

대 대명사	명 명사
수 수사	형 형용사
동 동사	부 부사
개 개사	조 조사
접 접속사	양 양사

차 례

제1과

投资政策取向

투자정책 추세

1-1 正文 "稳增长"中投资政策取向何方？

近期，我国经济面临的下行压力让"稳增长"的问题变得突出起来。然而，随着中央明确提出"把稳增长放在更加重要的位置"，社会上出现了关于"新一轮投资刺激计划"的猜测以及对一些地方竞相扩大投资规模的疑虑。如何理解当前"稳增长"中投资措施的政策取向？

"稳增长"不单纯是投资刺激。

对"稳增长"的种种议论，一方面反映出有人寄望于政府继续通过大规模投资来刺激增长，另一方面，也反映出人们对一些地方以"稳增长"为名竞相扩大投资，从而加剧部分行业产能过剩，透支未来增长潜力的担忧。

国务院发展研究中心宏观经济部研究员张立群分析指出，"稳增长"不同于"保增长"，两者的目标和力度都不同。当前中央"稳增长"追求的是把经济回落的态势稳定下来，而不是刺激增速。从目前情况看，不会再像2008年底那样推出那么大规模的刺激计划。

亚洲开发银行高级经济学家庄健表示，在外部需求低迷，消费短期内难以独自支撑大局的背景下，现阶段"稳增长"离不开稳定投资，关键是要注重投向·结构以及投资的质量和效益，协调好眼前以及长远的利益，协调好投资效率与改善民生的关系。

“以政府主导的投资拉动经济见效快，但可能存在低效率和不可持续的问题，一旦减缓就可能带来经济增长的停滞。” 庄健表示，要通过推动金融·财税等制度改革，进一步发挥民间投资的作用。

事实上，从目前“稳增长”政策的实际执行方面看，更加强调投资向基础设施·民生·西部地区等薄弱领域和薄弱环节倾斜。在启动一批“十二五”重点项目的同时，保障国家重点在建·续建项目资金。

除了在优化结构的基础上促进投资合理增长外，各部门已经出台的“稳增长”政策还包括扩大消费需求·稳定外贸出口等政策措施。 例如，实施“节能家电惠民工程”，一方面扩大消费，一方面促进了相关企业生产。

* 출처: 新华网. http://news.xinhuanet.com/fortune/2012-09/04/c_112957889.html

1-2 生词与解释

1) “稳增长”中投资政策取向何方？

“성장 안정” 중 투자정책의 추세는 어느 방향인가?

a) “稳增长”中

“wěn zēngzhǎng” zhōng

“성장 안정” 중(에서), “안정적 성장” 중(에서)

稳增长 : 성장을 안정되게 하다 → 성장 안정. 성장안정론(成长安定论).
안전저으로 성장하다 → 안정적 성장.

稳(wěn) : 1.동 안정되게 하다. 진정시키다. 가라앉히다.
2.형 평온하다.

3.형 안정되다. 확고하다. 튼튼하다. 움직이지 않다. 고정되다.
4.형 확실하다. 틀림없다.
5.형 침착하다. 신중하다. 진중하다.

增长(zēngzhǎng) : 동 성장하다. 증가하다. 제고하다. 향상시키다. 신장하다.
负(fù)增长(zēngzhǎng) : 동 마이너스 성장하다. 감소〔하락〕하다.
零(líng))增长(zēngzhǎng) : 명 제로(zero) 성장.
中(zhōng) : 1.명 …의 중에. …과정에. …의 가운데에.
〔동사나 동사구 뒤에 쓰여 동작이 지속 상태임을 나타냄.
동사 앞에 '在'가 있거나 생략됨〕
2.명 한가운데. 중심. 중앙. 복판.
3.명 (위치의) 중간.
4.명 (성질・등급의) 중간. 중급.
5.명 안. 내부. 속.
6.동 적합하다. 알맞다. 적당하다.

b) 投资政策取向何方？
tóuzī zhèngcè qǔxiàng héfāng
투자정책의 추세는 어느 방향인가

投资(tóuzī) : 1.명 투자(금).
2.동 투자하다. 자금을 투입하다.
政策(zhèngcè) : 명 정책.
取向(qǔxiàng) : 명 추세. 방향.
何方(héfāng) : 어느 방향(方向).

2) 近期，我国经济面临的下行压力让"稳增长"的问题变得突出起来。
최근, "성장 안정"의 문제는 우리나라 경제가 직면한 하행 압력에 의해 현저히 변하기 시작했다.

a) 近期，我国经济面临的下行压力
jìnqī, wǒguó jīngjì miànlín de xiàxíng yālì
최근, 우리나라 경제가 직면한 하행 압력이
→ 우리나라 경제가 직면한 하행 압력에 의해

近期(jìnqī) : 명 가까운 시기 → 최근.
经济(jīngjì) : 1.명 경제. 국민 경제.
2.명 경제 활동.
3.명 살림살이. 개인의 생활 형편.
4.형 경제적이다. 경제적인 효율이 높다. 가격이 싸다.
面临(miànlín) : 동 (문제・상황에) 직면하다. 당면하다. 앞에 놓여 있다.

下行(xiàxíng) : 1.[동] (열차가) 하행하다. 내려가다.
2.[동] (배가) 상류에서 하류로 내려가다.
3.[형] (공문서를) 하급 부서로 내려보낸다

压力(yālì) : 1.[명] 압력. 스트레스.
2.[명] 과중한 부담.

b) 让"稳增长"的问题
ràng "wěn zēngzhǎng" de wèntí
"성장 안정"의 문제로 하여금 …하도록 만들다
→ "성장 안정"의 문제는 …에 의해 …하다

让(ràng) : 1.[동] …하게 하다. …하도록 시키다.
2.[동] 사양하다. 양보하다.
3.[동] 양도하다. 넘겨주다.
4.[개] …에게 …되다. …에 의해서 …되다.

c) 变得突出起来。
biàn de tūchū qǐlai
변하여 두드러지기〔돋보이기〕 시작하다
→ 현저히〔두드러지게〕 변하기 시작했다

※ 시제 표현: 본문 중의 서술어는 원형〔현재형〕이지만, 내용상 본 기사는 이미 지난 사실에 대한 기술이므로, 문장의 시제는 과거형으로 표현함. 즉 본문 중의 变은 '변하다'의 현재형 표현이지만, 내용상 '변했다'의 과거형으로 표현함.

变(biàn) : 1.[동] 변화하다. 이전과 다르다.
2.[동] (성질 · 상태가) 변하다. 바뀌다.
3.[동] 변화시키다. 변하게 하다.

得(de) : 1.[조] 동사나 형용사 뒤에 쓰여 결과나 정도를 나타내는 보어와 연결시킴.
2.[조] 동사 뒤에 쓰여 가능을 나타냄. 〔부정을 할 때는 '不得'를 사용함〕
3.[조] 동사와 보어 사이에 쓰여 가능을 나타냄. 〔부정을 할 때는 '得'를 '不'로 바꿈〕
4.[조] 동사 뒤에 쓰여 동작이 이미 완성되었음을 나타냄.

突出(tūchū) : 1.[형] 돋보이다. 두드러지다. 뛰어나다. 뚜렷하다.
2.[형] 튀어나오다. 돌출하다.
3.[동] 돌파하다. 뚫다.

起来(qǐlai) : 1.[동] 동사 또는 형용사 뒤에 쓰여, 어떤 동작이 시작되어 계속됨을 나타냄.
2.[동] 동사 뒤에 쓰여, 위로 향함을 나타냄.
3.[동] 동사 뒤에 쓰여, 어떤 동작이 완성되거나 일정한 목적이 달성됨을 나타냄.
4.[동] 동사 뒤에 쓰여, 어림 짐작하거나 어떤 일에 대한 견해를 나타냄.

3) 然而，随着中央明确提出"把稳增长放在更加重要的位置"，社会上出现了关于"新一轮投资刺激计划"的猜测以及对一些地方竞相扩大投资规模的疑虑。

그러나 중앙정부가 "성장 안정을 더욱 중요한 자리에 둔다"고 명확히 제시함에 따라, 사회에는 "새로운 투자부양계획"에 관한 추측 및 일부 지방이 투자 규모를 다투어 확대하는 것에 대한 의심이 출현했다.

a) 然而，随着中央明确提出"把稳增长放在更加重要的位置"，
ránér, suízhe zhōngyāng míngquè tíchū "bǎ wěn zēngzhǎng fàng zài gèngjiā zhòngyào de wèizhì"
그러나 중앙정부가 "성장 안정을 더욱 중요한 자리에 둔다"고 명확히 제시함에 따라

然而(ránér)：[접] 그러나. 하지만. 그렇지만.
随着中央明确提出：중앙정부가 …을 명확히 제시함에 따라
随着(suízhe)：[동] (…에) 따르다. …따라서. …뒤이어. …에 따라.
中央(zhōngyāng)：1.[명] 정부〔정치 조직〕의 최고 기관. 중앙정부
中央政府：중앙정부. 中共中央：중국공산당 중앙위원회.
2.[명] 중앙. 가운데.
明确(míngquè)：1.[동] 명확하게 하다. 확실하게 하다.
2.[형] 명확하다. 확실하다.
提出(tíchū)：[동] 제시하다. 제출하다. 제의하다. 신청하다. 제기하다.
"把稳增长放在更加重要的位置"："성장 안정을 더욱 중요한 자리에 두다"
把(bǎ)：1.[개] …을. 〔목적어를 동사 앞으로 도치시킴〕
2.[개] …으로. …을 가지고.
3.[개] …하게 하다. …한 상황을 가져오다.
〔뒤의 동사는 대개 결과를 나타내는 보어를 가짐〕
放(fàng)：1.[동] 놓아두다. 맡겨 두다.
2.[동] (자유롭게) 놓아주다. 풀어 주다. 석방하다.
3.[동] 제쳐놓다. 내버려두다. 보류하다. 미루어 두다. 방치하다.
在(zài)：1.[개] …에(서). …에 있어서. 〔시간・장소・범위・조건 등을 이끎〕
2.[동] (사람이나 사물이) …에 있다.
3.[동] (어떤 직위에) 몸담고 있다. 머물러 있다. 남아 있다.
4.[동] (어떤 단체에) 참여하다. 속하다.
5.[동] …에 있다. …에 달려 있다.
6.[부] 마침 …하고 있다. 막 …하고 있는 중이다.
7.[동] 존재하다. 생존하다.
更加(gèngjiā)：[부] 더욱. 더. 훨씬. 한층 더. 가일층. 더군다나.
重要(zhòngyào)：[형] 중요하다.

位置(wèizhì)：1.명 위치.
2.명 지위.

b) 社会上出现了关于"新一轮投资刺激计划"的猜测以及对一些地方竞相扩大投资规模的疑虑。
shèhuì shang chūxiàn le guānyú "xīn yì lún tóuzī cìjī jìhuà" de cāicè yǐjí duì yìxiē dìfāng jìngxiāng kuòdà tóuzī guīmó de yílǜ
사회에는 "새로운 투자부양계획"에 관한 추측 및 일부 지방이 투자 규모를 다투어 확대하는 것에 대한 의심이 출현했다

社会上出现了：사회에 …이 출현했다.
社会(shèhuì)：명 사회.
上(shang)：1.명 …에(서). 〔명사 뒤에서, 그것의 범위 안에 있음을 나타냄〕
2.명 …(위)에. 〔명사 뒤에 쓰여, 그 물체의 표면을 가리킴〕
3.명 …에 관한. …적으로. 〔명사 뒤에 쓰여, 그 방면을 가리킴〕
4.동 (일정 정도나 수량에) 달하다. 이르다.
出现(chūxiàn)：1.동 출현하다. 나타나다.
2.동 만들어 내다. 생산해 내다. 나오다.
关于"新一轮投资刺激计划"的猜测："새로운 투자부양계획"에 관한 추측
关于(guānyú)：1.개 …에 관한.
2.개 …에 관해서〔관하여〕.
新一轮投资刺激计划：새로운 투자부양계획
新一轮(xīnyìlún)：새로운 (1차). 새로운 (1회).
一轮(yìlún)：1.수 일주(一周). 한 바퀴.
2.수 라운드(round). 〔스포츠〕
3.수 둥근 모양의 것 하나.
4.수 12살.
轮(lún)：1.양 (～儿) 순환하는 사물이나 동작을 세는 단위.
2.양 해나 달과 같은 둥근 사물을 세는 단위.
3.양 한 바퀴. 12년.
投资刺激计划：투자부양계획.
刺激(cìjī)：1.명 (정신적) 자극. 충격. 부양(浮扬).
2.동 자극하다. 고무하다. 북돋우다. 부양하다.
刺激景气(jǐngqì)：경기부양. 景气刺激政策：경기부양정책.
计划(jìhuà)：1.명 계획. 작정. 방안.
2.동 계획하다. 기획하다. 꾸미다. …할 계획이다.
猜测(cāicè)：1.명 추측. 추정. 짐작.
2.동 추측하다. 추정하다. 짐작하다.
以及(yǐjí)：접 및. 그리고. 아울러.
对一些地方竞相扩大投资规模的疑虑：일부 지방이 투자 규모를 다투어 확대하는 것에 대한 의심

对(duì) : 1.개 …에 대해(서). …에 대하여.
2.개 …에게. …을 향하여.
一些(yìxiē) : 1.양 (~儿) 약간. 조금. 얼마간. 몇.
2.양 수량이 확실하지 않은 사물에 쓰임.
3.양 여러 번〔가지〕. 몇 번〔가지〕.
地方(dìfāng) : 1.명 (중앙에 대하여) 지방. 지방정부 〔각급 행정구역의 총칭〕
2.명 그〔이〕 지방. 그〔이〕 곳. 본지. 현지. 당지.
3.명 관내 기관. 지역 기관.
竞相(jìngxiāng) : 부 다투어 …을 하다.
竞(jìng) : 동 다투다. 겨루다. 시합하다.
扩大(kuòdà) : 동 확대하다. 넓히다. 키우다. 증대하다. 신장하다.
规模(guīmó) : 명 규모. 형태. 범위. 영역.
疑虑(yílǜ) : 1.명 의심. 염려. 걱정. 근심. 의려.
2.동 의심하여 염려하다. 의려하다.

4) 如何理解当前"稳增长"中投资措施的政策取向?
어떻게 현재 "성장 안정" 중에서 투자 조치의 정책 추세를 이해해야 하는가?

a) 如何理解
rúhé lǐjiě
어떻게 …을 이해하는가? → 이해해야 하는가?

如何(rúhé) : 1.대 어떻게. 어떤. 어쩌면. 어찌하면.
2.대 어떠한가. 어떠하냐.
3.대 왜. 어째서.
理解(lǐjiě) : 동 알다. 이해하다.

b) 当前"稳增长"中投资措施的政策取向?
dāngqián "wěn zēngzhǎng" zhōng tóuzī cuòshī de zhèngcè qǔxiàng
현재 "성장 안정" 중에서 투자 조치의 정책 추세

当前(dāngqián) : 1.명 현재. 현 단계. 목전. 당면. 오늘.
2.동 직면하다. 눈앞에 닥치다. 코앞에 닥치다.
措施(cuòshī) : 명 조치. 대책.

5) "稳增长"不单纯是投资刺激。
"wěn zēngzhǎng" bù dānchún shì tóuzī cìjī
"성장 안정"은 단순히 투자부양이 아니다.

单纯(dānchún) : 1.부 오로지. 단순히.
2.형 단순하다.

6) 对"稳增长"的种种议论，一方面反映出有人寄望于政府继续通过大规模投资来刺激增长，另一方面，也反映出人们对一些地方以"稳增长"为名竞相扩大投资，从而加剧部分行业产能过剩，透支未来增长潜力的担忧。

"성장 안정"에 대한 여러 의견은, 한편으로 정부가 계속 대규모 투자를 통해 성장을 부양하는 것에 어떤 사람이 희망을 거는 것을 반영하고, 다른 한편으로 일부 지방에 대해 "성장 안정"을 명분으로 삼아 사람들이 투자를 다투어 확대하는 것을 또한 반영하여, 그리하여 일부 업종 생산능력의 과잉을 격화시키고, 미래 성장 잠재력의 걱정을 소모했다.

a) 对"稳增长"的种种议论，
duì "wěn zēngzhǎng" de zhǒngzhǒng yìlùn
"성장 안정"에 대한 여러 의견은

种种(zhǒngzhǒng) : 1.명 각종. 갖가지. 여러 가지.
2.명 갖가지 사물.
议论(yìlùn) : 1.명 의견.
2.동 의논하다. 논의하다.

b) 一方面反映出有人寄望于政府继续通过大规模投资来刺激增长，
yìfāngmiàn fǎnyìng chū yǒurén jìwàng yú zhèngfǔ jìxù tōngguò dàguīmó tóuzī lái cìjī zēngzhǎng
한편으로 정부가 계속 대규모 투자를 통해 성장을 부양하는 것에 어떤 사람이 희망을 거는 것을 반영하다

一方面反映出 : 한편으로 …을 반영하다
一方面(yìfāngmiàn) : 1.접 한편으로 …하면서 …하다.
2.명 일면. 한 방면. 한 면.
反映出 : 반영해 내다 → 반영하다.
反映(fǎnyìng) : 1.동 반영하다.
2.동 (사람이나 물체의 형상을) 되비치다. 반사하다.
3.동 (상황이나 의견을) 보고하다. 전달하다. 알게 하다.
出(chū) : 1.동 (동사 뒤에 쓰여) 드러나거나 완성됨을 나타냄.
2.동 (동사 뒤에 쓰여) 안에서 밖으로 향함을 나타냄.
有人寄望于 : 어떤 사람이 …에 희망을 걸다
有人(yǒurén) : 어떤 사람. 누군가.
(yǒu rén) : 1.동 사람이 있다.
2.동 인재〔조수〕가 있다. 틀림없는〔견실한〕 사람이 있다.
3.동 배후 세력이 있다. 후원자가 있다. 믿는 구석이 있다.

寄望于 : …에 희망을 걸다.
寄望(jìwàng) : 동 희망을 걸다. 기대하다.
于(yú) : 개 …에. …에서. …에게. …에 대해. …보다. …(에서)부터.
政府继续通过大规模投资来刺激增长 : 정부가 계속 대규모 투자를 통해 성장을 부양하다
政府(zhèngfǔ) : 명 정부.
继续(jìxù) : 1.동 계속하다. 끊임없이 하다.
2.명 연속. 계속. 속편
通过(tōngguò) : 1.개 …을 거쳐. …에 의해. …을 통해.
2.동 (한쪽에서 다른 한쪽으로) 건너가다. 통과하다.
3.동 (의안 · 법안 등이) 통과되다. 가결되다.
4.동 (관계 기관 · 사람 등의) 동의나 비준을 얻다.
大规模(dàguīmó) : 형 대규모의. 대량의.
来(lái) : 1.동 …하여. 〔동사구(개사구)와 동사(동사구) 사이에 쓰여, 전자가 방법 · 태도를, 후자가 목적임을 나타냄〕
2.명 …동안. …이래.

c) 另一方面，也反映出人们对一些地方以"稳增长"为名竞相扩大投资，
lìng yìfāngmiàn, yě fǎnyìng chū rénmen duì yìxiē dìfāng yǐ "wěn zēngzhǎng" wéi míng jìngxiāng kuòdà tóuzī
다른 한편으로 일부 지방에 대해 "성장 안정"을 명분으로 삼아 사람들이 투자를 다투어 확대하는 것을 또한 반영하다

另一方面，也反映出 : 다른 한편으로 …을 또한 반영하다
另(lìng) : 1.대 다른. 그 밖의. 이외의.
2.부 따로. 달리. 별도로.
人们对一些地方以"稳增长"为名竞相扩大投资 : 일부 지방에 대해 "성장 안정"을 명분으로 삼아 사람들이 투자를 다투어 확대하다
人们(rénmen) : 명 사람들.
以"稳增长"为名 : "성장 안정"을 명분으로 삼아서
以(yǐ)…为(wéi)… : …를 …로 하다〔삼다, 보다, 여기다, 생각하다〕.
名(míng) : 1.명 명의. 명분. 자격.
2.명 이름. 명칭. 명예. 명성.

d) 从而加剧部分行业产能过剩，透支未来增长潜力的担忧。
cóngér jiājù bùfen hángyè chǎnnéng guòshèng, tòuzhī wèilái zēngzhǎng qiánlì de dānyōu.
그리하여 일부 업종 생산능력의 과잉을 격화시키고, 미래 성장 잠재력의 걱정을 소모했다

从而加剧部分行业产能过剩 : 그리하여 일부 업종 생산능력의 과잉을 격화시키다
从而(cóngér) : 접 따라서. 이리하여. 그리하여. 그렇게 함으로써
加剧(jiājù) : 동 격화되다. 악화되다. 심해지다. 가중되다.

部分(bùfen) : 명 (전체 중의) 부분. 일부(분).
行业(hángyè) : 1.명 직업. 직종. 업종.
2.명 공업・상업의 유별〔종류〕.
产能(chǎnnéng) : 명 생산능력. 产 : 生产, 생산. 能 : 能力, 능력.
过剩(guòshèng) : 1.동 (수량이) 필요한 한도를 크게 지나치다. 과잉되다.
2.동 공급이 수요 또는 시장의 구매력을 초월하다.
透支未来增长潜力的担忧 : 미래 성장 잠재력의 걱정을 소모하다
透支(tòuzhī) : 1.동 과도하게 몸과 마음을 쓰다. 무리하다. 소모하다.
2.동 지출이 수입을 초과하다. 적자가 나다.
3.동 가불하다.
4.명 대월. 당좌대월. 오버드래프트(overdraft).
未来(wèilái) : 1.명 미래. 미래의. 향후.
2.형 머지않은. 곧 다가오는(시간). 조만간. 〔시간을 가리킴〕
潜力(qiánlì) : 명 잠재 능력. 잠재력. 저력.
担忧(dānyōu) : 동 걱정하다. 근심하다. 우려하다.

7) 国务院发展研究中心宏观经济部研究员张立群分析指出，"稳增长"不同于"保增长"，两者的目标和力度都不同。

국무원 발전연구센터 거시경제부 연구원 장리췬은 "성장 안정"은 "성장 유지"와 다르고, 양자의 목표와 역량도 다르다고 분석하여 밝혔다.

a) 国务院发展研究中心宏观经济部研究员张立群分析指出，
guówùyuàn fāzhǎn yánjiū zhōngxīn hóngguān jīngjìbù yánjiūyuán Zhāng Lìqún fēnxī zhǐchū,
국무원 발전연구센터 거시경제부 연구원 장리췬은 …라고 분석하여 밝히다

国务院(guówùyuàn) : 명 국무원. 〔중화인민공화국의 최고 행정기관〕
发展(fāzhǎn) : 1.동 발전하다.
2.동 확대〔발전〕시키다. 확충하다.
研究(yánjiū) : 1.동 연구하다. 탐구하다.
2.동 고려하다. 논의하다. 협의 검토하다. 의견을 교환하다.
中心(zhōngxīn) : 1.명 센터(center). 〔주로 기관의 명칭으로 씀〕
2.명 한가운데. 중심. 복판.
3.명 중심. 핵심. 사물의 주요 부분.
4.명 중심지. 중요 지역.
宏观(hóngguān) : 형 거시적. 매크로(macro).
经济部(jīngjìbù) : 명 경제부.
研究员(yánjiūyuán) : 명 연구원.
张立群(zhāng lì qún) : Zhang Liqun, 장리췬 〔사람 이름〕.

分析指出 : 분석하여 밝히다.
分析(fēnxī) : 동 분석하다.
指出(zhǐchū) : 동 밝히다. 지적하다. 가리키다.

b) "稳增长"不同于"保增长", 两者的目标和力度都不同。
"wěn zēngzhǎng" bùtóng yú "bǎo zēngzhǎng", liǎngzhě de mùbiāo hé lìdù dōu bùtóng.
"성장 안정"은 "성장 유지"와 다르고, 양자의 목표와 역량도 다르다

"稳增长"不同于"保增长" : "성장 안정"은 "성장 유지"와 다르다
不同于 : …와 다르다.
不同(bùtóng) : 형 같지 않다. 다르다.
保增长 : 성장을 유지하다 → 성장 유지. 성장유지론(成长维持论).
保(bǎo) : 1.동 유지하다. 보존하다.
2.동 보호하다. 보위하다.
3.동 보장하다. 보증하다. 책임지다.
4.동 담보하다. 보증하다.
两者的目标和力度都不同 : 양자의 목표와 역량도 다르다
目标(mùbiāo) : 1.명 목표.
2.명 목적물. 표적.
和(hé) : 1.접 …과〔와〕.
2.개 …와. …과. …에게.
力度(lìdù) : 1.명 역량. 힘의 세기.
2.명 공력의 심도〔깊이〕. 내포된 뜻의 심도.
3.명 (악곡에서 음량 변화의) 강약.

8) 当前中央"稳增长"追求的是把经济回落的态势稳定下来, 而不是刺激增速。
현재 중앙정부의 "성장 안정"이 추구하는 것은 경제가 반락하는 형세를 진정시켜나가는 것이지, 부양하여 가속하는 것은 아니다.

a) 当前中央"稳增长"追求的是
dāngqián zhōngyāng wěn zēngzhǎng zhuīqiú de shì
현재 중앙정부의 "성장 안정"이 추구하는 것은

追求(zhuīqiú) : 1.동 추구하다. 탐구하다.
2.동 (이성에게) 구애하다. 사랑을 호소하다.

b) 把经济回落的态势稳定下来,
bǎ jīngjì huíluò de tàishì wěndìng xiàlái
경제가 반락하는 형세를 진정시켜나가다

回落(huíluò) : 동 반락하다. (물가가) 올라갔다가 다시 떨어지다〔하락하다〕.
态势(tàishì) : 명 태세. 형세.
稳定(wěndìng) : 1.동 진정시키다. 가라앉히다. 안정시키다.
2.형 안정되다.
3.형 변화가 없다. 안정적이다.
下来(xiàlái) : 1.동 동사 뒤에서, 동작의 완성이나 결과를 나타냄.
2.동 동사 뒤에서, 낮은 곳으로 또는 가까운 곳으로 향함을 나타냄.
3.동 동사 뒤에서, 과거에서부터 현재까지 동작이 계속됨을 나타냄.
4.동 형용사 뒤에서, 어떤 상태가 계속 발전되어 감을 나타냄.

c) 而不是刺激增速。
ér búshì cìjī zēngsù
그러나 부양하여 가속하는 것은 아니다.

而(ér) : 접 1.그리고. 〔而의 앞과 뒤 내용이 순접을 나타냄〕
2.그러나. 〔而의 앞과 뒤 내용이 역접을 나타냄〕
3.…지만. 〔긍정과 부정으로 서로 보충하는 성분을 연결함〕
4.…해서. 〔목적 혹 원인 등을 나타내는 성분을 연결함〕
5.…히. …하게 〔시간 혹 방식을 나타내는 성분을 동사와 연결함〕
增速(zēngsù) : 동 가속하다. 속도를 높이다. → 가속. 증속.

9) 从目前情况看，不会再像2008年底那样推出那么大规模的刺激计划。

현재의 상황에서 보면, 2008년 연말처럼 다시 그렇게 대규모의 부양계획을 내놓지는 않을 것이다.

a) 从目前情况看，
cóng mùqián qíngkuàng kàn
현재의 상황에서 보면

从…看 : …부터〔…에서. …을 기점으로〕 보다.
从(cóng) : 1.개 …부터. …을 기점으로.
2.개 …을. 〔장소를 나타내는 말 앞에 쓰여 경과함을 나타냄〕
3.개 …에 의거하여. 〔동작・행위를 유발하는 근거를 나타냄〕
目前(mùqián) : 명 지금. 현재.
情况(qíngkuàng) : 명 상황. 정황. 형편. 사정.

b) 不会再像2008年底那样推出那么大规模的刺激计划。
bú huì zài xiàng èr líng líng bā niándǐ nàyàng tuīchū nàme dàguīmó de cìjī jìhuà
2008년 연말처럼 다시 그렇게 대규모의 부양계획을 내놓지는 않을 것이다

不会(búhuì) : 1.동 …일 리 없다. …하지 않을 것이다.

2.[동] …할 수 없다. …할 줄 모르다.
会(huì) : 1.[동] …할 가능성이 있다. …할 것이다.
2.[동] (배워서) …를 할 수 있다. …할 줄 알다.
3.[동] …을 잘하다. …에 뛰어나다〔능하다〕.
再(zài) : 1.[부] 다시. 〔동작이 일정한 기간 후에 장차 나타날 것을 가리킴〕
2.[부] 재차. 또. 〔같은 동작 · 행위의 중복이나 계속을 나타내며, 주로 아직 실현되지 않거나 지속성 동작 · 행위를 가리킴〕
3.[부] …하고 나서. …한 뒤〔후〕에.
〔동작이 장차 다른 동작이 끝난 후에 나타남을 가리킴〕
像2008年底那样 : 마치 2008년 연말 그처럼 → 2008년 연말처럼
像(xiàng) : [동] 마치 …와 같다.
好像(hǎoxiàng) : [동] 마치 …와 같다〔비슷하다〕.
〔'一样 · 一般 · 似的'와 어울려 쓰임〕
年底(niándǐ) : [명] 연말. 세밑. 세모.
底(dǐ) : [명] (한 해와 한 달의) 말(末). 끝.
那样(nàyàng) : 1.[대] 그렇게. 저렇게. 그러한. 저러한.
〔성질 · 상태 · 정도 · 방식 등을 가리킴〕
2.[대] 그러하다. 그렇다. 저렇다.
〔어떤 동작이나 상황을 지시하거나 대체함〕
推出(tuīchū) : 1.[동] (신상품 또는 신기술을) 내놓다. 출시하다.
2.[동] 밖으로 밀어 내다.
3.[동] 추천하다. 천거하다. 추거하다. 선발〔선출〕하다.
那么(nàme) : 1.[대] 그렇게. 저렇게. 그런. 저런. 〔상태 · 방법 · 정도을 나타냄〕
2.[대] …가량. …쯤. …정도.
〔수량사 앞에 쓰여, 수량의 많고 적음을 추측하거나 강조를 나타냄〕
3.[접] 그러면. 그렇다면.

10) 亚洲开发银行高级经济学家庄健表示，在外部需求低迷，消费短期内难以独自支撑大局的背景下，现阶段"稳增长"离不开稳定投资，关键是要注重投向 · 结构以及投资的质量和效益，协调好眼前以及长远的利益，协调好投资效率与改善民生的关系。

아시아개발은행 선임 경제학자 좡젠의 의견에 의하면, 외부 수요가 불황이고, 소비가 단기간 안에 홀로 대세를 지탱하기 어려운 배경 하에서, 현 단계의 "성장 안정"은 투자의 안정을 벗어날 수 없으며, 관건은 투자 추세 · 구조 및 투자의 질과 효과에 중점을 두고, 현재와 미래의 이익을 잘 조화시키고, 투자 효율과 민생 개선의 관계를 잘 조화시켜야 하는 것이다.

a) 亚洲开发银行高级经济学家庄健表示,
yàzhōu kāifā yínháng gāojí jīngjìxuéjiā Zhuāng Jiàn biǎoshì
아시아개발은행 선임 경제학자 좡쟨은 (의견을) 표명하다
→ 좡쟨은 …라고 말하다. 좡쟨의 의견에 의하면,

亚洲(yàzhōu) : 명 아시아주.
开发(kāifā) : 1.동 개발하다. 개간하다. 개척하다.
2.동 처음으로 제작하다.
银行(yínháng) : 명 은행.
高级(gāojí) : 1.형 (단계 · 급수 등이) 선임(의). 상급(의). 고급(의).
2.형 (품질 또는 수준 등이) 고급(의).
经济学家(jīngjìxuéjiā) : 경제 학자.
经济学(jīngjìxué) : 1.명 경제학.
2.정치경제학의 약칭.
家(jiā) : 1.명 어떤 사회 활동이나 어떤 지식 · 기예에 정통하고 지명도가 있는 사람. 어떤 특징을 지닌 사람. 画家(huàjiā) : 화가.
2.양 집 · 점포 · 공장 등을 세는 단위.
庄健(zhuāng jiàn) : Zhuang Jian, 좡쟨〔사람 이름〕.
表示(biǎoshì) : 1.동 (사상 · 감정 등을) 나타내다. 표시하다. 표명하다.
2.동 의미하다. 가리키다.
3.명 (사상 · 감정 등을 나타내는) 표정. 기색. 동작. 태도.

b) 在外部需求低迷, 消费短期内难以独自支撑大局的背景下,
zài wàibù xūqiú dīmí, xiāofèi duǎnqī nèi nányǐ dúzì zhīchēng dàjú de bèijǐng xia
외부 수요가 불황이고, 소비가 단기간 안에 홀로 대세를 지탱하기 어려운 배경 하에서

在(zài)…下(xia) : …(하)에서.
外部(wàibù) : 1.명 외부. 밖. 바깥.
2.명 표면. 겉.
需求(xūqiú) : 명 수요. 필요.
低迷(dīmí) : 형 불황이다. 불경기이다. 떨어지다. 하락하다. 낮아지다.
消费(xiāofèi) : 동 소비하다.
短期(duǎnqī) : 명 단기(간).
难以(nányǐ) : 부 …하기 어렵다〔곤란하다〕.
独自(dúzì) : 부 혼자서. 홀로. 단독으로.
支撑(zhīchēng) : 1.동 버티다. 받치다. 지탱하다.
2.동 견디다. 지탱하다.
大局(dàjú) : 명 대국. 대세. 전반적인 정세.
背景(bèijǐng) : 1.명 배경. 〔장소 · 물체 등〕
2.명 배후(세력). 백그라운드.

c) 现阶段"稳增长"离不开稳定投资，
xiànjiēduàn "wěn zēngzhǎng" líbukāi wěndìng tóuzī
현 단계의 "성장 안정"은 투자의 안정을 벗어날 수 없다

现阶段(xiànjiēduàn) : 명 현 단계.
离不开(líbukāi) : 동 떨어질 수 없다. 떠날 수가 없다. 벗어날 수 없다.
없어서는 안 된다. 그만 둘 수 없다.
稳定投资 : 투자를 진정시키다〔안정시키다〕 → 투자의 안정.

d) 关键是要注重投向・结构以及投资的质量和效益，
guānjiàn shì yào zhùzhòng tóuxiàng・jiégòu yǐjí tóuzī de zhìliàng hé xiàoyì
관건은 투자 추세・구조 및 투자의 질과 효과에 중점을 두다

※ 여기에서 要는 조동사로서, 뒤의 본동사 注重・协调好・协调好에 모두 걸려 있기에, 번역할 때는 마지막 동사(2번째의 协调好) 뒤에서 그 뜻을 나타냄.

关键(guānjiàn) : 1.명 관건. 열쇠. 키포인트.
2.형 결정적인 작용을 하는. 매우 중요한.
3.명 빗장, 또는 빗장의 역할과 같은 것.
是(shì) : 동 …이다.
※ 'A是B.'를 번역하는 경우, 'A는 B이다.'가 일반적이지만, 때로 의미상 'B는 A이다.'로 바꾸어 번역할 수도 있음.
예로, '关键是要注重…。'의 번역:
① 관건은 …에 중점을 두어야 하는 것이다.
② …에 중점을 두어야 하는 것이 관건이다.
要(yào) : 1.동 …해야 한다. 마땅히 …해야만 한다.
2.동 얻기〔가지기〕를 희망하다. 가지다. 소유하다.
3.동 희망하다. 바라다. 원하다. 필요하다.
4.동 (받아 내려고) 독촉하다. (애써서) 받아〔얻어〕내다.
5.동 …할 것이다. …하려 하고 있다.
6.동 필요로 하다. 걸리다. 들다.
7.동 부탁하다. 요구하다. 청구하다.
8.동 …하고야 말 것이다. …하겠다. …할 것이다.
9.접 만약. 만일. …하면. 〔'如果'에 상당함〕
注重(zhùzhòng) : 동 중시하다. 중점을 두다.
投向(tóuxiàng) : 1.명 투자 방향〔추세・목표〕. 자금・구매력이 쏠리는〔몰리는〕 방향.
2.동 (어떤 방면에) 투입하다. 투자하다.
3.동 (어떤 방면으로) 투신하다. 의탁하다. 찾아가다.
结构(jiégòu) : 1.명 구조. 구성. 조직. 짜임새.
2.명 구조물.
3.동 (글・줄거리 등을) 안배하다. 짜다. 꾸미다. 배치하다.

质量(zhìliàng) : 1.명 (생산품이나 일의) 질. 품질.
2.명 질량.
效益(xiàoyì) : 명 효과와 수익. 효익. 이익. 이득. 성과.

e) 协调好眼前以及长远的利益，
xiétiáo hǎo yǎnqián yǐjí chángyuǎn de lìyì
현재와 미래의 이익을 잘 조화시키다

协调好 : 잘 조화시키다.
协调(xiétiáo) : 1.동 어울리게 하다. 조화롭게 하다. 조정하다.
2.형 어울리다. 조화롭다.
好(hǎo) : 형 동사 뒤에 쓰여, 동작이 완성되었거나 잘 마무리되었음을 나타냄.
眼前(yǎnqián) : 1.명 (시간적인) 눈앞. 현재. 목전.
2.명 (공간적인) 눈 앞. 가까운 곳. 부근. 근처.
长远的利益 : 원대한 이익 → 미래의 이익.
长远(chángyuǎn) : 1.형 (미래의 시간을 가리켜) 길다. 원대하다. 장구하다.
2.형 (지나간 시간을 가리켜) 멀다. 오래 되다.
利益(lìyì) : 명 이익. 이득.
无利益(wúlìyì) : 불이익.
既得利益(jìdélìyì) : 기득권. 기득 이익.

f) 协调好投资效率与改善民生的关系。
xiétiáo hǎo tóuzī xiàolǜ yǔ gǎishàn mínshēng de guānxi
투자 효율과 민생 개선의 관계를 잘 조화시키다

效率(xiàolǜ) : 명 능률. 효율.
与(yǔ) : 1.접 …와〔과〕. 〔병렬관계를 나타냄. '和'에 상당함〕
2.개 …와〔과〕. …함께. 〔'跟 · 同'에 상당함〕
3.접 …거나. 또는. 〔선택관계를 나타냄. '或'에 상당함〕
4.동 주다. 베풀다.
给予(gěiyú) : 동 주다. 해 주다. 베풀어 주다. 〔주로 추상적인 사물에 쓰임〕
改善民生 : 민생을 개선하다 → 민생 개선.
改善(gǎishàn) : 동 개선하다. 개량하다.
在改善 : 개선되고 있다.
民生(mínshēng) : 1.명 민생. 국민의 생활.
2.명 생계. 살길. 호구지책.
关系(guānxi) : 1.명 관계. 연줄.
2.동 관계하다. 관련하다. …와 관계되다.
3.명 (서로 관련된 것 사이의) 영향. 중요성.
〔'没有(없다) · 有(있다)'와 이어 씀〕
没关系(méiguānxi) : 동 괜찮다. 상관 없다. 문제 없다. 염려 없다.

拉关系(lāguānxi) : 동 (목적 달성을 위해) 관계를 맺다〔이용하다〕.
搞关系(gǎoguānxi) : 동 관계를 맺다. 친분을 쌓다. 안면을 트다.

11) "以政府主导的投资拉动经济见效快，但可能存在低效率和不可持续的问题，一旦减缓就可能带来经济增长的停滞。"

"정부 주도의 투자로써 경제를 촉진시키면, 효과가 빨리 나타나지만, 그러나 아마 저효율과 지속 불가능의 문제가 존재할 수 있고, 만약 속도를 늦춘다면 아마 경제 성장의 침체를 야기할 수 있다."

a) "以政府主导的投资拉动经济见效快，
"yǐ zhèngfǔ zhǔdǎo de tóuzī lādòng jīngjì jiànxiào kuài,
"정부 주도의 투자로써 경제를 촉진시키면, 효과가 빨리 나타난다

以政府主导的投资 : 정부 주도의 투자로써
以(yǐ) : 1.개 …(으)로(써). …을〔를〕 가지고. …을〔를〕 근거로.
2.개 …에게 …을 주다.
3.개 …에 의해. …에 따라. …에 근거하여.
4.개 …때문에. …까닭에. …로 인하여.
5.개 …때(에). …에.
6.접 …하여. …함으로써. …하기 위하여.
7.접 …(하)고(도).
主导(zhǔdǎo) : 1.명 주도.
2.형 주도의.
3.동 주도하다.
拉动经济 : 경제를 촉진시키다
拉动(lādòng) : 동 촉진하다. 적극적으로 이끌다.
见效快 : 효과를 나타내는 것이 빠르다 → 효과가 빨리 나타나다.
见效(jiànxiào) : 동 효력을 나타내다. 효험을〔효과를〕 보다.
快(kuài) : 1.형 빠르다.
2.형 영민하다. 민첩하다.
3.부 빨리. 급히.

b) 但可能存在低效率和不可持续的问题，
dàn kěnéng cúnzài dīxiàolǜ hé bùkě chíxù de wèntí
그러나 아마 저효율과 지속 불가능의 문제가 존재할 수 있다.

但(dàn) : 1.접 그러나. 그렇지만. 하지만.
2.부 다만. 단지. 오직. 오로지.
可能存在 : 아마 존재할지도 모른다 → 아마 존재할 수 있다.
可能(kěnéng) : 1.부 아마도. 아마 (…일지도 모른다). 어쩌면.

2.명 가능성. 가망.
3.형 가능하다.
存在(cúnzài) : 1.동 존재하다. 점유하고 있다.
2.명 존재. 자인.
低效率(dīxiàolǜ) : 저효율.
不可持续 : 지속할 수 없다 → 지속할 수 없음. 지속 불가능.
不可(bùkě) : 1.동 …할 수가 없다. …해서는 안 된다.
2.동 반드시 …해야 한다. …하지 않으면 안 된다.
〔'非'와 짝을 지어 사용함〕
持续(chíxù) : 동 지속하다.

c) 一旦减缓就可能带来经济增长的停滞。"
yídàn jiǎnhuǎn jiù kěnéng dàilái jīngjì zēngzhǎng de tíngzhì
만약 속도를 늦춘다면 아마 경제 성장의 침체를 야기할 수 있다

一旦减缓 : 만약 속도를 늦춘다면
一旦(yídàn) : 1.부 일단〔만약〕…한다면. 〔가정의 상황〕
2.명 하루 아침. 잠시. 잠깐. 삽시간.
3.부 어느 날 갑자기. 〔이미 발생 상황〕
减缓(jiǎnhuǎn) : 동 (속도를) 늦추다. (속도가) 느려지다. (정도를) 경감하다.
就可能带来经济增长的停滞 : 아마 경제 성장의 침체를 야기할 수 있다.
就(jiù) : 1.부 …면. …인 이상. …한 바에는.
一旦…就… : 일단 …면.
2.부 곧. 즉시. 당장.
3.부 이미. 벌써. 일찍이.
4.부 …하자마자 곧〔바로〕.
5.부 바로.
6.부 본래. 원래.
7.개 …에 대하여. …에 관하여.
带来(dàilái) : 1.동 가져오다. 가져다 주다.
2.동 일으키다. 야기하다. 초래하다. 자아내다.
停滞(tíngzhì) : 동 침체하다. 정체되다. 막히다.

12) 庄健表示，要通过推动金融·财税等制度改革，进一步发挥民间投资的作用。

좡잰에 의하면, 금융 및 재정과 세무 등 제도 개혁의 추진을 통해, 민간 투자의 효과를 더욱 발휘해야 한다.

a) 庄健表示，
Zhuāng Jiàn biǎoshì
좡잰은 (의견을) 표명하다 → 좡잰은 …라고 말하다. 좡잰(의 의견)에 의하면,

b) 要通过推动金融・财税等制度改革，
yào tōngguò tuīdòng jīnróng cáishuì děng zhìdù gǎigé
금융 및 재정과 세무 등 제도 개혁을 추진하는 것을 통해
→ 금융 및 재정과 세무 등 제도 개혁의 추진을 통해

※ 여기에서 要는 조동사이므로, 뒷 문장의 본동사 发挥와 연결시켜 번역함.

推动(tuīdòng) : 동 추진하다. 나아가게 하다. 촉진하다. 조장하다.
金融(jīnróng) : 명 금융.
财税(cáishuì) : 명 재정과 세무.
改革(gǎigé) : 1.명 개혁.
2.동 개혁하다.

c) 进一步发挥民间投资的作用。
jìnyíbù fāhuī mínjiān tóuzī de zuòyòng
민간 투자의 효과를 더욱 발휘하다.
→ 민간 투자의 효과를 더욱 발휘해야 한다.

进一步(jìnyíbù) : 부 (한 걸음 더) 나아가. 진일보하여. → 더욱.
发挥(fāhuī) : 1.동 발휘하다.
2.동 (의견이나 도리를) 충분히 잘 나타내다. 표현하다. 해명하다.
3.동 더욱더 발전시키다. 진전시키다. 발양하다.
民间(mínjiān) : 1.명 민간.
2.명 비공식적. 사적.
作用(zuòyòng) : 1.명 (사람과 사물에 끼치는) 효과. 작용. 영향. 효용. 역할.
2.명 (사물에 영향을 주는) 작용.
3.동 작용하다. 영향을 미치다.

13) 事实上，从目前"稳增长"政策的实际执行方面看，更加强调投资向基础设施・民生・西部地区等薄弱领域和薄弱环节倾斜。
사실상, 현재 "성장 안정" 정책의 실제 집행 면에서 보면, 더욱 강조하여 투자가 기초 시설・민생・서부지구 등 취약 영역과 취약 부분에 치중되고 있다.

a) 事实上，从目前"稳增长"政策的实际执行方面看，
shìshíshang, cóng mùqián "wěn zēngzhǎng" zhèngcè de shíjì zhíxíng fāngmiàn kàn
실제로, 현재 "성장 안정" 정책의 실제 집행 면에서 보면

事实上(shìshíshang) : 사실상. 실제로.
事实(shìshí) : 명 사실.
实际(shíjì) : 1.명 실제.
2.형 실제에 부합되다. 현실적이다.
3.형 실제적이다. 구체적이다.
执行(zhíxíng) : 1.명 집행.
2.동 집행하다. 실행하다. 수행하다. 실시하다.
方面(fāngmiàn) : 명 방면. 부분. 분야. 영역. 측(면). 쪽.

b) 更加强调投资向基础设施・民生・西部地区等薄弱领域和薄弱环节倾斜。
gèngjiā qiángdiào tóuzī xiàng jīchǔ shèshī·mínshēng·Xībù dìqū děng bóruò lǐngyù hé bóruò huánjié qīngxié
더욱 강조하여 투자가 기초 시설・민생・서부지구 등 취약 영역과 취약 부분에 치중되다

更加强调 : …을 더욱 강조하다 → 더욱 강조하여
强调(qiángdiào) : 동 강조하다.
投资向基础设施・民生・西部地区等薄弱领域和薄弱环节倾斜 : 투자가 기초 시설・민생・서부지구 등 취약 영역과 취약 부분에 치중되다
向(xiàng) : 개 …(으)로. …에게. …을 향하여.
基础(jīchǔ) : 명 기초. 밑바탕. 기틀. 토대. 기반. 근본. 기본.
设施(shèshī) : 명 시설.
西部 地区(xībù dìqū) : 중국의 서부지구.
西部(xībù) : 1.명 (Xībù) 중국의 서부지구. 〔중경직할시・사천성・섬서성・감숙성・영하회족자치구・신강위구르자치구・귀주성・운남성・청해성・서장자치구 10개 省区市를 포함하는 지역〕
2.명 서부.
地区(dìqū) : 1.명 지구. 지역.
2.명 지구. 〔중국 행정구역의 구획은 1급 행정구역을 보통 7대 행정구(行政区) 혹 3대 경제구(经济区)로 크게 나누고, 7대 행정구는 7개 지구(地区, 예: 东北地区 등)로, 3대 경제구는 3개 지구(地区, 예: 西部地区 등)로 구성되어 있다.〕
薄弱(bóruò) : 형 박약하다. 취약하다. 약하다.
领域(lǐngyù) : 명 분야. 영역.
环节(huánjié) : 1.명 환절. 고리마디. → 부분.
2.명 일환.
倾斜(qīngxié) : 1.동 (어느 한쪽으로) 치중되다. 치우치다. 편향되다. 쏠리다.
2.동 기울다. 경사지다.

14) 在启动一批"十二五"重点项目的同时，保障国家重点在建・续建项目资金。

많은 "12・5"의 중점 항목을 시행하는 동시에, 국가 중점 현재건설・추가건설 항목 자금을 확보한다.

a) 在启动一批"十二五"重点项目的同时，
zài qǐdòng yìpī "shí èr wǔ" zhòngdiǎn xiàngmù de tóngshí
많은 "12・5"의 중점 항목을 시행하는 동시에

在(zài)…的同时(de tóngshí) : …하는 동시에
同时(tóngshí) : 1.명 동시. 같은 시간. 동일한 시기. 같은 때.
2.부 동시에.
3.동 시간을 같이하다. 시기〔시대〕를 같이하다. 동시이다.
启动(qǐdòng) : 1.동 시행하다. 시작하다.
2.동 작동을 시작하다. 시동을 걸다.
3.동 개척하다. 개시하다.
一批(yìpī) : 한 무리. 한 패. 한 더미. → 여러. 많은.
批(pī) : 양 무리. 떼. 패. 무더기. 더미. 일단. 일군. 묶음. 집단. 그룹.
十二五(shí èr wǔ) : 12・5. 중국은 1953년부터 5년을 한 단위로 국가의 중・단기 경제계획을 수립했다. 제1차 경제개발 5개년 계획은 '一五'로 약칭한다.
'十二五'은 제12차 경제개발 5개년 계획을 뜻하고, 그 기간은 2011년부터 2015년까지이며, 그 정식명칭은 '中华人民共和国国民经济和社会发展第十二个五年规划纲要(중국 국민경제와 사회발전 제12차 5개년 계획 강령)'이다.
重点(zhòngdiǎn) : 1.명 중점.
2.부 중점적으로.
3.형 중요한. 주요한.
项目(xiàngmù) : 1.명 항목. 종목. 사항.
2.명 사업. 과제. 프로젝트.

b) 保障国家重点在建・续建项目资金。
bǎozhàng guójiā zhòngdiǎn zàijiàn・xùjiàn xiàngmù zījīn
국가 중점의 현재 건설 중이고 추가 건설하는 항목의 자금을 확보하다
→ 국가 중점 현재건설・추가건설 항목 자금을 확보하다

保障(bǎozhàng) : 1.동 확보하다.
2.동 보장하다. 보증하다.
3.명 보장. 보증.
国家(guójiā) : 명 국가. 나라.
在建・续建 : 건설 중이고 추가로 건설하다 → 현재 건설하고 추가 건설하다.
在建(zàijiàn) : 동 건설 중이다.

续建(xùjiàn) : 동 추가로 짓다〔건설하다〕.
资金(zījīn) : 명 자금. 기금.

15) 除了在优化结构的基础上促进投资合理增长外，各部门已经出台的"稳增长"政策还包括扩大消费需求·稳定外贸出口等政策措施。

구조 조정의 기초 위에서 투자의 합리적 성장을 촉진시키는 이외에, 각 부서가 이미 제기하고 있는 "성장 안정" 정책은 소비 수요의 확대와 대외무역 수출의 안정 등 정책적 조치를 또한 포함한다.

a) 除了在优化结构的基础上促进投资合理增长外，
chúle zài yōuhuà jiégòu de jīchǔ shang cùjìn tóuzī hélǐ zēngzhǎng wài
구조 조정의 기초 위에서 투자의 합리적 성장을 촉진시키는 이외에

除了…外 : 이외에. …를 제외하고.
除了(chúle) : 1.개 …을 제외하고(는).
2.개 …외에 또. …외에 …도. 〔'还·也·只' 등과 호응하여 사용함〕
3.개 …(지) 않으면, …(을) 하다. 〔'就是'와 호응하여 사용함〕
外(wài) : 명 …이외. …밖에. …외에.
除了…以外 : 1.…을 빼고는, …말고.
2.…없이, …없는.
以外(yǐwài) : 명 이외. 이상. 밖. 〔수량·시간·장소·범위 등을 가리킴〕
在(zài)…上(shang) : …(위)에서.
优化结构 : 구조를 최적화하다 → 구조 조정. 구조 최적화. 구조 합리화.
优化(yōuhuà) : 동 최적화하다. 가장 우수한 것을 선택하다. 가장 능률적으로 조절〔활용〕하다.
结构优化(jiégòu yōuhuà) : 구조 개선. → 구조 조정.
最优化(zuìyōuhuà) : 최적화.
企业(qǐyè)优化 : 기업 합리화.
促进(cùjìn) : 동 촉진시키다. 촉진하다. 재촉하다. 독촉하다.
合理(hélǐ) : 형 도리에 맞다. 합리적이다.

b) 各部门已经出台的"稳增长"政策还包括扩大消费需求·稳定外贸出口等政策措施。
gè bùmén yǐjing chūtái de "wěn zēngzhǎng" zhèngcè hái baōkuò kuòdà xiāofèi xūqiú · wěndìng wàimào chūkǒu děng zhèngcè cuòshī
각 부서가 이미 제기하고 있는 "성장 안정" 정책은 소비 수요의 확대와 대외무역 수출의 안정 등 정책적 조치를 또한 포함한다

部门(bùmén) : 명 부(部). 부문. (행정부) 부서.
已经(yǐjing) : 부 이미. 벌써

出台(chūtái) : 1.동 (정책, 조치, 방안, 방법, 계획, 규정 등을) 정식 제기하다.
2.동 (방법을) 정식 공포하다.
3.동 배우가 무대에 오르다.
4.동 공개적으로 활동하다.

还(hái) : 1.부 또. 더. 게다가.
2.부 여전히. 아직도. 아직.
3.부 더. 더욱.
4.부 …도. …조차. …까지도. 그래도. 그럼에도 불구하고.
5.부 그만하면. 그런대로. 그럭저럭. 꽤. 비교적.

包括(baōkuò) : 동 포함하다. 포괄하다.

扩大消费需求 : 소비 수요를 확대하다 → 소비 수요의 확대.

稳定外贸出口 : 대외무역 수출을 안정시키다 → 대외무역 수출의 안정.

外贸(wàimào) : 명 对外(duìwài)贸易(màoyì)의 약칭. 대외 무역.

出口(chūkǒu) : 1.동 수출하다.
2.동 말을 꺼내다. 말을 하다.
3.명 출구.
4.동 (선박 등이) 출항하다.

16) 例如，实施“节能家电惠民工程”，一方面扩大消费，一方面促进了相关企业生产。

예로, “에너지 절약 가전제품 특혜 사업”의 실시는, 한편으로 소비를 확대하고, 다른 한편으로 관련 기업의 생산을 촉진시켰다.

a) 例如，实施“节能家电惠民工程”，
lìrú, shíshī “jiénéng jiādiàn huìmín gōngchéng”
예로, “에너지 절약 가전제품 특혜 사업”의 실시는

例如(lìrú) : 동 예〔보기〕를 들다. 예를 들면. 예컨대.

实施“节能家电惠民工程” : “에너지 절약 가전제품 특혜 사업”을 실시하다
→ “에너지 절약 가전제품 특혜 사업”의 실시.

实施(shíshī) : 동 실시하다. 실행하다.

节能家电惠民工程 : 에너지 절약 가전제품 특혜 사업.

节能(jiénéng) : 동 에너지를 절약하다.

家电(jiādiàn) : 家用电器(jiāyòng diànqì) 약칭. 가전제품. 가정용 전기제품.

惠民工程 : 특혜 사업.

惠民(huìmín) : 국민에게 은혜를 베풀다 → 특별히 혜택을 주다. 특혜.

惠(huì) : 1.동 은혜를 베풀다. 다른 사람에게 혜택을 주다.
2.명 은혜. 혜택. 이점. 이익.

工程(gōngchéng) : 1.명 프로젝트. 사업. 프로그램. 계획. 공정.

2.명 공사. 대공사.
3.명 공학.

b) 一方面扩大消费，一方面促进了相关企业生产。
yìfāngmiàn kuòdà xiāofèi, yìfāngmiàn cùjìn le xiāngguān qǐyè shēngchǎn
한편으로 소비를 확대하고, 다른 한편으로 관련 기업의 생산을 촉진시켰다

一方面(yìfāngmiàn)…, 一方面… : 한편으로 …, 다른 한편으로 …
相关(xiāngguān) : 동 상관이〔관계가〕 있다. 서로 관련〔연관〕되다. 상관되다.
企业(qǐyè) : 명 기업.
生产(shēngchǎn) : 1.명 생산.
2.동 생산하다.
3.동 출산하다. 몸풀다. 해산하다. *

Memo

1-3 번 역 "성장 안정" 중 투자정책의 추세는 어느 방향인가?

최근 "성장 안정"의 문제는 우리나라 경제가 직면한 하행 압력에 의해 현저히 변하기 시작했다. 그러나 중앙정부가 "성장 안정을 더욱 중요한 자리에 둔다"고 명확히 제시함에 따라, 사회에는 "새로운 투자부양계획"에 관한 추측 및 일부 지방이 투자 규모를 다투어 확대하는 것에 대한 의심이 출현했다. 어떻게 현재 "성장 안정" 중에서 투자조치의 정책 추세를 이해해야 하는가?

"성장 안정"은 단순히 투자부양이 아니다.

"성장 안정"에 대한 여러 의견은, 한편으로 정부가 계속 대규모 투자를 통해 성장을 부양하는 것에 어떤 사람이 희망을 거는 것을 반영하고, 다른 한편으로 일부 지방에 대해 "성장 안정"을 명분으로 삼아 사람들이 투자를 다투어 확대하는 것을 또한 반영하여, 그리하여 일부 업종 생산능력의 과잉을 격화시키고, 미래 성장 잠재력의 걱정을 소모했다.

국무원 발전연구센터 거시경제부 연구원 장리췬은 "성장 안정"은 "성장 유지"와 다르고, 양자의 목표와 역량도 다르다고 분석하여 밝혔다. 현재 중앙정부의 "성장 안정"이 추구하는 것은 경제가 반락하는 형세를 진정시켜나가는 것이지, 부양하여 가속하는 것은 아니다. 현재의 상황에서 보면, 2008년 연말처럼 다시 그렇게 대규모의 부양계획을 내놓지는 않을 것이다.

아시아개발은행 선임 경제학자 좡잰의 의견에 의하면, 외부 수요가 불황이고, 소비가 단기간 안에 홀로 대세를 지탱하기 어려운 배경 하에서, 현 단계의 "성장 안정"은 투자의 안정을 벗어날 수 없으며, 관건은 투자 추세 · 구조 및 투자의 질과 효과에 중점을 두고, 현재와 미래의 이익을 잘 조화시키고, 투자 효율과 민생 개선의 관계를 잘 조화시켜야 하는 것이다.

"정부 주도의 투자로써 경제를 촉진시키면, 효과가 빨리 나타나지만, 그러나 저효율과 지속 불가능의 문제가 존재할 수 있고, 만약 속도를 늦춘다면 경제 성장의 침체를 야기할 수 있다." 좡쟁에 의하면, 금융 및 재정과 세무 등 제도 개혁의 추진을 통해,

민간 투자의 효과를 더욱 발휘해야 한다.

사실상, 현재 "성장 안정" 정책의 실제 집행 면에서 보면, 더욱 강조하여 투자가 기초 시설 · 민생 · 서부지구 등 취약 영역과 취약 부분에 치중되고 있다. 많은 "12 · 5"의 중점 항목을 시행하는 동시에, 국가 중점 현재건설 · 추가건설 항목 자금을 확보한다.

구조 조정의 기초 위에서 투자의 합리적 성장을 촉진시키는 이외에, 각 부서가 이미 제기하고 있는 "성장 안정" 정책은 소비 수요의 확대와 대외무역 수출의 안정 등 정책적 조치를 또한 포함한다. 예로, "에너지 절약 가전제품 특혜 사업"의 실시는, 한편으로 소비를 확대하고, 다른 한편으로 관련 기업의 생산을 촉진시켰다.

Memo

1-4 练习

民间投资是接续力

当前，在发挥政府投资作用的同时，启动民间投资的政策力度空前加大。有关部门已经陆续出台42项鼓励和引导民间投资的实施细则，铁路工程建设·装备制造·交通运输基础设施等领域将陆续对民间资本开放。

有数据显示，目前民间投资占整个固定资产投资比重提高到62%，增长速度高于国有投资，成为投资增长的新动力。

很多民营企业人员反映，国家和地方出台的一系列引导民间投资的政策措施，为企业发展提供了千载难逢的机会，但他们同时也期待政府能推进民营企业在投资审批·土地·外贸·财税扶持等方面获得公平待遇。

调结构更加注重长远

面对国内外新的经济形势，"稳增长" 不仅是当务之急，而且是一项长期的艰巨任务。分析人士指出，要在"稳增长"的同时进一步加大调结构的力度，更加注重拓宽经济增长空间和提高增长质量。

번 역

민간 투자는 접속력이다.

현재 정부투자 효과를 발휘하는 동시에, 민간투자를 시행하는 정책적 역량이 전례 없이 확대되었다. 관련 부서는 42개 항목의 격려와 민간투자 유도의 실행 세칙을 이미 계속 제기하고, 철로 프로젝트 건설 · 장비제조 · 교통운수 기초시설 등 영역이 장차 민간자본에 개방된다.

통계수치에 의하면, 현재 민간투자는 전체 고정자산 투자에서 점하는 비중이 62%까지 향상되었고, 성장 속도는 국유투자보다 빨라, 투자 성장의 새 동력이 되었다.

많은 민영 기업인들은, 국가와 지방정부가 제기한 일련의 민간투자를 유도하는 정책적 조치는 기업 발전을 위해 천재일우의 기회를 제공했다고 반영하지만, 투자 비준 · 토지 · 대외무역 · 재정과 세무 등 방면에서 민영기업의 공평한 대우받기를 정부가 추진할 수 있기를 그들은 동시에 기대한다.

구조조정은 장기성을 더욱 중시한다.

국내외의 새로운 경제 형세에 직면하여, 성장의 안정은 급선무일 뿐만 아니라, 또한 장기적인 막중한 임무이다. 분석가에 의하면, 성장의 안정과 동시에 구조조정의 역량을 더욱 확대시키고, 경제 성장의 공간 확대와 성장의 질 향상을 더욱 중시해야 한다.

Memo

제2과

政府经济工作报告

정부 경제업무 보고

2–1 正文 全国人民代表大会常务委员会工作报告

过去一年的主要工作

2011年，面对复杂多变的国际形势和艰巨繁重的国内改革发展稳定任务，以胡锦涛同志为总书记的党中央团结带领全国各族人民，同心协力，锐意进取，全面推进社会主义经济建设·政治建设·文化建设·社会建设以及生态文明建设，各项工作都取得新的成绩，实现了"十二五"时期良好开局。

监督工作扎实推进

常委会紧紧围绕推动"十二五"规划纲要顺利实施，继续加强和改进监督工作，更加贴近民生，取得实实在在的效果。

(一)推动经济发展方式转变。

常委会高度重视加快转变经济发展方式，每年都选择不同侧重点听取审议工作报告·开展执法检查和专题调研。去年听取审议了加快转变经济发展方式·环境保护·旅游业发展等报告，开展了合理调整国民收入分配关系·促进民族地区经济社会发展等专题调研。

大家指出，当前我国经济社会发展总体保持良好态势，国民经济继续朝着宏观调控预期方向发展。同时也要清醒地看到，我国发展中不平衡不协调不可持续问题仍然突出，制约科学发展的体制机制障碍仍然较多。

大家强调，面对复杂多变的国际政治经济环境和国内经济运行新情况新变化，要化挑战为机遇，变压力为动力，把中央关于转方式·调结构的决策部署真正落实到具体措施上·体现在实际工作中。

(二)促进保障和改善民生。

听取审议城镇保障性住房建设和管理·中长期教育改革和发展规划纲要实施情况等报告。大家指出，要认真落实中央决策部署，坚持立足国情和实际，合理确定保障性住房的范围·方式和标准，充分考虑各级政府财政承受能力，在对现有居民住房状况充分调研的基础上，严格区分保障性住房和改善性住房的界限，建立健全保障性住房分配和运营监管机制，真正使低收入住房困难户得到实惠。

大家强调，要确保2012年财政性教育经费支出占国内生产总值比例达到4%，同时以深化教育体制改革为抓手，全面实施素质教育，着力培育创新能力，大力推进教育公平，把公共教育资源更多投向农村地区·贫困地区·民族地区，保障进城务工人员随迁子女平等接受义务教育。

* 출처: 人民网. http://npc.people.com.cn/GB/17419796.html

2-2 生词与解释

1) 全国人民代表大会常务委员会工作报告

quánguó rénmín dàibiǎo dàhuì chángwù wěiyuánhuì gōngzuò bàogào
전국인민대표대회 상무위원회 업무보고

全国人民代表大会常务委员会 : 전국인민대표대회 상무위원회.

全国人民代表大会(quánguó rénmín dàibiǎo dàhuì) : 전국인민대표대회는 중국의 최고 권력기관으로, 그 약칭은 '全国人大'이고, 전국인대은 성 · 자치구 · 직할시 · 특별행정구 · 군대 그리고 소수민족에서 선출한 대표들로 구성되며, 그 임기는 5년이고, 전국인대의 회의는 매년 1회 거행한다. 그 상설기관은 전국인대 상무위원회로, 전국인대의 회의를 소집하며, 국가의 입법권을 행사한다. 전국인대 상무위원회의 임기는 전국인대와 동일하고, 그 위원장과 부위원장의 임기는 2회 연임 가능하다.

常务委员会(chángwù wěiyuánhuì) : 상무위원회. 약칭은 '常委会'임.

常务(chángwù) : 1.형 일상 업무를 맡는. 상무의. 상임의.
2.명 일상적인 업무. 상무.

工作报告 : 업무보고.

工作(gōngzuò) : 1.명 업무. 근무. 작업. 일. 공작. 노동.
2.명 직업. 일자리.
3.동 일하다. 작업하다. 노동하다.
4.동 작동하다. 운전하다.

报告(bàogào) : 1.명 보고. 보고서. 리포트.
2.동 보고하다. 발표하다. 연설하다.
3.명 강연.

2) 过去一年的主要工作

guòqù yìnián de zhǔyào gōngzuò
과거 1년의 주요 업무

过去(guòqù) : 1.명 과거.
2.명 과거사. 옛일.
3.동 지나가다. 지나다.
4.동 죽다. 사망하다. 돌아가시다. 〔반드시 뒤에 '了'를 써야 함〕

主要(zhǔyào) : 1.형 주요한. 주된.
2.부 주로. 대부분.

3) 2011年，面对复杂多变的国际形势和艰巨繁重的国内改革发展稳定任务，以胡锦涛同志为总书记的党中央团结带领全国各族人民，同心协力，锐意进取，全面推进社会主义经济建设·政治建设·文化建设·社会建设以及生态文明建设，各项工作都取得新的成绩，实现了"十二五"时期良好开局。

2011년 복잡하고 변화가 많은 국제 정세와 어렵고 무거운 국내 개혁·발전의 안정화 임무에 직면하여, 후진타오 동지를 총서기로 하는 중국공산당 중앙위원회는 단결하여 전국 각 민족·국민을 영도하며, 한 마음으로 힘을 합쳐, 단호하게 밀고 나아가고, 사회주의 경제건설·정치건설·문화건설·사회건설 및 생태문명건설을 전면적으로 추진하고, 각 항목의 업무는 모두 새로운 성과를 획득하여, "12·5"시기의 순조로운 출발을 실현했다.

a) 2011年，面对复杂多变的国际形势和艰巨繁重的国内改革发展稳定任务，
èr líng yī yī nián, miànduì fùzá duōbiàn de guójì xíngshì hé jiānjù fánzhòng de guónèi gǎigé fāzhǎn wěndìng rènwu
2011년 복잡하고 변화가 많은 국제 정세와 어렵고 무거운 국내 개혁·발전의 안정화 임무에 직면하다

面对(miànduì) : 동 직면하다. 마주 보다. 마주 대하다. 직접 대면하다.
复杂多变的国际形势 : 복잡하고 변화가 많은 국제 정세.
复杂多边 : 복잡하고 변화가 많다.
复杂(fùzá) : 형 복잡하다.
多变(duōbiàn) : 동 변화가 많다. 다변하다. 변덕스럽다.
国际(guójì) : 1.명 국제.
2.형 국제의. 국제적인.
形势(xíngshì) : 명 정세. 형편. 상황.
艰巨繁重的国内改革发展稳定任务 : 어렵고 무거운 국내 개혁·발전의 안정화 임무.
艰巨繁重 : 어렵고 무겁다.
艰巨(jiānjù) : 형 막중하다. 어렵고 힘들다. 어렵고도 무겁다.
繁重(fánzhòng) : 형 번잡하고 무겁다. 힘들다. 고생스럽다. 가중하다.
国内改革发展稳定任务 : 국내 개혁·발전을 안정시키는 임무
→ 국내 개혁·발전의 안정화 임무.
国内(guónèi) : 국내.
改革(gǎigé) : 개혁. 1-12.
发展(fāzhǎn) : 발전. 1-7.
稳定(wěndìng) : 안정시키다. 1-8.
任务(rènwu) : 임무. 책무.

b) 以胡锦涛同志为总书记的党中央团结带领全国各族人民，同心协力，锐意进取，
yǐ Hú Jǐntāo tóngzhì wéi zǒngshūjì de dǎngzhōngyāng tuánjié dàilǐng quánguó gèzú rénmín, tóngxīn xiélì, ruìyì jìnqǔ
후진타오 동지를 총서기로 하는 중국공산당 중앙위원회는 단결하여 전국 각 민족・국민을 영도하고, 한 마음으로 힘을 합쳐, 단호하게 밀고 나아가다.

以胡锦涛同志为总书记的党中央团结带领全国各族人民：후진타오 동지를 총서기로 하는 중국공산당 중앙위원회는 단결하여 전국 각 민족・국민을 영도하다.

以(yǐ)…为(wéi)…：…를 …로 하다. 1-6.
胡锦涛(hú jǐn tāo)：Hu Jintao, 후진타오〔사람 이름〕.
同志(tóngzhì)：1.명 동지.〔같은 당원을 가리킴〕
2.명 동지.〔같은 이상과 사업을 위해 분투하는 사람〕
3.명 동지.〔비교적 정중한 장소에서 대중을 부르는 말〕
4.명 동지.〔습관적으로 상대방을 부르는 말〕
总书记(zǒngshūjì)：명 총서기.
党中央(dǎngzhōngyāng)：명 中国共产党中央委员会(중국공산당 중앙위원회)의 약칭.
团结(tuánjié)：1.동 단결하다. 뭉치다. 단합하다.
2.형 화목하다. 우호적이다. 사이가 좋다.
带领(dàilǐng)：1.동 영도하다. 거느리다. 인솔하다. 이끌다. 인도하다.
2.동 데리다. 안내하다.
全国各族人民：전국 각 민족・인민.
全国(quánguó)：명 전국. 나라 전체.
各族：각 민족.
各(gè)：1.대 각. 여러. 갖가지. 여러 가지.
2.부 각자. 각기. 각각. 저마다.
族(zú)：1.명 민족. 부족.
2.명 가족.
人民(rénmín)：명 국민. 인민.

同心协力，锐意进取：한마음으로 힘을 합쳐, 단호하게 밀고 나아가다.
同心协力：한마음 한뜻으로 힘을 합치다. 일치 단결하다.
同心(tóngxīn)：형 마음을 합치다. 한마음으로 합치다.
协力(xiélì)：동 협력하다. 힘을 합하다. 함께 노력하다.
锐意进取：단호하게 밀고 나아가다. 마음을 단단히 먹고 성취하도록 노력하다.
锐意(ruìyì)：부 단호하게.
进取(jìnqǔ)：동 진취하다. 향상하려〔이루려〕 노력하다.

c) 全面推进社会主义经济建设·政治建设·文化建设·社会建设以及生态文明建设,
quánmiàn tuījìn shèhuìzhǔyì jīngjì jiànshè · zhèngzhì jiànshè · wénhuà jiànshè · shèhuì jiànshè yǐjí shēngtài wénmíng jiànshè
사회주의 경제건설 · 정치건설 · 문화건설 · 사회건설 및 생태문명건설을 전면적으로 추진하다

全面(quánmiàn) : 1.형 전면적이다. 전반적이다. → 부 전면적으로.
2.명 전면. 전반. 전체.
推进(tuījìn) : 1.동 (일 · 사업을) 추진하다. 추진시키다.
2.동 (전선이나 군대를) 밀고 나아가다. 진격하다.
社会主义(shèhuìzhǔyì) : 1.명 사회주의.
2.명 과학적 사회주의의 사상 체계.
建设(jiànshè) : 1.동 (새로운 사업을) 창립하다. 건설하다. 세우다.
2.명 건설 업무.
政治(zhèngzhì) : 명 정치.
文化(wénhuà) : 1.명 문화.
2.명 (일반적인) 교양. 소양. 지식.
生态(shēngtài) : 명 생태.
文明(wénmíng) : 1.명 문명.
2.형 문명화된.
3.형 교양이 있다. 예의바르다. 인행이 점잖다.

d) 各项工作都取得新的成绩,
gè xiàng gōngzuò dōu qǔdé xīn de chéngjì
각 항목의 업무는 모두 새로운 성과를 획득하다

项(xiàng) : 1.명 항목.
2.명 항.
3.명 목덜미
都(dōu) : 1.부 모두. 다. 전부. [일반적으로 총괄하는 내용 앞에 쓰임]
2.부 이미. 벌써.
3.부 심지어. …조차도.
4.부 모두 …때문이다. ['是'와 이어 쓰여 이유를 설명함]
取得(qǔdé) : 동 취득하다. 얻다.
新(xīn) : 1.형 새롭다.
2.형 사용하지 않은. 새 것의.
3.부 방금. 새로이. 갓.
4.동 새롭게 하다. 새로워지다. 일신하다.
5.명 새사람. 새 것. 새로운 것.
6.형 결혼한. 신혼의.
成绩(chéngjì) : 명 성과. 성적. 수확. 결과. 점수.

e) 实现了"十二五"时期良好开局。
shíxiàn le "shí èr wǔ" shíqī liánghǎo kāijú
"12 · 5"시기의 순조로운 출발을 실현했다.

实现(shíxiàn) : 동 실현하다. 달성하다.
十二五(shí èr wǔ) : 12 · 5. 1-14.
时期(shíqī) : 명 (특정한) 시기.
良好开局 : 양호한 시작 → 순조로운 출발.
良好(liánghǎo) : 형 양호하다. 좋다. 훌륭하다. 만족할 만하다.
开局(kāijú) : 1.명 시작 단계. 출발.
2.동 시작하다.

4) 监督工作扎实推进
jiāndū gōngzuò zháshí tuījìn
감독 업무의 확고한 추진

监督工作扎实推进 : 감독 업무가 확고히 추진되다 → 감독 업무의 확고한 추진.
监督(jiāndū) : 1.명 감독.
2.동 감독하다.
工作(gōngzuò) : 2-1.
扎实(zháshí) : 1.형 견실하다. 견고하다. 튼튼하다. 확고하다.
2.형 착실하다. 성실하다. 충실하다.

5) 常委会紧紧围绕推动"十二五"规划纲要顺利实施，继续加强和改进监督工作，更加贴近民生，取得实实在在的效果。
상무위원회는 "12 · 5" 계획 강령의 추진을 중심에 단단히 놓고 순조롭게 실시하여, 감독 업무를 계속 강화하고 개선하며, 민생에 더욱 접근하고, 확실한 효과를 얻었다.

a) 常委会紧紧围绕推动"十二五"规划纲要顺利实施，
chángwěhuì jǐnjǐn wéirào tuīdòng "shí èr wǔ" guīhuà gāngyào shùnlì shíshī
상무위원회는 "12 · 5" 계획 강령의 추진을 중심에 단단히 놓고 순조롭게 실시하다

常委会紧紧围绕推动"十二五"规划纲要 : 상무위원회는 "12 · 5" 계획 강령의 추진을 중심에 단단히 놓다
紧紧(jǐnjǐn) : 1.부 단단히. 바짝. 꽉.
围绕(wéirào) : 1.동 (문제나 일을) 둘러싸다. …을 중심에 놓다.
2.동 주위[둘레]를 돌다.
推动"十二五"规划纲要 : "12 · 5" 계획 강령을 추진하다 → 계획 강령의 추진.
推动(tuīdòng) : 추진하다. 1-12.

规划(guīhuà) : 1.명 계획. 기획. 〔종합적 · 장기적인 발전 계획에 쓰임〕
2.동 기획하다. 계획하다. 꾀하다.
纲要(gāngyào) : 1.명 강령. 대요(大要). 요지(要旨).
2.명 대강. 개요. 〔주로 서명 · 서류명에 쓰임〕
顺利实施 : 순조롭게 실시하다
顺利(shùnlì) : 형 순조롭다. 일이 잘 되어가다. → 순조롭게.
实施(shíshī) : 실시하다. 1-16.

b) 继续加强和改进监督工作,
jìxù jiāqiáng hé gǎijìn jiāndū gōngzuò
감독 업무를 계속하여 강화하고 개선한다

继续(jìxù) : 계속하다. 1-6.
加强(jiāqiáng) : 동 강화하다. 증강하다.
改进(gǎijìn) : 동 개선하다. 개량하다.

c) 更加贴近民生,
gèngjiā tiējìn mínshēng
민생에 더욱 접근하다

更加(gèngjiā) : 더욱. 1-3.
贴近(tiējìn) : 1.동 접근하다. 바싹 다가가다.
2.형 친(밀)하다. 가깝다.
民生(mínshēng) : 민생. 1-10.

d) 取得实实在在的效果。
qǔdé shíshízàizài de xiàoguǒ
확실한 효과를 얻다 → 확실한 효과를 얻었다.

※ 시제 표현: 본문은 과거 1년의 업무 성과를 표현하므로, 시제는 과거형으로 번역함.

实实在在(shíshízàizài) : 1.형 착실하다. 확실하다.
2.부 실로. 확실히. 참으로.
效果(xiàoguǒ) : 명 효과.

6) (一)推动经济发展方式转变。
tuīdòng jīngjì fāzhǎn fāngshì zhuǎnbiàn
경제 발전 방식의 전환을 추진함.

经济发展方式 : 경제 발전 방식. 경제 발전 모델.
方式(fāngshì) : 명 방식. 방법. 패턴.

转变(zhuǎnbiàn) : 1.동 전환하다. 전변하다. 바꾸다.
2.동 전향하다.

7) 常委会高度重视加快转变经济发展方式，每年都选择不同侧重点听取审议工作报告・开展执法检查和专题调研。

상무위원회는 경제 발전 방식의 신속한 전환을 높이 중시하고, 해마다 모두 상이한 중점 사항을 선택하여, 업무 보고를 청취 심의하고 법집행 조사와 주제 조사연구를 전개했다.

a) 常委会高度重视加快转变经济发展方式，
chángwěihuì gāodù zhòngshì jiākuài zhuǎnbiàn jīngjì fāzhǎn fāngshì
상무위원회는 경제 발전 방식의 신속한 전환을 높이 중시하다

高度(gāodù) : 1.부 높이. 높게.
2.형 정도가 매우 높다.
3.명 고도. 높이.
重视(zhòngshì) : 동 중시하다. 중요시하다
加快转变经济发展方式 : 경제 발전 방식을 빠르게 전환하다
→ 경제 발전 방식의 신속한 전환.
加快(jiākuài) : 동 속도를 올리다. 빠르게 하다. 빨리 하다. 재촉하다.
→ 빠르게.

b) 每年都选择不同侧重点听取审议工作报告・开展执法检查和专题调研。
měinián dōu xuǎnzé bùtóng cèzhòngdiǎn tīngqǔ shěnyì gōngzuò bàogào・kāizhǎn zhífǎ jiǎnchá hé zhuāntí diàoyán
해마다 모두 상이한 중점을 선택하여, 업무 보고를 청취 심의하고 법집행 조사와 주제 조사연구를 전개하다

每年(měinián) : 명 매년. 해마다.
选择(xuǎnzé) : 1.동 고르다. 선택하다.
2.명 선택.
侧重点(cèzhòngdiǎn) : 명 치중하는 것. 중점. → 중점 사항.
听取审议工作报告・开展执法检查和专题调研 : 업무 보고를 청취 심의하고 법집행 조사와 주제 조사연구를 전개하다
听取(tīngqǔ) : 동 (의견・보고 등을) 청취하다. 귀담아듣다. 귀를 기울이다.
审议工作报告 : 업무 보고를 심의하다 → 업무 보고의 심의.
审议(shěnyì) : 동 심의하다. 심사하다.
开展执法检查 : 법집행의 검사를 전개하다 → 법집행 검사의 전개.
开展(kāizhǎn) : 1.동 전개되다. 확대되다. 펼쳐지다. 벌어지다. 넓어지다.
2.동 전개하다. 확대시키다. 펼치다. 벌리다. 넓히다.
3.동 (전람회・전시회 등이) 열리다.

执法(zhífǎ) : 1.통 법을 집행하다.
2.통 (운동 경기의) 심판을 보다.
检查(jiǎnchá) : 통 검사하다. 점검하다. 조사하다.
专题(zhuāntí) : 명 주제. 특정한 제목. 전문적인 테마.
调研(diàoyán) : 통 조사연구하다.

8) 去年听取审议了加快转变经济发展方式・环境保护・旅游业发展等报告，开展了合理调整国民收入分配关系・促进民族地区经济社会发展等专题调研。

작년에 경제 발전 방식의 신속한 전환・환경 보호・관광업 발전 등 보고를 청취하고 심의했으며, 국민소득 분배 관계의 합리적 조정과 민족지역 경제・사회 발전의 촉진 등 주제 조사연구를 전개했다.

a) 去年听取审议了加快转变经济发展方式・环境保护・旅游业发展等报告,
qùnián tīngqǔ shěnyì le jiākuài zhuǎnbiàn jīngjì fāzhǎn fāngshì・huánjìng bǎohù・lǚyóuyè fāzhǎn děng bàogào
작년에 경제 발전 방식의 신속한 전환・환경 보호・관광업 발전 등 보고를 청취하고 심의하였다

去年(qùnián) : 명 작년.
环境(huánjìng) : 1.명 환경.
2.명 주위 상황〔조건〕.
保护(bǎohù) : 1.명 보호.
2.통 보호하다.
旅游业(lǚyóuyè) : 명 관광(사)업.

b) 开展了合理调整国民收入分配关系・促进民族地区经济社会发展等专题调研。
kāizhǎn le hélǐ tiáozhěng guómínshōurù fēnpèi guānxi・cùjìn mínzúdìqū jīngjì shèhuì fāzhǎn děng zhuāntí diàoyán
국민소득 분배 관계의 합리적 조정과 민족지역 경제・사회 발전의 촉진 등 주제 조사연구를 전개했다

合理调整国民收入分配关系 : 국민소득 분배의 관계를 합리적으로 조정하다
→ 국민소득 분배 관계의 합리적 조정.
调整(tiáozhěng) : 통 조정하다. 조절하다.
国民收入(guómín shōurù) : 명 국민 소득.
分配(fēnpèi) : 1.통 분배하다. 할당하다. 배급하다.
2.통 배치하다. 배속하다. 안배하다.

促进民族地区经济社会发展 : 민족지역의 경제·사회 발전을 촉진시키다
→ 민족지역 경제·사회 발전의 촉진
民族地区(mínzúdìqū) : 명 민족지역. 〔소수민족이 모여 사는 자치행정 지역〕

9) 大家指出，当前我国经济社会发展总体保持良好态势，国民经济继续朝着宏观调控预期方向发展。

여러 사람의 의견에 의하면, 현재 우리나라 경제·사회 발전의 총체는 양호한 형세를 유지하고, 국민경제가 계속 거시적 조절과 제어의 예기 방향을 향해 발전한다.

a) 大家指出，
dàjiā zhǐchū
여러 사람이 …라고 지적하다 → 여러 사람의 의견에 의하면

大家(dàjiā) : 1.대 모두. 다들. 여러분. 여러 사람.
2.명 대가. 권위자.
3.명 대갓집. 명문. 명가.
指出(zhǐchū) : 밝히다. 지적하다. 1-7.

b) 当前我国经济社会发展总体保持良好态势，
dāngqián wǒ guó jīngjì shèhuì fāzhǎn zǒngtǐ bǎochí liánghǎo tàishì
현재 우리나라 경제·사회 발전의 총체는 양호한 형세를 유지하다

当前(dāngqián) : 현재. 1-4.
总体(zǒngtǐ) : 명 총체. 전체.
保持(bǎochí) : 동 (지속적으로) 유지하다. 지키다. 보지하다.
态势(tàishì) : 형세. 1-8.

c) 国民经济继续朝着宏观调控预期方向发展。
guómín jīngjì jìxù cháozhe hóngguān tiáokòng yùqī fāngxiàng fāzhǎn
국민경제가 계속 거시적 조절과 제어의 예기 방향을 향해 발전하다

继续(jìxù) : 계속해서. 1-6.
朝着宏观调控预期方向 : 거시적 조절과 제어의 예기 방향을 향해
朝着(cháozhe) : …를 향해.
朝(cháo) : 1.개 …을 향하여. …쪽으로.
2.동 …을 마주하다. …(으)로 향하다.
着(zhe) : 1.조 개사나 대명사 뒤에 쓰여 뒤의 동사를 수식함.
2.조 …하고 있다. …하고 있는 중이다.
3.조 …하면서. …한 채로.
4.조 …해 있다. …한 채로 있다.
宏观调控 : 거시적 조절과 제어(를 하다).
宏观(hóngguān) : 거시적. 1-7.

调控(tiáokòng) : 동 조절〔조정〕하고 제어하다. 콘트롤하다.
预期(yùqī) : 동 예기하다. 미리 기대하다.
方向(fāngxiàng) : 명 방향.
发展(fāzhǎn) : 발전하다. 1-7.

10) 同时也要清醒地看到，我国发展中不平衡不协调不可持续问题仍然突出，制约科学发展的体制机制障碍仍然较多。

우리나라 발전 중 불균형 · 부조화 · 지속 불가능의 문제가 여전히 두드러지고, 과학 발전을 제약하는 제도적 장치의 장애물이 여전히 비교적 많다는 것을 동시에 또한 또렷이 보아야 한다.

a) 同时也要清醒地看到，
tóngshí yě yào qīngxīdi kàndào
동시에 또한 …을 또렷이 보아야 한다

※ 看到 이하의 목적어가 길기 때문에, 목적어(我国发展中…仍然较多。)를 먼저 번역하고, 서술어(同时也要清醒地看到)를 나중에 번역함.

同时(tóngshí) : 동시에. 1-14.
也(yě) : 부 …도. 또한. 〔하나만 쓰여 같음을 나타냄〕
也(yě)…, 也(yě)… : …도 하고, …도 하다. …도 이고, …도 이다.
〔중복 사용하여 두 가지 혹 여러 가지 사건에 서로 같은 점이 있거나, 중복 사용하여 두 사건의 병렬 혹은 대치를 강조함〕
要(yào) : …해야 한다. 1-10.
清醒地看到 : 또렷이 보다.
清晰地(qīngxīdi) : 또렷하게. 또렷이. 분명하게. 분명히.
清晰(qīngxī) : 형 또렷하다. 분명하다. 명석하다.
地(di, de) : 조 단어나 구 뒤에 쓰여, 그 단어나 구가 뒤에 오는 동사 또는 형용사를 수식하고 있음을 나타냄.
看到(kàndào) : 동 보다. 보이다. 눈에 띄다. 눈이 닿다. 시선이 향하다.

b) 我国发展中不平衡不协调不可持续问题仍然突出，
wǒ guó fāzhǎn zhōng bù pínghéng bù xiétiáo bùkě chíxù wèntí réngrán tūchū
우리나라 발전 중 불균형 · 부조화 · 지속 불가능의 문제가 여전히 두드러지다

不平衡 : 불균형.
平衡(pínghéng) : 1. 형 균형이 맞다. 균형잡히다. 평형하다.
2. 동 균형〔평형〕되게 하다. 균형 있게 하다. 균형을 잡다.
不协调 : 부조화.
协调(xiétiáo) : 조화롭게 하다. 조화롭다. 1-10.
不可持续 : 지속할 수 없다. → 지속할 수 없음. 지속 불가능. 1-11.

问题(wèntí) : 명 문제. 숙제. 고장.
仍然(réngrán) : 부 변함없이. 여전히. 아직도. 원래대로.
突出(tūchū) : 두드러지다. 1-2.

c) 制约科学发展的体制机制障碍仍然较多。
zhìyuē kēxué fāzhǎn de tǐzhì jīzhì zhàngài réngrán jiào duō
과학 발전을 제약하는 제도적 장치의 장애물이 여전히 비교적 많다

制约(zhìyuē) : 동 제약하다.
科学(kēxué) : 명, 형 과학(적이다).
体制(性)机制(tǐzhì xìng jīzhì) : 제도적 장치(institutional measure).
体制(tǐzhì) : 명 체제. 형식. 격식. 제도. 체계.
性(xìng) : 접 …적. …성. 〔명사 · 형용사 · 동사 뒤에 쓰여, 사물의 성질 · 성능 · 범위 · 방식 등을 나타냄〕
机制(jīzhì) : 1.명 체제. 메커니즘(mechanism). 시스템. 구조와 동작 원리.
2.형 기계로 제조한.
障碍(zhàngài) : 1.명 장애물. 방해물.
2.동 방해하다. 막다. 장애하다. 저해하다
较多(jiào duō) : 비교적 많다.
较(jiào) : 1.부 비교적. 좀. 보다.
2.동 비교하다. 비하다. 비기다. 견주다. 겨루다.

11) 大家强调，面对复杂多变的国际政治经济环境和国内经济运行新情况新变化，要化挑战为机遇，变压力为动力，把中央关于转方式 · 调结构的决策部署真正落实到具体措施上 · 体现在实际工作中。

복잡하고 변덕스런 국제 정치 경제의 환경과 국내 경제 운행의 새 상황 · 새 변화에 직면하여, 도전을 기회로 변화시키고, 압력을 원동력으로 변화시키며, 중앙정부의 (경제 발전) 방식 전환 · 구조 조정에 관한 정책 안배를 진정으로 구체적 조치에서 실현시키고, 실제 업무에서 구현해야 한다고 사람들은 강조하다.

a) 大家强调，
dàjiā qiángdiào
…라고 사람들은 강조하다

强调(qiángdiào) : 강조하다. 1-13.
※ 强调 이하의 목적어가 길기 때문에, 목적어(面对复杂多变的…在实际工作中。)를 먼저 번역하고, 서술어(大家强调)를 나중에 번역함.

b) 面对复杂多变的国际政治经济环境和国内经济运行新情况新变化,
miànduì fùzá duōbiān de guójì zhèngzhì jīngjì huánjìng hé guónèi jīngjì yùnxíng xīn qíngkuàng xīn biànhuà
복잡하고 변덕스런 국제 정치 경제의 환경과 국내 경제 운행의 새 상황 · 새 변화에 직면하다

运行(yùnxíng) : 1.명 운행.
2.동 운행하다.
情况(qíngkuàng) : 상황. 1-9.
变化(biànhuà) : 1.명 변화.
2.동 변화하다. 달라지다. 바꾸다.

c) 要化挑战为机遇, 变压力为动力,
yào huà tiǎozhàn wéi jīyù, biàn yālì wéi dònglì
도전을 기회로 변화시키고, 압력을 원동력으로 변화시키다

※ 여기에서 要는 조동사로서, 뒤의 본동사 化 · 变 · 落实 · 体现에 모두 걸려 있기 때문에, 번역할 때는 마지막 동사 体现 뒤에서 그 뜻을 나타냄.

要化挑战为机遇 : 도전을 기회로 변화시키다.
化(huà) : 1.동 변화시키다.
2.동 변하다. 변화하다.
挑战(tiǎozhàn) : 1.명 도전.
2.동 싸움을 걸다. 도전하다. 맞서다.
为(wéi) : 1.동 …(으)로 삼다. …(으)로 생각하다〔여기다〕.
2.동 …(으)로 변〔변화〕하다. …이 되다.
机遇(jīyù) : 명 (좋은) 기회. 찬스. 시기. 호기.
变压力为动力 : 압력을 원동력으로 변화시키다.
变(biàn) : 변화시키다. 1-2.
压力(yālì) : 압력. 1-2.
动力(dònglì) : 명 동력. 원동력.

d) 把中央关于转方式 · 调结构的决策部署真正落实到具体措施上 · 体现在实际工作中。
bǎ zhōngyāng guānyú zhuǎn fāngshì · tiáo jiégòu de juécè bùshǔ zhēnzhèng luòshí dào jùtǐ cuòshī shang · tǐxiàn zài shíjì gōngzuò zhōng
중앙정부의 (경제 발전) 방식 전환 · 구조 조정에 관한 정책 안배를 진정으로 구체적 조치에서 실현시키고, 실제 업무에서 구현하다

把中央关于转方式 · 调结构的决策部署 : 중앙정부의 (경제 발전) 방식 전환 · 구조 조정에 관한 정책 안배를.
把(bǎ) : …을. 1-3.
中央(zhōngyāng) : 중앙정부. 1-3.

关于转方式・调结构：(경제 발전) 방식 전환・구조 조정에 관한.
关于(guānyú)：…에 관한. 1-3.
转方式：转变经济发展方式, (경제 발전) 방식을 전환하다
→ (경제 발전) 방식의 전환.
转(zhuǎn)：转变(zhuǎnbiàn), 전환하다. 2-6.
调结构：调整结构 구조를 조정하다 → 구조 조정.
调(tiáo)：调整(tiáozhěng), 조정하다. 2-8
结构(jiégòu)：구조. 1-10.
决策(juécè)：1.명 결정된 정책〔책략・전술・전략・방침〕.
2.동 정책〔책략・방침〕 등을 결정하다.
部署(bùshǔ)：1.명 안배. 배치.
2.동 안배하다. 배치하다.
真正(zhēnzhèng)：1.부 진정으로. 정말로. 진짜로. 확실히. 참으로. 진실로.
2.형 진정한. 참된. 순수한. 진짜의. 명실상부한.
落实到具体措施上：구체적 조치에서 실현시키다.
落实(luòshí)：1.동 실현시키다. 현실화시키다. 구체화하다.
2.동 실현되다. 구체화되다. 확정되다.
到(dào)：1.동 〔동사 뒤에서 동작의 목적 달성이나 결과 발생을 나타냄.〕
2.동 …에. …로. …까지 오다.
3.동 도달하다. 도착하다. (어느 곳에) 이르다.
具体(jùtǐ)：1.형 구체적이다.
2.형 특정의. 상세한. 실제의.
3.동 (이론이나 원칙을) 구체화하다. 〔뒤에 '到'를 수반함〕
措施(cuòshī)：조치. 1-4.
体现在实际工作中：실제 업무에서 구현하다.
体现(tǐxiàn)：1.동 구현하다. 체현하다. 구체적으로 드러내다.
2.명 구현. 구체적인 표현.
实际(shíjì)：실제(적). 1-13.

12) (二)促进保障和改善民生。

cùjìn bǎozhàng hé gǎishàn mínshēng.
민생의 보장과 개선을 촉진함.

促进保障和改善民生：민생을 보장하고 개선하는 것을 촉진하다
→ 민생의 보장과 개선을 촉진함.
促进(cùjìn)：촉진하다. 1-15.
保障(bǎozhàng)：보장하다. 1-14.
改善(gǎishàn)：개선하다. 1-10.
民生(mínshēng)：민생. 1-10.

13) 听取审议城镇保障性住房建设和管理・中长期教育改革和发展规划纲要实施情况等报告。

tīngqǔ shěnyì chéngzhèn bǎozhàngxìng zhùfáng jiànshè hé guǎnlǐ・zhōngchángqī jiàoyù gǎigé hé fāzhǎn guīhuà gāngyào shíshī qíngkuàng děng bàogào

도시 보장성 주택의 건설과 관리 및 중장기 교육 개혁과 발전 계획 강령의 실시 상황 등 보고를 청취하고 심의했다.

城镇保障性住房建设和管理 : 도시 보장성 주택의 건설과 관리.

城镇(chéngzhèn) : 명 도시와 읍. → 도시.

城镇居民(chéngzhèn jūmín) : 도시 주민.

城镇住房(chéngzhèn zhùfáng) : 도시 주택.

住房(zhùfáng) : 명 주택.

管理(guǎnlǐ) : 1. 명 관리.
2. 동 관리하다. 관할하다. 보관하고 처리하다.

中长期教育改革和发展规划纲要实施情况等报告 : 중장기 교육 개혁과 발전 계획 강령의 실시 상황 등 보고

中长期(zhōngchángqī) : 명 중장기.

教育(jiàoyù) : 1. 명 교육.
2. 동 교육하다. 양성하다. 육성하다. 기르다. 계발하다.

14) 大家指出，要认真落实中央决策部署，坚持立足国情和实际，合理确定保障性住房的范围・方式和标准，充分考虑各级政府财政承受能力，在对现有居民住房状况充分调研的基础上，严格区分保障性住房和改善性住房的界限，建立健全保障性住房分配和运营监管机制，真正使低收入住房困难户得到实惠。

여러 사람의 의견에 의하면, 중앙정부의 정책 안배를 착실히 실현하며, 단호히 국정과 실제에 입각하여, 보장성 주택의 범위・방식과 기준을 합리적으로 확정하고, 각급 정부의 재정 수용 능력을 충분히 고려하며, 현존 주민의 주택 상황에 대한 충분한 조사연구의 기초 위에서, 보장성 주택과 개선성 주택의 한도를 엄격히 구분하고, 완벽한 보장성 주택의 분배와 운영 감독 체제를 수립하고, 진정으로 저소득 주택난 가정이 실리를 얻도록 해야 한다.

a) 大家指出，

dàjiā zhǐchū

여러 사람의 의견에 의하면

b) 要认真落实中央决策部署,
yào rènzhēn luòshí zhōngyāng juécè bùshǔ
중앙정부의 정책 안배를 착실히 실현하다

※ 여기에서 要는 조동사로서, 번역할 때는 마지막 동사(使) 뒤에서 그 뜻을 나타냄.

认真落实 : 착실히 실현하다〔실현시키다〕.
认真(rènzhēn) : 1.[형] 진지하다. 착실하다. 진솔하다.
→ 착실히. 진솔히. 진지하게. 꼼꼼히. 열심히.
2.[동] 진담으로 받아들이다. 곧이 듣다. 정말로 여기다.

c) 坚持立足国情和实际,
jiānchí lìzú guóqíng hé shíjì
국정과 실제에 입각하는 것을 견지하다 → 단호히 국정과 실제에 입각하다

坚持(jiānchí) : 1.[동] 단호히 지키다. 견지하다. 유지하다. 고수하다. 고집하다.
2.[동] 견지하다. 굳건히 보지하다. 계속 지속하게 하다.
立足(lìzú) : 1.[동] 입각하다. 근거하다. (입장에) 서다.
2.[동] 발붙이다.
3.[동] 몸을 의탁하다. 발붙이고 살다.
国情(guóqíng) : [명] 국정. 나라의 정세. 나라의 형편.

d) 合理确定保障性住房的范围・方式和标准,
hélǐ quèdìng bǎozhàngxìng zhùfáng de fànwéi・fāngshì hé biāozhǔn
보장성 주택의 범위・방식과 기준을 합리적으로 확정하다

合理确定 : 합리적으로 확정하다.
确定(quèdìng) : 1.[동] 확정하다. 확실히 결정을 내리다.
2.[형] 확정적이다. 확고하다
范围(fànwéi) : 1.[명] 범위.
2.[동] 제한하다. 개괄하다.
标准(biāozhǔn) : 1.[명] 표준. 기준. 잣대.
2.[형] 표준의. 표준적이다.

e) 充分考虑各级政府财政承受能力,
chōngfèn kǎolǜ gè jí zhèngfǔ cáizhèng chéngshòu nénglì
각급 정부의 재정 수용 능력을 충분히 고려하다

充分(chōngfèn) : 1.[형] 충분하다. 〔주로 추상적 사물에 쓰임〕
2.[부] 힘껏. 십분. 충분히.
考虑(kǎolǜ) : 1.[동] 고려하다. 생각하다.
2.[동] 구상하다. 계획하다. …할 생각이다.
各级政府(gè jí zhèngfǔ) : 각급 정부.

중국의 행정구역은 성급(省, 자치구, 직할시, 특별행정구 포함), 현급(县, 자치현, 시 포함), 향급(乡, 진(镇), 민족향 포함)을 중심으로 구성됨. 여기에서 각급은 성급 · 현급 · 향급을 칭함.

各级(gè jí) : 각급.

级(jí) : 1.명 등급. 계급.
2.명 층계. 계단. 섬돌.
3.명 학년.
4.양 층. 계단. 급. 〔층계 · 계단 · 탑 등의 층을 세는 단위〕

政府(zhèngfǔ) : 정부. 1-6.

财政(cáizhèng) : 명 재정.

承受能力 : 수용 능력. 수용력. 내구력. 인내력. 포용력.

承受(chéngshòu) : 1.동 수용하다. 감수하다. 이겨 내다. 감당하다. 감내하다.
2.동 (권리나 재산 따위를) 계승하다. 이어받다. 물려받다.

能力(nénglì) : 명 능력. 역량.

f) 在对现有居民住房状况充分调研的基础上,
zài duì xiànyǒu jūmín zhùfáng zhuàngkuàng chōngfèn diàoyán de jīchǔ shang
현존 주민의 주택 상황에 대한 충분한 조사연구의 기초 위에서

在…的基础上 : …의 기초 (위)에서.

对现有居民住房状况充分调研 : 현존 주민의 주택 상황에 대해 충분히 조사연구하다
→ 현존 주민의 주택 상황에 대한 충분한 조사연구.

现有(xiànyǒu) : 동 현재 있다. 현존하다. 지금 존재하다〔있다〕.

居民(jūmín) : 명 주민. 거(주)민.

状况(zhuàngkuàng) : 명 상황. 형편. 상태.

g) 严格区分保障性住房和改善性住房的界限,
yángé qūfēn bǎozhàngxìng zhùfáng hé gǎishànxìng zhùfáng de jièxiàn
보장성 주택과 개선성 주택의 한도를 엄격히 구분하다

严格(yángé) : 1.형 엄격하다. 엄하다. → 엄격히.
2.동 엄격히 하다. 엄하게 하다.

区分(qūfēn) : 동 구분하다. 분별하다. 나누다.

界限(jièxiàn) : 1.명 한도.
2.명 경계.

h) 建立健全保障性住房分配和运营监管机制,
jiànlì jiànquán bǎozhàngxìng zhùfáng fēnpèi hé yùnyíng jiānguǎn jīzhì
완벽한 보장성 주택의 분배와 운영 감독 체제를 수립하다

建立(jiànlì) : 1.동 수립하다. 창설하다. 건립하다. 성립하다. 세우다.
2.동 구성하다. 형성하다. 이루다. 만들다. 세우다. 맺다.

健全(jiànquán)：1.형 완벽하다. 건전하다. 완전하다. 완비하다.
2.형 (병・탈 없이) 건전하다. 건강하고 온전하다.
3.동 건전하게 하다. 완비하다. 완벽하게 하다.
运营(yùnyíng)：동 운영하다.
监管(jiānguǎn)：동 감독〔감시〕 관리하다.

i) 真正使低收入住房困难户得到实惠。
zhēnzhèng shǐ dīshōurù zhùfáng kùnnan hù dédào shíhuì
진정으로 저소득 주택난 가정이 실리를 얻도록 하다

使低收入住房困难户得到实惠：저소득 주택난 가정에게 실리를 얻게 하다
→ 저소득 주택난 가정이 실리를 얻도록 하다.
使(shǐ)：동 (…에게) …하게 하다. …시키다.
低收入住房困难户：저소득 주택난 가정.
低收入(dīshōurù)：저소득(low income).
住房困难(zhùfáng kùnnan)：주택난(住宅难).
困难(kùnnan)：1.명 빈곤. 곤란. 애로. 어려움.
2.형 곤란하다. 어렵다.
3.형 빈곤하다. 곤궁하다.
户(hù)：1.명 양 가구. 집. 세대. 인가. 주택.
2.명 외짝문. 지게문.
3.명 문.
困难户(kùnnanhù)：1.명 극빈 가정.
2.명 매우 재주가 없는 사람이나 집안. 젬병. 형편 없는 사람. (인연이 없어) 결혼하지 못한 젊은이.
得到(dédào)：1.동 얻다. 받다. 획득하다. 취득하다. 거두다. 차지하다.
2.동 (기회를 빌어서) …할 수 있다. (말미암아) …(하게) 되다.
实惠(shíhuì)：1.명 실리. 실익.
2.형 실속 있다. 실용적이다. 실질적이다.

15) 大家强调，要确保2012年财政性教育经费支出占国内生产总值比例达到4%，同时以深化教育体制改革为抓手，全面实施素质教育，着力培育创新能力，大力推进教育公平，把公共教育资源更多投向农村地区・贫困地区・民族地区，保障进城务工人员随迁子女平等接受义务教育。

2012년 재정성 교육 경비 지출의 국내총생산 점유 비율이 4%에 달하도록 확보하고, 동시에 교육 체제 개혁의 심화를 중점으로 삼고, 전인 교육을 전면적으로 실시하고, 창의력의 양성에 진력하고, 교육의 공평성을 힘껏 추진하고, 공공 교육 자원을 농촌지역・빈곤지역・민족지역에 더욱 투입하고, 도시 이동 노동인력의 수행 자녀가 의무교육을 평등하게 받는 것을 보장해야 한다고 사람들은 강조하다.

a) 大家强调，
dàjiā qiángdiào
…라고 사람들은 강조하다

b) 要确保2012年财政性教育经费支出占国内生产总值比例达到4%，
yào quèbǎo èr líng yī èr nián cáizhèngxìng jiàoyù jīngfèi zhīchū zhàn guónèi shēngchǎn zǒngzhí bǐlì dádào bǎifēnzhī sì
2012년 재정성 교육 경비 지출의 국내총생산 점유 비율이 4%에 달하도록 확보하다

※ 여기에서 要는 조동사로서, 번역할 때는 마지막 본동사(保障) 뒤에서 그 뜻을 나타냄.

确保(quèbǎo) : 동 확보하다. 확실히 보장하다.
财政性教育经费支出占国内生产总值比例 : 재정성 교육 경비 지출이 국내총생산에서 점하는 비율 → 재정성 교육 경비 지출의 국내총생산 점유 비율.
经费(jīngfèi) : 명 (사업 · 지출상의) 경비. 비용.
支出(zhīchū) : 1.명 지출.
2.동 지출하다.
占(zhàn) : 1.동 점유하다. 점용하다. 차지하다. 보유하다.
2.동 차지하다. 점령〔점거〕하다.
3.동 처하다. 놓이다. (어떤 상황에) 속하다.
国内生产总值(guónèi shēngchǎn zǒngzhí) : 국내총생산(gross domestic production, GDP)
总值(zǒngzhí) : 명 총가치.
比例(bǐlì) : 명 비율. 비. 비례. 비중.
达到4% : 4%에 달하다.
达到(dádào) : 동 도달하다. 이르다. 달성하다.

c) 同时以深化教育体制改革为抓手，
tóngshí yǐ shēnhuà jiàoyù tǐzhì gǎigé wéi zhuāshou
동시에 교육 체제 개혁의 심화를 중점으로 삼다

以(yǐ)…为(wéi)… : …을 …으로 삼다. 1-6.
深化(shēnhuà) : 1.동 심화되다.
2.동 심화시키다. 더욱 깊은 단계로 발전시키다.
抓手(zhuāshou) : 명 손잡이. → 중점. 강조점.
抓(zhuā) : 1.동 (어떤 일에) 특별히 주의하다〔강조하다〕. 중점을 두다.
2.동 (손가락 · 발톱으로) 꽉 쥐다.
3.동 붙잡다. 체포하다.
4.동 (시간 · 기회 등을) 포착하다. 꽉 잡다. 장악하다. 붙잡다.

d) 全面实施素质教育，
quánmiàn shíshī sùzhìjiàoyù
전인 교육을 전면적으로 실시하다

素质教育(sùzhìjiàoyù) : 명 전인 교육. 인성 교육.
素质(sùzhì) : 1.명 소양. 자질.
2.명 (사물 본래의 성질이라는 의미로) 소질. 밑바탕. 본질.

e) 着力培育创新能力，
zhuólì péiyù chuàngxīn nénglì
창의력을 양성하는 것에 진력하다 → 창의력의 양성에 진력하다

着力(zhuólì) : 동 힘을 쓰다. 애쓰다. 진력하다.
培育(péiyù) : 1.동 양성하다. 육성하다. 기르다. 키우다.
2.동 재배하다. 기르다. 키우다.
创新能力 : 창의 능력 → 창의력.
创新(chuàngxīn) : 1.명 창의성. 창조성. 창의. 혁신.
2.동 옛 것을 버리고 새 것을 창조하다.
技术(jìshù)创新 : 기술혁신. 金融(jīnróng)创新 : 금융혁신.

f) 大力推进教育公平，
dàlì tuījìn jiàoyù gōngpíng
교육의 공평성을 힘껏 추진하다

大力(dàlì) : 1.부 강력하게. 힘껏. 대대적으로
2.명 큰 힘. 강력.
公平(gōngpíng) : 1.명 공평(성). 공정(성).
2.형 공평하다. 공정하다.

g) 把公共教育资源更多投向农村地区・贫困地区・民族地区，
bǎ gōnggòng jiàoyù zīyuán gèngduō tóuxiàng nóngcūndìqū・pínkùndìqū・ mínzúdìqū
공공 교육 자원을 농촌지역・빈곤지역・민족지역에 더욱 투입하다

公共(gōnggòng) : 형 공공의. 공중의. 공용의. 공동의.
资源(zīyuán) : 명 자원.
更多(gèngduō) : 더욱. 더 많이. 더 많은.
投向(tóuxiàng) : 1.동 (어떤 방면에) 투입하다. 투자하다.
2.명 투자 방향〔추세・목표〕. 자금・구매력이 쏠리는 방향.
3.동 (어떤 방면으로) 투신하다. 의탁하다. 찾아가다.
农村(nóngcūn) : 명 농촌.
地区(dìqū) : 지역. 1-13.
贫困(pínkùn) : 형 빈곤하다. 곤궁하다.

h) 保障进城务工人员随迁子女平等接受义务教育。
bǎozhàng jìnchéng wùgōng rényuán suíqiān zǐnǚ píngděng jiēshòu yìwù jiàoyù
도시 이동 노동인력의 수행 자녀가 의무교육을 평등하게 받는 것을 보장하다

进城务工人员 : 도시로 들어가서 노동에 종사하는 사람 → 도시 이동 노동인력.
进城(jìnchéng) : 동 시내에 들어가다. 도시로 들어가다.
务工人员(wùgōng rényuán) : 노동인력. 노동자.
务工(wùgōng) : 1.동 공업 · 건설 방면의 일에 종사하다.
2.동 일하다. 아르바이트를 하다.
3.동 공력을 들이다. 품을 들이다. 시간과 노력을 들이다.
人员(rényuán) : 명 인원. 요원.
随迁子女 : (부모를) 따라서 이동하는 자녀 → 수행 자녀.
随迁(suíqiān) : 동 함께〔따라서〕 이동하다. 수행(隨行)하다. 따라가다.
子女(zǐnǚ) : 1.명 자녀. 아들과 딸.
2.명 아들 혹은 딸을 가리킴.
平等(píngděng) : 1.명 평등.
2.형 평등하다. 대등하다
3.동 동일한〔평등한〕 대우를 받다.
接受(jiēshòu) : 동 받다. 받아들이다. 수락하다. 접수하다. 영수하다.
义务(yìwù) : 1.명 의무.
2.명 도의상의 의무〔책임〕. 도의적인 책임.
3.형 무보수의. 봉사의 *

Memo

2-3 번 역 전국인민대표대회 상무위원회 업무보고

과거 1년의 주요 업무

2011년 복잡하고 변화가 많은 국제 정세와 어렵고 무거운 국내 개혁・발전의 안정화 임무에 직면하여, 후진타오 동지를 총서기로 하는 중국공산당 중앙위원회는 단결하여 전국 각 민족・국민을 영도하며, 한 마음으로 힘을 합쳐, 단호하게 밀고 나아가고, 사회주의 경제건설・정치건설・문화건설・사회건설 및 생태문명건설을 전면적으로 추진하고, 각 항목의 업무는 모두 새로운 성과를 획득하여, "12・5" 시기의 순조로운 출발을 실현했다.

감독 업무의 확고한 추진

상무위원회는 "12・5" 계획 강령의 추진을 중심에 단단히 놓고 순조롭게 실시하여, 감독 업무를 계속 강화하고 개선하며, 민생에 더욱 접근하고, 확실한 효과를 얻었다.

(一)경제 발전 방식의 전환을 추진함.

상무위원회는 경제 발전 방식의 신속한 전환을 높이 중시하고, 해마다 모두 상이한 중점 사항을 선택하여, 업무 보고를 청취 심의하고 법집행 조사와 주제 조사연구를 전개했다.

작년에 경제 발전 방식의 신속한 전환・환경 보호・관광업 발전 등 보고를 청취하고 심의했으며, 국민소득 분배 관계의 합리적 조정과 민족지역 경제・사회 발전의 촉진 등 주제 조사연구를 전개했다.

여러 사람의 의견에 의하면, 현재 우리나라 경제・사회 발전의 총체는 양호한 형세를 유지하고, 국민경제가 계속 거시적 조절과 제어의 예기 방향을 향해 발전한다.

우리나라 발전 중 불균형・부조화・지속 불가능의 문제가 여전히 두드러지고, 과학 발전을 제약하는 제도적 장치의 장애물이 여전히 비교적 많다는 것을 동시에 또한 또렷이 보아야 한다.

복잡하고 변덕스런 국제 정치 경제의 환경과 국내 경제 운행의 새 상황・새 변화에 직면하여, 도전을 기회로 변화시키고, 압력을 원동력으로 변화시키며, 중앙정부의 (경제 발전) 방식 전환・구조 조정에 관한 정책 안배를 진정으로 구체적 조치에서 실현시키고, 실제 업무에서 구현해야 한다고 사람들은 강조하다.

(二)민생의 보장과 개선을 촉진함.

도시 보장성 주택의 건설과 관리 및 중장기 교육 개혁과 발전 계획 강령의 실시 상황 등 보고를 청취하고 심의했다.

여러 사람의 의견에 의하면, 중앙정부의 정책 안배를 착실히 실현하며, 단호히 국정과 실제에 입각하여, 보장성 주택의 범위・방식과 기준을 합리적으로 확정하고, 각급 정부의 재정 수용 능력을 충분히 고려하며, 현존 주민의 주택 상황에 대한 충분한 조사 연구의 기초 위에서, 보장성 주택과 개선성 주택의 한도를 엄격히 구분하고, 완벽한 보장성 주택의 분배와 운영 감독 체제를 수립하고, 진정으로 저소득 주택난 가정이 실리를 얻도록 해야 한다.

2012년 재정성 교육 경비 지출의 국내총생산 점유 비율이 4%에 달하도록 확보하고, 동시에 교육 체제 개혁의 심화를 중점으로 삼고, 전인 교육을 전면적으로 실시하고, 창의력의 양성에 진력하고, 교육의 공평성을 힘껏 추진하고, 공공 교육 자원을 농촌지역・빈곤지역・민족지역에 더욱 투입하고, 도시 이동 노동인력의 수행 자녀가 의무교육을 평등하게 받는 것을 보장해야 한다고 사람들은 강조하다. *

Memo

2-4 练习

加强对财政预算的监督

依法听取审议计划·预算执行情况报告和中央决算报告·审计工作报告，审查批准2010年中央决算，并选择防范地方政府性债务风险·建立完善县级基本财力保障机制等开展了专题调研。

针对当前地方政府性债务规模较大且增长较快·举债融资不够规范·不少地区和行业偿债能力弱等问题，大家强调，1)要抓紧清理地方政府融资平台公司，对已形成的地方政府性债务要区别情况·分类处理，逐步化解地方政府性债务风险；

2)要严格执行预算法·担保法等法律法规，防止和制止地方政府违规担保行为，地方政府性债务收支要纳入预算，接受同级人大审查与监督；

3)要健全中央和地方财力与事权相匹配的财政体制，进一步提高一般性转移支付所占比重，提高基层政府公共服务能力。

Memo

용 어

1) 地方政府性债务(dìfāng zhèngfǔxìng zhàiwù) : 지방정부성 채무.
지방정부와 소속 기구가 공익성 건설을 위해 직접 차입·연체한 혹은 담보 제공·환매 등 신용의 지지로 형성된 채무이다. 이에는 직접 차입·연체로 형성된 직접 채무와 담보 제공·환매 등 신용 지지로 형성된 담보 채무가 있다.

2) 地方政府(投)融资平台公司(dìfāng zhèngfǔ (tóu) róngzī píngtái gōngsī) : 지방정부(투)융자플랫폼회사.
지방정부와 그 부서·기구·소속 사업단위 등이 재정적 지출금이나 토지·주주권 등 자산의 투입을 통해 설립하고, 정부의 공익성 사업에 대한 투자·융자 기능을 가지고 있으며, 또한 독립 기업법인 자격을 보유하는 경제 실체로서, 각종 종합적 투자회자로는 예로 건설투자회사·건설개발회사·투자개발회사·투자지주회사·투자발전회사·투자집단회사·국유자산운영회사 등이 있으며, 업종별 투자회사로는 예로 교통투자회사 등이 있다.

3) 人大(réndà) : 인민대표대회(人民代表大会, 약칭 人大 혹 人代会)는 중국의 국가권력기관으로, 중국공산당이 영도하며, 그 최고의 상설기관은 전국인민대표대회상무위원회이다. 인민대표대회제도는 중국의 근본적인 정치제도로 중국의 정체이며, 주권재민의 원칙에 의거하여, 선거민이 민주적 선거로 각급 인민대표대회대표를 선출하여 전국과 지방 각급의 인민대표대회를 구성하며, 중국 헌법의 권한을 행사한다. 인민대표대회는 중앙에는 전국전국대표대회가 있고, 지방에는 성급·현급·향급 인민대표대회가 구성된다.

4) 转移支付(zhuǎnyí zhīfù) : 이전지급(transfer payment).
정부나 기업이 재화나 용역을 주고받음과 관계없이 무상적으로 개인이나 하급 정부에게 지급하여 그 수입과 구매력의 비용을 증가시킨다. 이것에는 구호품, 연금, 보조금, 보험금 따위가 있으며, 일종의 수입재분배의 형식으로, 일반이전지급과 특수이전지급이 있다. 일반이전지급(一般性转移支付)은 상급정부가 법에 따라 사정한 하급정부 기준의 재정수요액과 재정지출액의 격차 및 각 지역 간 인구·자원·빈부 등 방면에서 존재하는 차이 요인에 근거하여 재정 자금을 하급정부 재정수입으로 전환하는 일종의 보조형식이다. 특수이전지급(特殊性转移支付)은 특정한 조건 하에서 상급정부가 하급정부에게 주는 이전지급으로, 자주 발생하지 않고, 그 수량과 기한에는 전문적인 법 규정이 있다.

번 역

재정 예산에 대한 감독을 강화하다.

법에 따라 계획 · 예산 집행 상황 보고, 중앙정부 결산 보고, 회계 감사 업무 보고를 청취하고 심의하며, 2010년 중앙정부 결산을 심사하여 비준하고, 또한 지방정부성 채무 위험의 방비 및 완벽한 현급 기본 재정능력 보장 체제의 수립 등을 선택하여 주제 조사연구를 전개했다.

현재 지방정부성 채무의 규모가 비교적 크고 성장이 비교적 빠름, 기채(起债, 빚냄) 융자가 충분히 규범화되지 못함, 적지 않은 지역과 업종의 상환능력이 비교적 약함 등 문제에 직면하여, 많은 사람이 다음과 같이 강조한다.

1) 지방정부융자플랫폼회사를 신속히 청산해야 하고, 이미 형성된 지방정부성 채무에 대해 상황을 구별하고, 분류해서 처리하며, 지방정부성 채무의 위험을 점차로 제거해야 한다.
2) 예산법 · 담보법 등 법률 법규를 엄격히 집행하고, 지방정부가 담보를 위반하는 행위를 방지하고 제지해야 하며, 지방정부성 채무의 수지는 예산에 편입하고, 동급 인민대표대회의 심사와 감독을 받아야 한다.
3) 중앙정부 · 지방정부의 재정능력과 직권이 서로 어울리는 재정체제를 완벽하게 만들고, 일반이전지급이 점한 비중을 더욱 향상시키고, 기층 정부의 공공 서비스 능력을 제고시켜야 한다.

Memo

제3과

人民币国际化

인민폐 국제화

3-1 正文 人民币国际化是中国的战略选择

金融危机引发人们对以美元为核心的国际货币体系诸多弊端的深刻反思，有识之士开始探寻一种与主权国家脱钩·长期保值稳定的国际储备货币，2011年在法国戛纳举行的二十国集团(G20)峰会将讨论国际货币体系改革。后危机时代，国际货币体系改革势在必行，美元霸权受到空前挑战，人民币国际化适逢重大契机，亦是中华民族伟大复兴的战略选择。

人民币国际化起步仅一年余，但“走出去”步伐明显加快，特别是2010年，人民币在跨境贸易结算·离岸市场建设·流出/入路径设计等方面均取得长足进展，为未来国际化奠定良好基础。

(一)人民币跨境贸易结算进展迅猛。2009年7月，中国人民银行(央行)批准上海市与广东省试办跨境人民币结算业务，到去年中跨境结算试点范围扩至20个省市，境外地域由港澳·东盟等扩展至所有国家和地区。据不完全统计，到年底全国共有6.7万多家企业参与出口货物贸易人民币结算试点，全年接近5000亿元，占外贸总额约2%。

(二)人民币流出/入渠道日益拓宽。去年，人民币国际化开始由贸易项目逐渐向资本项目和金融进程开放迈进，是决定未来人民币国际化走多远的关键。

一是放宽对人民币流出限制。去年8月，国家外汇管理局(外管局)出台政策，启动出口收入存放境外试点，业内解读其为资本项目渐进开放的试验之举。

二是审慎推进境外人民币回流机制构建。去年8月，央行正式宣布允许海外人民币回流。

(三)离岸人民币业务取得重大进展。首先，人民币首次在境外(香港·美国)实现自由交易·首次在境外(俄罗斯)直接挂牌上市。去年7月，央行与香港人民币业务清算行中银香港，签署《香港银行人民币业务的清算协议》，同时与香港金管局签订《补充合作备忘录》，核心业务涉及跨境贸易人民币结算。

其次，境外人民币离岸市场交易量大幅增加。允许人民币离岸交易，为发行人民币计价债券和其他投资打开大门。香港"近水楼台先得月"，已成立专做以人民币计价投资的基金，推出种类繁多的人民币计价产品。目前，在外汇市场上人民币与美元的日交易额已超2亿美元，人民币的日交易量增至4亿美元。业内估计，在港的人民币实际成交量远高于市场公开的5-8倍。

* 출처: 中国现代国际关系研究院 http://www.cicir.ac.cn/chinese/newsView.aspx?nid=3367

3-2 生词与解释

1) 人民币国际化是中国的战略选择

rénmínbì guójìhuà shì zhōngguó de zhànlüè xuǎnzé

인민폐 국제화는 중국의 전략적 선택이다.

人民币(rénmínbì) : 명 인민폐. 런민비.
〔중국의 법정 화폐로, '元'을 기본단위로 함〕

元(yuán) : 양 위안. 〔중국 본위 화폐 단위. 10分이 1角이고, 10角가 1元임〕
国际化(guójìhuà) : 동 국제화하다.
战略(zhànlüè) : 1. 명 전략.
2. 형 전략적인.

2) 金融危机引发人们对以美元为核心的国际货币体系诸多弊端的深刻反思，有识之士开始探寻一种与主权国家脱钩·长期保值稳定的国际储备货币，2011年在法国戛纳举行的二十国集团(G20)峰会将讨论国际货币体系改革。

금융위기는 미국 달러를 핵심으로 하는 국제화폐시스템의 많은 폐단에 대해 사람들의 깊은 반성을 야기했고, 지식인들은 주권국가와 관계를 끊고 장기간 화폐가치를 유지하며 안정적인 국제준비통화를 탐구하기 시작했고, 2011년 프랑스 칸에서 거행하는 주요 20개국(G20) 정상회담은 장차 국제화폐시스템의 개혁을 토론할 것이다.

a) 金融危机引发人们对以美元为核心的国际货币体系诸多弊端的深刻反思，
jīnróng wēijī yǐnfā rénmen duì yǐ měiyuán wéi héxīn de guójì huòbì tǐxì zhūduō bìduān de shēnkè fǎnsī
금융위기는 미국 달러를 핵심으로 하는 국제화폐시스템의 많은 폐단에 대한 사람들의 깊은 반성을 야기했다 → 금융위기는 …많은 폐단에 대해 사람들의 깊은 반성을 야기했다

※ 시제 표현: 금융위기는 2008년 발생한 사건이고, 본문의 시점은 2011년이기 때문에, 위 문장 서술어(引发, 开始)의 시제는 과거형으로 표현함.

危机(wēijī) : 명 위기. 위험한 고비.
引发(yǐnfā) : 동 일으키다. 야기하다. 자아내다.
人们对…的深刻反思 : 사람들의 …에 대한 깊은 반성.
以美元为核心的国际货币体系诸多弊端 : 미국 달러를 핵심으로 하는 국제화폐시스템의 많은 폐단
美元(měiyuán) : 명 미국 달러(dollar).
核心(héxīn) : 명 핵심.
国际货币体系(guójì huòbì tǐxì) : 국제화폐시스템(International Currency System).
货币(huòbì) : 명 화폐.
体系(tǐxì) : 명 체계.
诸多(zhūduō) : 형 많은. 〔추상적인 사물에 쓰임〕
弊端(bìduān) : 명 폐단. 폐해. 병폐.
深刻(shēnkè) : 1. 형 (인상이) 깊다. 인상적이다. (느낌이) 강렬하다. 심각하다.
2. 형 핵심을 찌르다. 본질을 파악하다. 깊이가 있다.
反思(fǎnsī) : 1. 명 반성.
2. 동 (지난 일을) 돌이켜 사색하(여 교훈을 받아들이)다.

b) 有识之士开始探寻一种与主权国家脱钩・长期保值稳定的国际储备货币,
yǒushízhīshì kāishǐ tànxún yìzhǒng yǔ zhǔquán guójiā tuōgōu・chángqī bǎozhí wěndìng de guójì chǔbèi huòbì
지식인들은 (일종의) 주권국가와 관계를 끊고 장기간 화폐가치를 유지하며 안정적인 국제준비통화를 탐구하기 시작했다

有识之士(yǒushízhīshì) : 명 식견이 탁월한 사람. 유식한 사람. → 지식인.
开始(kāishǐ) : 1.동 착수하다. 시작하다.
2.동 시작되다. 개시하다.
3.〔명사〕 처음. 시작. 시초.
探寻(tànxún) : 동 탐구하다. 찾다.
一种…国际储备货币 : (일종의) … 국제준비통화.
一种(yìzhǒng) : 한가지. 일종의. 〔양사로 쓰여, 때론 생략 가능함〕.
与主权国家脱钩 : 주권국가와 관계를 끊다.
主权(zhǔquán) : 명 주권.
脱钩(tuōgōu) : 1.동 관계가 중단되다. 관계를 끊다.
2.동 (객차 사이의) 연결 고리를 풀다〔끄르다〕.
长期保值稳定 : 장기적으로 화폐가치를 유지하여 안정적이다.
长期(chángqī) : 명 장시간. 장기간.
保值(bǎozhí) : 동 (원래의) 화폐 가치를 유지하다. 가치를 보증하다.
国际储备货币(guójì chǔbèi huòbì) : 국제준비통화.
储备(chǔbèi) : 1.명 비축한 물건. 예비품. 예비 인원.
2.동 (물자를) 비축하다. 저장하다.

c) 2011年在法国戛纳举行的二十国集团(G20)峰会将讨论国际货币体系改革。
èr líng yī yī nián zài fǎguó jiánà jǔxíng de èr shí guó jítuán (G20) fēnghuì jiāng tǎolùn guójì huòbì tǐxì gǎigé
2011년 프랑스 칸에서 거행하는 주요 20개국(G20) 정상회담이 장차 국제화폐시스템의 개혁을 토론할 것이다

法国(fǎguó) : 명 프랑스(France).
戛纳(jiánà) : 명 칸(Canne).
举行(jǔxíng) : 동 거행하다.
二十国集团(G20)峰会 : 주요 20개국(G20, Group of 20) 정상회담.
集团(jítuán) : 1.명 집단. 단체. 무리.
2.명 (기업) 집단. (기업) 그룹(group).
峰会(fēnghuì) : 명 정상회담.
将(jiāng) : 1.부 장차 …하게 될 것이다. …일 것이다.
2.부 장차. 곧. 막. (…하려고 하다).
3.부 방금. 막. (…했다).
4.동 돕다. 부축하다.

5.개 …을.
讨论(tǎolùn) : 동 토론하다.

3) 后危机时代，国际货币体系改革势在必行，美元霸权受到空前挑战，人民币国际化适逢重大契机，亦是中华民族伟大复兴的战略选择。

(금융)위기이후시기에, 국제화폐시스템의 개혁은 피할 수 없는 추세이고, 미국 달러의 패권은 전례 없는 도전을 받고 있으며, 인민폐 국제화는 때마침 중대한 계기를 만났고, 또한 중화민족의 위대한 부흥을 위한 전략적 선택이다.

a) 后危机时代，国际货币体系改革势在必行，美元霸权受到空前挑战，
hòu wēijī shídài, guójì huòbì tǐxì gǎigé shìzàibìxíng, měiyuán bàquán shòudào kōngqián tiǎozhàn
(금융)위기이후시기에, 국제화폐시스템의 개혁은 피할 수 없는 추세이고, 미국 달러의 패권은 전례 없는 도전을 받다

后(金融)危机时代 : (금융)위기이후시기, 포스트위기시기(post-financial-crisis era, post - crisis era)
后(hòu) : 1.형 (시간 상으로) 뒤의. 후의. 다음의. 나중의. 장래의. 미래의.
2.형 (순서 상으로) 뒤의. 후의. 말미의.
3.명 후대. 자손. 자식. 후계자.
时代(shídài) : 1.명 (역사상의) 시기. 시대.
2.명 (사람의 일생 가운데 어느) 시기. 시절. 때.
势在必行(shìzàibìxíng) : 피할 수 없는 추세〔상황〕이다. 반드시 그렇게 해야 할 추세이다.
霸权(bàquán) : 명 (국제정치에서) 패권. 헤게모니.
受到(shòudào) : 1.동 받다. 얻다. 만나다. 부딪치다.
2.동 견디다. 받다. 입다.
空前(kōngqián) : 형 공전의. 전례 없는. 전대미문의.

b) 人民币国际化适逢重大契机，亦是中华民族伟大复兴的战略选择。
rénmínbì guójìhuà shìféng zhòngdà qìjī, yì shì zhōnghuá mínzú wěidà fùxīng de zhànlüè xuǎnzé
인민폐 국제화는 때마침 중대한 계기를 만나고, 또한 중화민족의 위대한 부흥을 위한 전략적 선택이다.

适逢(shìféng) : (때)마침 …만나다.
重大(zhòngdà) : 형 중대하다. 무겁고 크다.
契机(qìjī) : 명 계기. 동기.
亦(yì) : 부 …도 역시. 또. 또한.
中华民族伟大复兴的战略选择 : 중화민족의 위대한 부흥의 전략적 선택
→ 중화민족의 위대한 부흥을 위한 전략적 선택.

中华民族(zhōnghuá mínzú) : 명 중화민족. 중국민족.
伟大(wěidà) : 형 위대하다.
复兴(fùxīng) : 1.동 부흥하다.
2.동 부흥시키다.

4) 人民币国际化起步仅一年余，但"走出去"步伐明显加快，特别是2010年，人民币在跨境贸易结算·离岸市场建设·流出/入路径设计等方面均取得长足进展，为未来国际化奠定良好基础。

인민폐 국제화 시작은 겨우 1년여가 되었으나, 하지만 "진행" 속도는 분명히 빠르고, 특히 2010년에 인민폐는 대외무역 결산·역외시장 건설·유출입 경로 계획 등 방면에서 모두 많은 진보를 했으며, 미래의 국제화를 위해 양호한 기초를 닦았다.

a) 人民币国际化起步仅一年余，但"走出去"步伐明显加快，
rénmínbì guójìhuà qǐbù jǐn yìnián yú, dàn "zǒuchūqù" bùfá míngxiǎn jiākuài
인민폐 국제화 시작은 겨우 1년여가 되었으나, 하지만 "진행" 속도는 분명히 빠르다

起步(qǐbù) : 1.동 (어떤 일을) 시작하다. → 시작. 개시.
2.동 가기〔움직이기〕 시작하다. 발걸음을 떼다.
仅(jǐn) : 부 겨우. 가까스로. 근근이. 다만. 단지. …뿐.
余(yú) : 1.수 …여. 〔징수(整数) 외의 나머지를 가리킴〕
2.형 나머지의. 잔여의. 여분의.
3.동 남다. 남기다. 남아 있다.
4.명 (어떤 일이나 상황) 이외〔이후〕의 시간.
5.명 잉여 부분.
但(dàn) : 하지만. 1-11.
走出去步伐 : 진행 속도.
走出去(zǒuchūqù) : (걸어)나가다. 빠져나가다. → 진행해 나가다. 진출하다.
步伐(bùfá) : 1.명 (일이 진행되는) 속도. 순서.
2.명 걸음걸이. 발걸음.
3.명 대오의 보조(步调).
明显加快 : 분명히 속도를 올리다 → 분명히 빠르다.
明显(míngxiǎn) : 형 뚜렷하다. 분명하다. 확연히 드러나다. → 분명히.
加快(jiākuài) : 빠르다. 2-7.

b) 特别是2010年，人民币在跨境贸易结算·离岸市场建设·流出/入路径设计等方面均取得长足进展，
tèbié shì èr líng yī líng nián, rénmínbì zài kuàjìng màoyì jiésuàn · lían shìchǎng jiànshè · liúchū/rù lùjìng shèjì děng fāngmiàn jūn qǔdé chángzú jìnzhǎn

특히 2010년에, 인민폐는 대외무역 결산・역외시장 건설・유출입 경로 계획 등 방면에서 모두 많은 진보를 했다.

特别(tèbié) : 1.부 특히. 더욱. 더군다나.
2.부 유달리. 각별히. 특별히. 아주.
3.형 특별하다. 특이하다. 별다르다. 보통이 아니다.

跨境贸易结算 : 대외무역 결산.
跨境贸易 : 국가 간에 진행되는 재화와 용역의 교환으로, 대외무역을 뜻함.
跨境(kuàjìng) : (국가)경계를 넘다 → 국제. 국가 사이. 국가 (상호)간.
跨(kuà) : 1.동 (큰 걸음으로) 뛰어넘다. 건너뛰다.
2.동 (일정한 한계를) 뛰어넘다.
境(jìng) : 1.명 (나라 간의) 경계.
2.명 (공간 범위가 비교적 큰) 장소. 구역. 곳.
跨境银行业务(kuàjìng yínháng yèwù) : 국제 은행업무.
〔국가 간에 발생하는 은행업무를 총괄함〕
贸易(màoyì) : 명 무역. 교역. 매매. 거래. 통상(通商).
结算(jiésuàn) : 동 결산하다. → 결산.

离岸市场 : 역외(域外)시장, 오프쇼어 시장(Off-Shore Market).
경제행위가 당사자의 상주 지역에서 발생하지 않고 제3지역에서 발생하는 시장. 비거주자의 자금 조달이나 운용을 국내 시장과 분리하여 금융, 조세, 외환 관리 따위의 규제를 적게 하고 자유 거래를 인정하는 시장.
离岸 : 해안으로부터 떨어진
离(lí) : 1.개 …에서. …로부터. …까지.
2.동 분리하다. 분산하다. 갈라지다. 떠나다. 헤어지다.
3.동 결핍하다. 없다. 의지하다.
岸(àn) : 명 물가. 해안.
市场(shìchǎng) : 명 시장.

流出/入 : 유출・유입.
流出(liúchū) : 동 흘리다. (흘러)나(오)다. 유출하다. 반출하다. → 유출.
流入(liúrù) : 동 흘리다. (흘러)들(어가)다. 유입하다. 반입하다. → 유입.

路径(lùjìng) : 1.명 경로. 통로.
2.명 방법. 수단.

设计(shèjì) : 1.명 설계. 디자인.
2.동 설계하다. 디자인하다. 짜다. 계획하다.
3.동 계책을 꾸미다. 흉계를 꾸미다.

均(jūn) : 1.부 모두. 다.
2.형 균등하다. 균일하다. 상등(相等)하다. 고르다.

取得长足进展 : 장족의 진보를 획득하다 → 많은 진보를 하다.
取得 : 취득하다. 획득하다. 2-3.
长足进展 : 많이 발전하다. 장족진보(长足进步)하다.

长足(chángzú) : 형 장족의. 발전이 빠르다. 진전이 빠르다.
进展(jìnzhǎn) : 동 진보하다. 진전하다. 발달하다.

c) 为未来国际化奠定良好基础。
wèi wèilái guójìhuà diàndìng liánghǎo jīchǔ
미래의 국제화를 위해 양호한 기초를 닦다

为(wèi) : 1.개 …에게 (…을 해 주다). …을 위하여 (…을 하다).
〔행위의 대상을 나타냄〕
2.개 …때문에. …덕택에. …하기 위하여.
〔행위의 원인이나 목적을 나타냄〕
3.개 …에 대해서. …을 향하여.
〔행위의 방향을 나타냄〕
奠定(diàndìng) : 동 닦다. 다지다. 안정시키다.

5) 人民币跨境贸易结算进展迅猛。
rénmínbì kuàjìng màoyì jiésuàn jìnzhǎn xùnměng
인민폐 대외무역 결산의 진보는 매우 빠르다.

迅猛(xùnměng) : 형 빠르고 맹렬하다. 급격하다. → 매우 빠르다.

6) 2009年7月，中国人民银行(央行)批准上海市与广东省试办跨境人民币结算业务，到去年中跨境结算试点范围扩至20个省市，境外地域由港澳·东盟等扩展至所有国家和地区。
2009년 7월, 중국인민은행(앙행)은 상하이 시와 광동 성의 국제 인민폐 결산 업무 시험 운영을 허가했고, 작년 중기에 이르러 국제 결산의 시험적 실시 범위는 20개 성·시로 확대됐고, 역외지역은 홍콩·마카오·아세안 등에서 모든 국가와 지역으로 확대됐다.

a) 2009年7月，中国人民银行(央行)批准上海市与广东省试办跨境人民币结算业务，
èr líng líng jiǔ nián qī yuè, zhōngguó rénmín yínháng (yāngháng) pīzhǔn shànghaǐ shì yǔ guǎngdōng shěng shìbàn kuàjìng rénmínbì jiésuàn yèwù
2009년 7월, 중국인민은행(앙행)은 상하이 시와 광동 성의 국제 인민폐 결산 업무 시험 운영을 허가하다

央行(yāngháng) : 1.중앙은행(中央银行)의 약칭.
2.명 中国人民银行(중국인민은행).
批准(pīzhǔn) : 동 허가하다. 비준하다. 승인하다. 재가하다.
上海市与广东省试办跨境人民币结算业务 : 상하이 시와 광동 성이 국제 인민폐결산 업

무를 시험 운영하다 → 상하이 시와 광동 성의 국제 인민폐 결산 업무 시험 운영.

试办(shìbàn) : 동 시험적으로 해 보다. 시험적으로 운영하다.

业务(yèwù) : 명 업무.

b) 到去年中跨境结算试点范围扩至20个省市，境外地域由港澳·东盟等扩展至所有国家和地区。

dào qùnián zhōng kuàjìng jiésuàn shìdiǎn fànwéi kuò zhì èr shí ge shěng shì, jìngwài dìyù yóu xīang ào · dōngméng děng kuòzhǎn zhì suǒyǒu guójiā hé dìqū

작년 중기에 이르러 국제 결산의 시험적 실시 범위는 20개 성 · 시로 확대되고, 역외지역은 홍콩 · 마카오 · 아세안 등에서 모든 국가와 지역으로 확대되다

到去年中 : 작년 중기에 이르러.

去年中 : 작년 가운데〔중간〕 → 작년 중기(中期).

试点范围(fànwéi) : 시험적 실시 범위.

试点(shìdiǎn) : 1.명 시험적으로 (실시)해 보는 곳. → 시험 대상지.

2.동 시험적으로 (실시)해 보다. 시행(试行)하다.

试点单位(dānwèi) : 시행(试行) 부처(部处).

单位(dānwèi) : 1.명 직장. 기관. 단체. 회사. 부. 부처. 부서. 부문. 단위.

2.명 단위.

扩至20个省市 : 20개 성 · 시로 확대되다.

扩至(kuò zhì) : …(로)까지 확대되다.

扩(kuò) : 동 확대하다. 넓히다. → 확대되다.

至(zhì) : 1.동 …(의 정도)에 이르다〔도달하다〕. …할 지경이다.

2.동 이르다. 도착하다.

3.형 최고 절정의. 최고조의. 더없는. 가장 좋은. 최고의.

4.부 지극히. 대단히. 제일. 가장. 최고로.

5.명 극점. 최고도. 최고조. 절정.

省(shěng) : 명 성. 〔현대 중국의 최상급 지방 행정 단위〕

市(shì) : 1.명 (행정 구역 단위의) 시.

〔직할시(直辖市), 성할시(省辖市), 자치구시(自治区市)로 나뉘어짐〕

2.명 도시.

3.명 시장. 장(场). 저자.

境外地域 : 역외지역.

境外(jìngwài) : 명 국외. 경외. 나라 밖.

境外融资(róngzī) : 역외금융(offshore financing).

融资(róngzī) : 1.동 융자하다.

2.명 융자.

境外货币(huòbì) : 오프쇼어 커런시(offshore currency).

地域(dìyù) : 1.명 지역.

2.명 본고장. 본토. 본향. 향토.

由港澳·东盟等扩展至所有国家和地区 : 홍콩·마카오·아세안 등에서 모든 국가와 지역으로 확대되다.

由(yóu) : 1.개 …에서(부터). 〔동작의 기점이나 변화의 출처를 이끌어 냄〕
2.개 …(으)로부터. …에서. …을 통하여.
〔동작이 경과하는 노선이나 장소를 이끌어 냄〕
3.개 …이〔가〕. …에서. …(으)로부터. 〔동작의 주체를 이끌어 냄〕
4.개 …(으)로부터. …에 의해. 〔근거의 대상을 이끌어 냄〕
5.개 …로 인하여. …로 말미암아. …를 통하여.
〔사물이 발생하는 원인 혹은 방식을 이끌어 냄.

香澳(xīang ào) : 홍콩과 마카오.

香港(xīanggǎng) : 1.명 홍콩특별행정구(香港特别行政区).
2.명 홍콩 섬.

澳门(àomén) : 1.명 마카오특별행정구.
2.명 마카오(Macao) 반도 및 부속 도서.

东盟(dōngméng) : 명 동남아시아국가연합(东南亚国家联盟, ASEAN) 약칭.

扩展(kuòzhǎn) : 동 확장하다. 신장하다. 넓게 펼치다. → 확장되다.

所有(suǒyǒu) : 1.형 모든. 전부의. 일체의. 전체의.
2.동 소유하다. 가지다.
3.명 가진 것. 소유물. 가진 물건.

7) 据不完全统计，到年底全国共有6.7万多家企业参与出口货物贸易人民币结算试点，全年接近5000亿元，占外贸总额约2%。

불완전한 통계에 의하면, 연말에 이르러 전국적으로 모두 6만 7천여 기업이 수출 물품 무역 인민폐 결산의 시험적 실시에 참여하여, 연간 5천 억 위안에 달하고, 대외무역 총액의 약 2%를 점했다.

a) 据不完全统计，
jù bù wánquán tǒngjì
불완전한 통계에 의하면

据(jù) : 1.개 …에 따르면. …에 의거〔근거〕하여.
2.동 점유하다. 점거하다.
3.동 의지하다. 기대다.

完全(wánquán) : 1.형 완전하다. 온전하다. 완벽하다. 완전무결하다. 성하다.
2.부 완전히. 전적으로. 전혀. 아주. 참으로. 절대로. 전연.

统计(tǒngjì) : 1.명 통계.
2.동 통계하다.
3.동 합산하다. 합계하다.

b) 到年底全国共有6.7万多家企业参与出口货物贸易人民币结算试点，
dào niándǐ quánguó gòng yǒu liù wàn qī qiān duō jiā qǐyè cānyǔ chūkǒu huòwù màoyì rénmínbì jiésuàn shìdiǎn
연말에 이르러 전국적으로 모두 6만 7천여 기업이 수출 물품 무역 인민폐 결산의 시험적 실시에 참여하다

到年底 : 연말에 이르러.
全国共有 : 전국에는 모두 …이 있다 → 전국적으로 모두.
共(gòng) : 1.부 전부. 모두. 통틀어. 도합.
2.동 함께〔같이〕 하다. 공유하다.
3.형 같은. 동일한. 공통의.
有6.7万多家企业参与 : 6만 7천여 기업이 있어 …에 참여하다
→ …에 참여하는 6만 7천여 기업이 있다.
6만 7천여 기업이 …에 참여하다.
多(duō) : 1.수 (수량사 뒤에 쓰여) …여. …남짓.
2.형 (수량이) 많다.
3.동 많아지다. 증가하다. 늘어나다.
4.형 훨씬. 월등히.
5.부 얼마나. 〔의문문 · 감탄문에 쓰여 정도를 나타냄〕
6.부 얼마만큼. 얼마큼. 〔어느 정도를 가리킴〕
家(jiā) : 〔집 · 점포 · 공장 등을 세는 단위.〕 1-10.
参与(cānyǔ) : 동 참여하다. 참가하다. 가담하다. 개입하다.
货物(huòwù) : 명 상품. 물품. 화물.

c) 全年接近5000亿元，占外贸总额约2%。
quánnián jiējìn wǔ qiān yì yuán, zhàn wàimào zǒngé yuē bǎifēnzhī èr
연간 5천 억 위안에 달하고, 대외무역 총액의 약 2%를 점하다

全年(quánnián) : 명 한 해 전체. 연간. 연중. 한 해 동안.
接近(jiējìn) : 1.동 접근하다. 가까이하다. 다가가다. 친하다.
2.형 비슷하다. 가깝다. 접근해 있다.
亿(yì) : 수 억.
总额(zǒngé) : 명 총액.
约(yuē) : 부 약. 대개. 대략.

8) 人民币流出/入渠道日益拓宽。
rénmínbì liúchū/rù qúdào rìyì tuòkuān
인민폐의 유출 · 유입 경로가 날로 확장되다.

渠道(qúdào) : 1.명 경로. 방법.

2.명 관개 수로.
日益(rìyì) : 부 날로. 나날이 더욱.
拓宽(tuòkuān) : 동 확장하다. 넓히다. → 확장되다.

9) 去年，人民币国际化开始由贸易项目逐渐向资本项目和金融进程开放迈进，是决定未来人民币国际化走多远的关键。

작년 인민폐 국제화가 무역항목에서 점차 자본항목과 금융 코스로 개방되기 시작하고, 이것은 미래 인민폐 국제화의 다양화를 결정하는 관건이다.

a) 去年，人民币国际化开始由贸易项目逐渐向资本项目和金融进程开放迈进，
qùnián, rénmínbì guójìhuà kāishǐ yóu màoyì xiàngmù zhújiàn xiàng zīběn xiàngmù hé jīnróng jìnchéng kāifàng màijìn
작년 인민폐 국제화가 무역항목에서 점차 자본항목과 금융 코스로 개방되기 시작하다

贸易项目(màoyì xiàngmù) : 무역항목.
项目(xiàngmù) : 항목. 1-14
逐渐(zhújiàn) : 부 점점. 점차.
资本项目(zīběn xiàngmù) : 자본항목.
资本(zīběn) : 명 자본. 자금. 밑천. 본전.
进程(jìnchéng) : 명 경과. 진행 과정. 코스(course). 발전 과정. 진전. 추이.
开放(kāifàng) : 동 개방하다. → 개방되다.
迈进(màijìn) : 동 매진하다. 돌진하다. 약진하다. 나아가다.

b) 是决定未来人民币国际化走多远的关键。
shì juédìng wèilái rénmínbì guójìhuà zǒu duōyuǎn de guānjiàn
(앞 문장 전체는) 미래 인민폐 국제화의 다양화를 결정하는 관건이다
→ 이것은 …관건이다

是…关键 : A, 是…关键。 A는 관건이다. 〔A는 앞 문장 전체를 받음〕
决定未来人民币国际化走多远 : 미래 인민폐 국제화의 다양화를 결정하다.
决定(juédìng) : 동 결정〔결심 · 결의 · 의결〕하다.
走多远 : 다양화(의 길)를 걷다 → 다양화하다 → 다양화.
多远(duōyuǎn) : 형 다원의. 다방면의. 다양한. → 다양화. 다양성. 다원성.

10) 一是放宽对人民币流出限制。

yī shì fàngkuān duì rénmínbì liúchū xiànzhì
첫째는 인민폐의 유출에 대한 제한을 완화하다.

一(yī) : 1.수 첫째. 첫 번째. 제일.

2.㊉ 하나. 일.
3.형 같다. 하나이다. 동일하다.
放宽(fàngkuān) : 동 완화하다. 느슨하게 하다. 늦추다.
对人民币流出限制 : 인민폐의 유출에 대한 제한.
限制(xiànzhì) : 1.명 제한. 한정. 한계. 속박. 제약. 규정된 범위.
2.동 제한하다. 한정하다. 속박하다. 구속하다. 제약하다.

11) 去年8月，国家外汇管理局(外管局)出台政策，启动出口收入存放境外试点，业内解读其为资本项目渐进开放的试验之举。

작년 8월 국가 외환관리국(외관국)이 정책을 제기하여, 수출 소득의 역외 예금에 대한 시험적 실시를 시작하자, 업계 내에서는 이를 자본항목이 점진적으로 개방되는 시험적 행위로 해석했다.

a) 去年8月，国家外汇管理局(外管局)出台政策，
qùnián bā yuè, guójiā wàihuì guǎnlǐjú (wàiguǎnjú) chūtái zhèngcè
작년 8월 국가 외환관리국(외관국)이 정책을 제기하다

外汇(wàihuì) : 명 외환. 외화.
管理局(guǎnlǐjú) : 관리국.
局(jú) : 명 국〔기관 조직의 하나로, 업무에 따라 나누는 기구. 일반적으로 부(部)보다는 작고 처(处)보다는 큼〕
出台(chūtái) : 정식 제기하다. 1-15.

b) 启动出口收入存放境外试点，
qǐdòng chūkǒu shōurù cúnfàng jìngwài shìdiǎn
수출 소득의 역외 예금에 대한 시험적 실시를 시작하다

出口收入存放境外试点 : 수출 소득의 예금을 역외에서 시험적으로 실시하다
→ 수출 소득의 역외 예금에 대한 시험적 실시.
收入(shōurù) : 1.명 소득. 수입.
2.동 받다. 받아들이다. 수록하다. 포함하다.
存放(cúnfàng) : 1.동 맡기다. 보관해 두다. → 예금. 예금하다.
2.동 내버려 두다. 놓아 두다.
3.동 예금하고 대출하다.

c) 业内解读其为资本项目渐进开放的试验之举。
yènèi jiědú qí wéi zīběn xiàngmù jiànjìn kāifàng de shìyàn zhī jǔ
업계 내에서는 이를 자본항목이 점진적으로 개방되는 시험적 행위로 해석하다

业内(yènèi) : 명 업계 내. 업무 범위 내.
解读A为B : A를 B로 해석하다.

解读(jiědú) : 1.동 해석하다. 해독하다.
2.동 분석하다. 연구하다.
3.동 이해하다. 체득하다.

其(qí) : 1.대 그〔그녀・그것〕. 그들〔그녀들・그것들〕. → 이.
2.대 그의〔그녀의・그것의〕. 그들의〔그녀들의・그것들의〕
3.대 그것. 그런 것. 그런 모양.

渐进(jiànjìn) : 동 점진하다. 점차적으로 발전하다.

试验(shìyàn) : 1.동 시험하다. 실험하다. 테스트하다.
2.명 시험

举(jǔ) : 1.명 행위. 동작.
2.동 들다. 들어올리다. 위로 받치다. 위로 펼치다.
3.동 일으키다. 일어나다.
4.동 추천하다. 선발하다.

12) 二是审慎推进境外人民币回流机制构建。

èr shì shěnshèn tuījìn jìngwài rénmínbì huíliú jīzhì gòujiàn

둘째는 역외 인민폐 역류 메커니즘의 구축을 신중히 추진하다.

二(èr) : 1.수 둘째. 다음 번째. 제2의. 두 번째.
2.수 2. 둘.
3.형 다른. 두 가지의.

审慎(shěnshèn) : 형 면밀하고 신중하다. → 신중히.

境外人民币回流机制构建 : 역외 인민폐가 역류하는 메커니즘의 구축
→ 역외 인민폐 역류 메커니즘의 구축

回流(huíliú) : 1.동 역류하다. 되돌아 흐르다.
2.명 역류하는 물. 되돌아 흐르는 물. 썰물.

构建(gòujiàn) : 동 세우다. 수립하다. 구축하다. 〔추상적인 사물에 쓰임〕

13) 去年8月，央行正式宣布允许海外人民币回流。

qùnián bā yuè, yāngháng zhèngshì xuānbù yǔnxǔ haǐwài rénmínbì huíliú

작년 8월, 중국인민은행이 해외 인민폐 역류의 허가를 공식으로 선포했다.

正式(zhèngshì) : 형 공식의. 정식의. 정규의.

宣布(xuānbù) : 동 선포하다. 공표하다. 선언하다. 발표하다.

允许海外人民币回流 : 해외 인민폐의 역류를 허가하다
→ 해외 인민폐 역류의 허가.

允许(yǔnxǔ) : 동 허가하다. 동의하다. 응낙하다. 허락하다.

海外(haǐwài) : 명 해외. 국외. 외국.

14) 离岸人民币业务取得重大进展。

líàn rénmínbì yèwù qǔdé zhòngdà jìnzhǎn
역외 인민폐 업무가 크게 진보하다.

取得重大进展 : 중대한 진보를 획득하다 → (무겁고) 크게 진보하다.

15) 首先，人民币首次在境外(香港 · 美国)实现自由交易 · 首次在境外(俄罗斯)直接挂牌上市。

shǒuxiān, rénmínbì shǒucì zài jìngwài (xīanggǎng · měiguó) shíxiàn zìyóu jiāoyì · shǒucì zài jìngwài (éluósī) zhíjiē guàpái shàngshì
먼저, 인민폐가 처음으로 역외(홍콩 · 미국)에서 자유 거래를 실현하고, 처음으로 역외(러시아)에서 직접적으로 증권 거래의 자격을 얻어 상장되었다.

首先(shǒuxiān) : 1.명 첫째(로). 먼저. 〔열거에 쓰임〕
2.명 가장 먼저. 맨 먼저. 우선. 무엇보다 먼저.
首次(shǒucì) : 명 최초. 처음. 첫 번째. 제1회.
自由(zìyóu) : 1.형 자유롭다.
2.명 자유.
交易(jiāoyì) : 1.명 거래. 교역. 장사.
2.동 거래하다. 교역하다. 매매하다. 사고 팔다.
俄罗斯(éluósī) : 명 러시아(연방).
直接(zhíjiē) : 형 직접적인. → 직접적으로.
挂牌上市 : 증권 거래의 자격을 얻어 상장되다.
挂牌(guàpái) : 1.동 증권 거래의 자격을 획득하다.
2.동 현판〔간판〕을 걸다. 개업하다. 개소하다. 점포를 열다.
3.동 상표를 달다.
上市(shàngshì) : 1.동 상장(上场)되다.
2.동 시장에 가다.
3.동 출시되다. 물건이 시장에 나오다.

16) 去年7月，央行与香港人民币业务清算行中银香港，签署《香港银行人民币业务的清算协议》，同时与香港金管局签订《补充合作备忘录》，核心业务涉及跨境贸易人民币结算。

작년 7월, 중국인민은행은 홍콩 인민폐 업무의 결제 기구인 중은홍콩(中銀香港)과 〈홍콩은행 인민폐 업무의 결제 협의〉에 서명하고, 동시에 홍콩금융관리국과 〈추가 협력 비망록〉을 체결했으며, 핵심 업무는 대외무역 인민폐 결산과 연관되어 있다.

a) 去年7月，央行与香港人民币业务清算行中银香港，签署《香港银行人民币业务的清算协议》，
qùnián qī yuè, yānghána yǔ xīanggǎng rénmínbì yèwù qīngsuànháng zhōngyín xīanggǎng, qiānshǔ 〈xīanggǎng yínháng rénmínbì yèwù de qīngsuàn xiéyì〉
작년 7월, 중국인민은행과 홍콩 인민폐 업무의 결제 기구인 중은홍콩(中银香港)이 〈홍콩 은행 인민폐 업무의 결제 협의〉에 정식 서명했다

清算行(qīngsuànháng) : 결제 기구. 결제소(决济所, clearing house).
清算(qīngsuàn) : 1.명 결제. 청산.
2.동 깨끗이 계산〔결산〕하다. 철저히 계산하다.
3.동 숙청하다. 뿌리 뽑다.
行(háng) : 1.명 (상점 · 점포 · 영업소와 같은) 일부 영업 기구.
2.명 업종. 직업. 직종. 장사. 업무.
中银香港(zhōngyín xīanggǎng) : 중국은행홍콩(中国银行香港, BOCHK)으로, 본점이 홍콩에 있고 주로 홍콩에서 은행을 경영하며, 그 모회사는 중국은행(中国银行, BOC)으로 중은홍콩의 최대 투자자이다.
签署(qiānshǔ) : 동 (중요한 문서상에) 정식 서명하다.
协议(xiéyì) : 1.명 협의. 합의.
2.동 협의하다. 합의하다.

b) 同时与香港金管局签订《补充合作备忘录》，
tóngshí yǔ xīanggǎng jīnguǎnjú qiāndìng 〈bǔchōng hézuò bèiwànglù〉
동시에 홍콩금융관리국과 〈추가 협력 비망록〉을 체결하다

香港金管局(xīanggǎng jīnguǎnjú) : 香港金融管理局, 홍콩금융관리국.
签订(qiāndìng) : 동 (조약을) 조인하다. 체결하다. (함께) 서명하다.
补充(bǔchōng) : 1.동 추가하다. 보충하다. → 추가. 보충.
合作(hézuò) : 동 협력하다. 합작하다. → 협력. 합작.
备忘录(bèiwànglù) : 명 비망록. 회의록.

c) 核心业务涉及跨境贸易人民币结算。
héxīn yèwù shèjí kuàjìng màoyì rénmínbì jiésuàn
핵심 업무는 대외무역 인민폐 결산과 연관되어 있다

涉及(shèjí) : 1.동 관련되다. 연관되다. 연루되다.
2.동 미치다. 관계되다. 상관되다.
3.동 포함하고 있다. 언급하다.

17) 其次，境外人民币离岸市场交易量大幅增加。

qícì, jìngwài rénmínbì lían shìchǎng jiāoyìliàng dàfú zēngjiā
다음으로, 역외 인민폐의 역외시장 거래량이 대폭적으로 증가하다.

其次(qícì)：1.명 다음. 그 다음. 버금.
2.명 (순서상으로) 부차적인 것. 두 번째의 것.
交易量(jiāoyìliàng)：거래량. 거래건수.
大幅(dàfú)：1.형 대폭의. 대폭적인. → 대폭적으로.
2.형 (옷감의) 폭이 넓다.
3.형 (그림 · 표어 등의) 면적이 넓다.
增加(zēngjiā)：동 증가하다. 더하다. 늘리다.

18) 允许人民币离岸交易，为发行人民币计价债券和其他投资打开大门。

yǔnxǔ rénmínbì lían jiāoyì, wèi fāxíng rénmínbì jìjià zhàiquàn hé qítā tóuzī dǎkāi dàmén
인민폐 역외 거래의 허가는, 인민폐로 가격계산하는 채권의 발행과 기타 투자를 위해 대문을 열어주었다.

允许人民币离岸交易：인민폐의 역외 거래를 허가하다
→ 인민폐 역외 거래의 허가.
为发行人民币计价债券和其他投资：인민폐로 가격계산하는 채권의 발행과 기타 투자를 위해.
为(wèi)：…를 위해. 3-4.
发行人民币计价债券：인민폐로 가격계산하는 채권을 발행하다
→ 인민폐로 가격계산하는 채권의 발행.
发行(fāxíng)：동 발행하다. 발매하다. (영화를) 배급하다.
人民币计价债券：인민폐로 채권을 가격계산하다
→ 인민폐로 가격계산하는 채권
计价(jìjià)：동 가격을 계산하다.
债券(zhàiquàn)：명 채권.
其他(qítā)：명 (사람 · 사물에 쓰여) 기타. 다른 사람〔사물〕.
打开(dǎkāi)：1.동 열다. 풀다. 펼치다.
2.동 타개하다.
3.동 (스위치 따위를) 넣다. 켜다. 틀다.
大门(dàmén)：1.명 큰 문.
2.명 대문. 정문. 앞문.
3.명 큰 문호. 관문. 나라의 문

19) 香港"近水楼台先得月"，已成立专做以人民币计价投资的基金，推出种类繁多的人民币计价产品。

홍콩은 "물 옆의 발코니에서 달 그림자를 먼저 보다"라고 하듯, 이미 인민폐로 가격계산하는 투자를 전문으로 다루는 펀드를 설립하고, 다양한 종류의 인민폐로 가격계산하는 상품을 출시했다.

a) 香港"近水楼台先得月"，
xīanggǎng "jìn shuǐ lóutái xiān dé yuè"
홍콩은 "물 옆의 발코니에서 달 그림자를 먼저 보다"라고 하듯

近水楼台先得月：물 옆에 가까이 있는 발코니는 수목에 가려지지 않아 달 그림자를 먼저 볼 수 있다. 어떤 인물이나 사물에 접근하여 이익이나 편리를 먼저 취함을 비유함.
→ 물 옆의 발코니에서 달 그림자를 먼저 보다.

近(jìn)：1.동 가까이 가다. 다가가다. 접근하다.
2.형 (공간적 · 시간적 거리가) 가깝다. 짧다.
3.형 (관계가) 가깝다. 밀접하다. 친하다.

水(shuǐ)：1.명 물.
2.명 강 · 호수 · 바다 · 해양 등의 통칭.

楼台(lóutái)：1.명 발코니(balcony). 테라스(terrace).
2.명 다층 건물. 층집. 층옥.

阳台(yángtái)：명 발코니. 베란다.

先(xiān)：1.부 먼저. 우선. 앞서. 처음.
2.명 앞. 전. 앞장. 선두. 선수.
3.동 앞서 가다. 선행하다.

得(dé)：1.동 얻다. 획득하다. 받다.
2.동 적당하다. 적합하다. 알맞다.

月(yuè)：1.명 달.
2.명 달. 월. 〔1년은 12개월로 나눔〕
3.형 달처럼 둥근 것.

b) 已成立专做以人民币计价投资的基金，
yǐ chénglì zhuānzuò yǐ rénmínbì jìjià tóuzī de jījīn
이미 인민폐로 가격계산하는 투자를 전문으로 다루는 펀드를 설립하다

已(yǐ)：1.부 이미. 벌써.
2.동 그치다. 끝나다. 멎다. 멈추다. 정지하다. 중지하다.
3.부 나중에. 이후에. 뒤에. 다음에.

成立…基金：…펀드를 설립하다.

成立(chénglì)：1.동 (조직 · 기구 등을) 설립하다. 창립하다. 결성하다.
2.동 (의견 · 이론 등이) 성립되다. 근거가 있다.

基金(jījīn) : 1.명 펀드(fund).
2.명 기금. 기본금.
专做以人民币计价投资 : 인민폐로 가격계산하는 투자를 전문으로 다루다.
专做(zhuānzuò) : 동 (…을) 전문적으로 다루다. …을 전공(으로) 하다.
以人民币计价投资 : 인민폐로 투자를 가격계산하다
→ 인민폐로 가격계산하는 투자.
以(yǐ) : …으로. 1-11.

c) 推出种类繁多的人民币计价产品。
tuīchū zhǒnglèi fánduō de rénmínbì jìjià chǎnpǐn
다양한 종류의 인민폐로 가격계산하는 상품을 출시하다

推出…产品 : …상품을 출시하다.
推出(tuīchū) : 출시하다. 1-9.
产品(chǎnpǐn) : 명 상품. 생산품. 제품.
种类繁多 : 종류가 다양하다 → 다양한 종류.
种类(zhǒnglèi) : 명 종류.
繁多(fánduō) : 형 (종류가) 많다. 풍부하다. 다양하다.
人民币计价产品 : 인민폐로 가격계산하는 상품.

20) 目前，在外汇市场上人民币与美元的日交易额已超2亿美元，人民币的日交易量增至4亿美元。
현재 외환시장에서 인민폐와 미국 달러의 일일 거래액은 이미 2억 미국 달러를 초과하고, 인민폐의 일일 거래량은 4억 미국 달러까지 증가했다.

a) 目前，在外汇市场上人民币与美元的日交易额已超2亿美元，
mùqián, zài wàihuì shìchǎng shang rénmínbì yǔ měiyuán de rì jiāoyìé yǐ chāo èr yì měiyuán
현재 외환시장에서 인민폐와 미국 달러의 일일 거래액은 이미 2억 미국 달러를 초과하다

日交易额(rì jiāoyìé) : 일일〔하루〕 거래액.
日(rì) : 1.명 일일(一日). 매일. 하루하루.
2.명 태양. 해.
3.명 하루. 일. 날.
4.명 낮.
交易额(jiāoyìé) : 거래액.
超(chāo) : 1.동 초과하다. 능가하다. 낫다.
2.동 (규정된 한도・범위를) 벗어나다. 넘다. 초과하다. 넘어서다.

b) 人民币的日交易量增至4亿美元。
rénmínbì de rì jiāoyìliàng zēngzhì sì yì měiyuán
인민폐의 일일 거래량은 4억 미국 달러까지 증가하다

增至(zēngzhì) : 동 …까지 늘어나다〔증가하다〕.

21) 业内估计，在港的人民币实际成交量远高于市场公开的5-8倍。
yènèi gūjì, zài gǎng de rénmínbì shíjì chéngjiāoliàng yuǎn gāo yú shìchǎng gōngkāi de wǔ-bā bèi
업계 내의 추측에 의하면, 홍콩에서의 인민폐 실제 거래(성사)량은 시장이 공개하는 5-8배 보다는 훨씬 많다.

业内估计… : 업계 내에서는 …라고 추측하다 → 업계 내의 추측에 의하면.
估计(gūjì) : 동 추측하다. 예측하다. 어림잡다. 헤아리다. 짐작하다.
在港(zài gǎng) : 홍콩에서, 홍콩에 있다.
成交量(chéngjiāoliàng) : 명 거래(성사)량.
成交(chéngjiāo) : 동 거래가 성립하다〔성사되다〕. 매매가 성립되다.
远高于(yuǎn gāo yú)… : …보다 훨씬 높다 → …보다 훨씬 많다.
远(yuǎn) : 1.형 (차이가) 크다. 많다. 심하다. 처지다. → 훨씬.
2.형 (공간적 · 시간적으로) 멀다.
3.형 (사이가) 멀다. 소원하다.
4.동 멀리하다. 가까이하지 않다.
高于(yuǎn gāo yú)… : 형 …보다 높다.
高(gāo) : 1.형 (높이, 등급, 수준 · 정도가 보통보다) 높다.
2.명 높이.
3.명 높은 곳.
于(yú) : …보다. 1-6.
市场公开 : 시장이 공개하다.
公开(gōngkāi) : 1.동 공개하다. 공개되다.
2.형 공개적인. 터놓은. 오픈된. 드러난.
倍(bèi) : 1.양 배. 배수. 곱절. 갑절.
2.동 갑절〔곱절〕로 늘다. *

3-3 번 역 인민폐 국제화는 중국의 전략적 선택이다

금융위기는 미국 달러를 핵심으로 하는 국제화폐시스템의 많은 폐단에 대해 사람들의 깊은 반성을 야기했고, 지식인들은 주권국가와 관계를 끊고 장기간 화폐가치를 유지하며 안정적인 국제준비통화를 탐구하기 시작했고, 2011년 프랑스 칸에서 거행하는 주요 20개국(G20) 정상회담은 장차 국제화폐시스템의 개혁을 토론할 것이다. (금융)위기이후시기에, 국제화폐시스템의 개혁은 피할 수 없는 추세이고, 미국 달러의 패권은 전례 없는 도전을 받고 있으며, 인민폐 국제화는 때마침 중대한 계기를 만났고, 또한 중화민족의 위대한 부흥을 위한 전략적 선택이다.

인민폐 국제화 시작은 겨우 1년여가 되었으나, 하지만 "진행" 속도는 분명히 빠르고, 특히 2010년에 인민폐는 대외무역 결산 · 역외시장 건설 · 유출입 경로 계획 등 방면에서 모두 많은 진보를 했으며, 미래의 국제화를 위해 양호한 기초를 닦았다.

(一)인민폐 대외무역 결산의 진보는 매우 빠르다. 2009년 7월, 중국인민은행(앙행)은 상하이 시와 광동 성의 국제 인민폐 결산 업무 시험 운영을 허가했고, 작년 중기에 이르러 국제 결산의 시험적 실시 범위는 20개 성 · 시로 확대됐고, 역외지역은 홍콩 · 마카오 · 아세안 등에서 모든 국가와 지역으로 확대됐다. 불완전한 통계에 의하면, 연말에 이르러 전국적으로 모두 6만 7천여 기업이 수출 물품 무역 인민폐 결산의 시험적 실시에 참여하여, 연간 5천 억 위안에 달하고, 대외무역 총액의 약 2%를 점했다.

(二)인민폐의 유출 · 유입 경로가 날로 확장되다. 작년 인민폐 국제화가 무역항목에서 점차 자본항목과 금융 코스로 개방되기 시작하고, 이것은 미래 인민폐 국제화의 다양화를 결정하는 관건이다.

첫째는 인민폐의 유출에 대한 제한을 완화하다. 작년 8월 국가 외환관리국(외관국)이 정책을 제기하여, 수출 소득의 역외 예금에 대한 시험적 실시를 시작하자, 업계 내에서는 이를 자본항목이 점진적으로 개방되는 시험적 행위로 해석했다.

둘째는 역외 인민폐 역류 메커니즘의 구축을 신중히 추진하다. 작년 8월, 중국인민은행이 해외 인민폐 역류의 허가를 공식으로 선포했다.

(三)역외 인민폐 업무가 크게 진보하다. 먼저, 인민폐가 처음으로 역외(홍콩・미국)에서 자유 거래를 실현하고, 처음으로 역외(러시아)에서 직접적으로 증권 거래의 자격을 얻어 상장되었다. 작년 7월, 중국인민은행은 홍콩 인민폐 업무의 결제 기구인 중은홍콩(中银香港)과 〈홍콩 은행 인민폐 업무의 결제 협의〉에 서명하고, 동시에 홍콩금융관리국과 〈추가 협력 비망록〉을 체결했으며, 핵심 업무는 대외무역 인민폐 결산과 연관되어 있다.

다음으로, 역외 인민폐의 역외시장 거래량이 대폭적으로 증가하다. 인민폐 역외 거래의 허가는, 인민폐로 가격계산하는 채권의 발행과 기타 투자를 위해 대문을 열어주었다. 홍콩은 "물 옆의 발코니에서 달 그림자를 먼저 보다"라고 하듯, 이미 인민폐로 가격계산하는 투자를 전문으로 다루는 펀드를 설립하고, 다양한 종류의 인민폐로 가격계산하는 상품을 출시했다. 현재 외환시장에서 인민폐와 미국 달러의 일일 거래액은 이미 2억 미국 달러를 초과하고, 인민폐의 일일 거래량은 4억 미국 달러까지 증가했다. 업계 내의 추측에 의하면, 홍콩에서의 인민폐 실제 거래(싱사)량은 시장이 공개하는 5-8배보다는 훨씬 많다. *

Memo

3-4 练习

近期，外管局决定，自今年元月1日起，在全国范围内实施《货物贸易出口收入存放境外管理暂行办法》及操作规程，主要包括：(1)对境内企业出口收入存放境外实行开户登记制度。境内企业符合出口收入来源且在境外有实际支付需求·近两年内未违反外汇管理规定等条件的，均可向所在地外汇局提出申请；(2)对境内企业出口收入存放境外实行规模管理。存放境外的规模，由境内企业根据实际需求向所在地外汇局提出，外汇局进行登记备案；(3)简化出口核销·联网核查等业务操作，实行企业事后报告制度；(4)对境内企业境外账户收支实施非现场监测，对异常情况实施现场核查。

此政策出台适应市场经济发展需要，是深化外汇管理体制改革·进一步推进贸易便利化的重大举措，既可平衡贸易项目下的资本流出入，又可切实便利境内企业进行跨境资本运作，支持境内企业"走出去"。对外经贸易企业而言，可降低外汇资本跨境划转费用及汇兑成本，也有助境内企业提高资金使用效率，降低境外融资成本，进一步增强国际竞争力。

번 역

최근 외관국은, 금년 1월 1일부터 전국 범위에서 〈화물 무역 수출 소득의 역외 예금에 관한 관리 임시시행 방법〉과 취급 규정을 실시한다고 결정하고, 그 주요 내용은 다음과 같다. (1)국내 기업 수출 소득의 역외 예금에 대해 계좌개설 등록 제도를 실행한다. 국내 기업이 수출 소득 원천 및 역외에서 실제적인 지급 수요가 있음 그리고 최근 2년 동안 외환 관리 규정을 위반하지 않음 등 조건에 부합하면, 모두 소재지 외환국에 (계좌개설 관한) 신청을 할 수 있다. (2)국내 기업 수출 소득의 역외 예금에 대해 규모의 관리를 실행한다. 역외 예금의 규모는 국내 기업이 실제적 수요에 근거하여 소재지 외환국에 신청하고, 외환국은 서류를 등록 접수시킨다. (3)수출 정산・온라인 검사 등 업무 취급을 단순화하고, 기업의 사후 보고 제도를 실행한다. (4)국내 기업의 역외 계좌 수지에 대해 원격 감사를 실시하고, 이상상황에 대해 현장 검사를 실시한다.

이 정책의 제기는 시장경제 발전의 필요에 적응하고, 외환관리체제의 개혁을 심화시키고 무역의 편리화를 더욱 추진하는 중대한 조치이며, 무역항목 하의 자본 유입・출입을 균형 잡게 할 수 있을 뿐만 아니라, 또한 국내 기업의 대외 자본 운용을 확실히 편리하게 하고 국내 기업의 "출구전략"을 지지할 수도 있다. 대외경제 기업에 대해 말하자면, 외환 자본의 국제 분할이전 비용과 환 비용을 낮출 수 있고, 또한 국내 기업이 자금 사용의 효율을 향상시키고 역외 융자 비용을 낮추고 국제 경쟁력을 더욱 증강시키는 데 도움이 된다.

Memo

제4과

国有企业改革

국유 기업 개혁

4-1 正文 国企效益好不靠垄断 多处于有效竞争

国企改革成就来之不易

该如何评价国企改革成就？国务院国资委副主任邵宁强调，一定要历史地看待。2012年公布的世界500强企业中，中央企业有42家上榜。而在上世纪90年代中期，我国最大的500家国有企业全年销售收入的总和还不如美国通用汽车公司一家的销售收入。从2002年到2011年，中央企业的资产总额从7.13万亿元增加到28万亿元；营业收入从3.36万亿元增加到20.2万亿元。“这种历史性的变化在短短十几年中发生，关键是靠改革。”邵宁说。

他表示，通过三方面的改革，国有经济的布局结构·国有企业的体制机制，都发生了重大的变化。其一，通过“抓大放小”，在不具备比较优势的中小企业领域，国有经济实施了大规模的主动退出，改革并优化了国有经济的布局结构；其二，对由于经济转型或经营不善而造成的困难国有企业，疏通了破产退出的通道，市场经济优胜劣汰的机制开始发挥作用。1998年到2003年力度最大，约5000户困难的大中型国有企业实施了破产，涉及职工900多万人；其三，对正常经营的国有企业，通过成立国资委，初步建立了国有资产出资人制度，解决了多年存在的国有企业多头管理·责任不落实的问题。与此同时，通过建立对经营者的激励约束机制，如业绩考核制度等，大大激发了企业内在的发展活力。

邵宁说，国企改革是世界性的难题，中国的国有企业改革进行到这样的深度·取得了如此大的成就，可谓来之不易。更重要的是，国企自身做强做优的同时，更好地服务了经济社会发展大局。

国企已成为我国自主创新"排头兵"，在国家技术创新体系中承担着重要任务，起着举足轻重的作用。《国家中长期科学和技术发展规划纲要》确定的我国需要突破的11个重点领域，中央企业都有涉及。《16个国家科技重大专项，中央企业参与了15个。》国企更成为重大工程"顶梁柱"。三峡工程·青藏铁路·西气东输·西电东送·南水北调·奥运场馆……国家的各项标志标识性重大工程建设中，中央企业做出杰出贡献。

提升国家的竞争力，同样离不开大型国企。当前的竞争是全球性的。尤其是在一些关系国家安全和国民经济命脉的重要行业和领域，比如军工·航天航空·石油勘探等，规模经济要求很高，进行技术创新和走出去参与国际竞争，当前还只能靠国有及国有控股大企业。

* 출처: 人民日报. http://news.xinhuanet.com/fortune/2012-10/11/c_123808204.htm

4-2 生词与解释

1) 国企效益好不靠垄断 多处于有效竞争

guóqǐ xiàoyì hǎo bú kào lǒngduàn duō chùyú yǒuxiào jìngzhēng

국유 기업의 좋은 효과는 독점에 의존하지 않고, 어느 정도 유효 경쟁에 놓여 있다.

国企效益好 : 국유 기업의 효과가 좋다 → 국유 기업의 좋은 효과.

国企(guóqǐ) : 国有企业(guóyǒu qǐyè, 국유 기업)의 약칭.
국유 기업은 중국 국민경제의 중요 지주이다. 정부의 관리 권한에 의해 중국의 국유 기업은 중앙 기업(중앙정부가 감독 · 관리하는 국유 기업)과 지방 기업(지방 정부가 감독 · 관리하는 국유 기업)으로 나눈다.

不靠垄断 : 독점에 의존하지 않다.
靠(kào) : 1.동 의지하다. 의존하다. …에 달려있다.
2.동 기대다.
3.동 (물건을) 기대어 두다. 기대어 세우다.
4.동 믿다. 신뢰하다.
5.동 접근하다. 다가서다. 닿다. 대다.
垄断(lǒngduàn) : 동 농단하다. 독점하다. 마음대로 다루다. → 독점. 농단.

多处于… : 어느 정도는 …에 처하다〔…에 놓여 있다〕.
多(duō) : 부 어느 정도. 얼마만큼. 3-7.
处于(chǔyú) : 동 (사람 · 사물이 어떤 지위 · 상태 · 환경)에 놓이다. 처하다.

有效竞争(yǒuxiào jìngzhēng) : 유효 경쟁.
有效(yǒuxiào) : 형 유용하다. 유효하다. 효과가 있다. 효력이 있다.
竞争(jìngzhēng) : 1.명 경쟁.
2.동 경쟁하다.

2) 国企改革成就来之不易

guóqǐ gǎigé chéngjiù láizhībúyì
국유 기업 개혁의 성취는 아주 어렵게 이루어졌다.

成就(chéngjiù) : 1.명 (사업상의) 성취. 성과. 업적.
2.동 (주로 사업을) 완성하다. 이루다.
来之不易(láizhībúyì) : 1. 아주 어렵게 이루어졌다.
2. 오기가 쉽지 않다. 어렵게 왔다.

3) 该如何评价国企改革成就?

gāi rúhé píngjià guóqǐ gǎigé chéngjiù?
마땅히 국유 기업 개혁의 성취를 어떻게 평가해야 하는가?

该(gāi) : 1.동 (마땅히) …해야 한다. …하는 것이 당연하다.
2.동 …의 차례 〔순서〕 이다.
3.동 …할만하다. …해도 싸다. …하는 게 당연하다. 쌤통이다.
评价(píngjià) : 1.동 평가하다.
2.명 평가.

4) 国务院国资委副主任邵宁强调，一定要历史地看待。

guówùyuàn guózīwěi fùzhǔrèn Shào Níng qiángdiào, yídìng yào lìshǐdi kàndài

국무원 국자위 부주임 샤오닝은, 반드시 역사적으로 취급해야 한다고 강조한다.

国资委(guózīwěi) : 国有资产监督管理委员会(국유자산감독관리위원회)의 약칭. 국자위.
副主任(fùzhǔrèn) : 명 부주임.
邵宁(shào níng) : Shao Ning, 샤오닝〔사람 이름〕.
一定(yídìng) : 1.부 반드시. 필히. 꼭.
2.형 고정불변의. 필연적인.
3.형 상당한. 꽤. 어느 정도의.
历史地(lìshǐdi) : 역사적으로.
历史(lìshǐ) : 1.명 역사.
2.명 역사. 역사적 기록.
3.명 (어떤 사물이나 개인의) 과거.
看待(kàndài) : 동 취급하다. 다루다. 대(우)하다.

5) 2012年公布的世界500强企业中，中央企业有42家上榜。

èr líng yī èr nián gōngbù de shìjiè wǔ bǎi qiáng qǐyè zhōng, zhōngyāng qǐyè yǒu sì shí èr jiā shàngbǎng

2012년 공포된 세계 500대 기업 중에서, 중앙 기업에는 42개가 게시되었다.

公布(gōngbù) : 동 공포〔공표〕하다.
世界500强企业 : 세계 500대 기업.
强(qiáng) : 1.형 강하다. 건장하다. 힘이 세다.
2.형 (의지가) 굳건하다. 굳세다.
3.형 우월하다. 좋다.
4.동 강하게 하다. 강성하게 하다.
5.부 강제로.
中央企业(zhōngyāng qǐyè) : 명 중앙 기업.
上榜(shàngbǎng) : 동 게시하다.

6) 而在上世纪90年代中期，我国最大的500家国有企业全年销售收入的总和还不如美国通用汽车公司一家的销售收入。

그러나 이전 세기 90년대 중기에, 우리나라 최대 500개 국유 기업의 연간 매출 수입 총계는 오히려 미국 GM 자동차회사 한 곳의 매출 수입만 못했다.

a) 而在上世纪90年代中期，
ér zài shàng shìjì jiǔ shí niándài zhōngqī
그러나 이전 세기 90년대 중기에

而(ér) : 〔앞뒤 문장의 내용이 역접관계이므로〕 그러나, 하지만. 1-8.
上世纪 : 위 세기. 이전 세기. 앞 세기.
世纪(shìjì) : 명 세기.
年代(niándài) : 1.명 시대. 시기. 연대. 시간. 세월.
2.명 한 세기 중의 10년.

b) 我国最大的500家国有企业全年销售收入的总和
wǒguó zuìdà de wǔ bǎi jiā guóyǒu qǐyè quánnián xiāoshòu shōurù de zǒnghé
우리나라 최대 500개 국유 기업의 연간 매출 수입 총계

最大(zuìdà) : 형 제일 크다. 최대이다.
销售(xiāoshòu) : 1.명 판매. 매출.
2.동 팔다. 판매하다. 매출하다.
总和(zǒnghé) : 명 총계. 총수. 총화.

c) 还不如美国通用汽车公司一家的销售收入。
hái bùrú měiguó tōngyòng qìchē gōngsī yìjiā de xiāoshòu shōurù
오히려 미국 GM 자동차회사 한 곳의 매출 수입만 못하다

还不如(hái bùrú) : 오히려〔차라리〕 …만 못하다.
不如(bùrú) : 1.동 …만 못하다.
2.접 …하는 편이 낫다. 〔주로 앞의 与其와 호응하여 쓰임〕
3.동 맞지 않다.
通用汽车公司(tōngyòng qìchē gōngsī) : 미국 GM(General Motors) 자동차회사.
家(jiā) : 양 회사를 세는 단위. 1-10.
公司(gōngsī) : 명 회사. 직장.

7) 从2002年到2011年，中央企业的资产总额从7.13万亿元增加到28万亿元；
cóng èr líng líng èr nián dào èr líng yī yī nián, zhōngyāng qǐyè de zīchǎn zǒngé cóng qī wànyì yī qiān sān bǎi yì yuán zēngjiā dào èr shí bā wànyì yuán
2002년부터 2011년까지, 중앙 기업의 자산 총액은 7조 1,300억 위안에서 28조 위안으로 증가했다.

资产(zīchǎn) : 1.명 자산.
2.명 재산. 산업.
万亿(wànyì) : 조(兆).

8) 营业收入从3.36万亿元增加到20.2万亿元。

yíngyè shōurù cóng sān wànyì sān qiān liù bǎi yì yuán zēngjiā dào èr shí wànyì èr qiān yì yuán

영업 수입은 3조 3,600억 위안에서 20조 2천 억 위안으로 증가했다.

营业(yíngyè) : 1.명 영업.
2.동 영업하다.

9) "这种历史性的变化在短短十几年中发生，关键是靠改革。"邵宁说。

"이런 역사적인 변화는 매우 짧은 십여 년 동안에 발생했고, 관건은 개혁에 달려있다는 것이다."라고 샤오닝은 말했다.

a) 这种历史性的变化在短短十几年中发生，
zhè zhǒng lìshǐxìng de biànhuà zài duǎnduǎn shíjǐ nián zhōng fāshēng
이런 역사적인 변화는 매우 짧은 십여 년 동안에 발생하다

在短短十几年中 : 매우 짧은 십여 년 중에 → 매우 짧은 십여 년 동안에.
短短(duǎnduǎn) : 형 매우 짧다.
几(jǐ) : 1.수 몇.
2.부 얼마나.
3.부 매우 대단히.
发生(fāshēng) : 동 발생하다. 생기다.

b) 关键是靠改革。
guānjiàn shì kào gǎigé
관건은 개혁에 달려있다는 것이다.

c) 邵宁说。
Shào Níng shuō
샤오닝이 말하다 → …라고 샤오닝은 말하다.

10) 他表示，通过三方面的改革，国有经济的布局结构·国有企业的体制机制，都发生了重大的变化。

그의 의견에 의하면, 세 분야의 개혁을 통해, 국유 경제의 분포상태 구조·국유 기업의 제도적 장치에는, 모두 중대한 변화가 발생했다.

a) 他表示，
tā biǎoshì
그의 의견에 의하면

表示(biǎoshì) : …라고 표명하다 → …에 의하면. 1-10.

b) 通过三方面的改革，
tōngguò sān fāngmiàn de gǎigé
세 분야의 개혁을 통하다

通过(tōngguò) : …을 통해. 1-6.
方面(fāngmiàn) : 분야. 1-13.

c) 国有经济的布局结构・国有企业的体制机制，都发生了重大的变化。
guóyǒu jīngjì de bùjú jiégòu・guóyǒu qǐyè de tǐzhì jīzhì, dōu fāshēng le zhòngdà de biànhuà
국유 경제의 분포상태 구조・국유 기업의 제도적 장치에는, 모두 중대한 변화가 발생하다

国有经济(guóyǒu jīngjì) : 명 국유 경제.
国有(guóyǒu) : 형 국유의. 국가 소유의.
布局结构 : 명 분포상태 구조.
布局(bùjú) : 1.명 분포상태. 배치. 구성. 포석.
2.동 배치하다. 구성하다. 포석하다. 배열하다.
结构(jiégòu) : 구조. 1-10.
体制机制(tǐzhì jīzhì) : 제도적 장치. 2-10.

11) 其一，通过"抓大放小"，在不具备比较优势的中小企业领域，国有经济实施了大规模的主动退出，改革并优化了国有经济的布局结构；

그 중 하나는, 대기업에 대한 거시적 통제와 중소기업에 대한 미시적 조절을 통해, 비교 우위를 구비하지 못한 중소기업 영역에서, 국유 경제는 대규모의 자발적 퇴출을 실시하고, 국유 경제의 분포상태 구조를 개혁하고 조정했다.

a) 其一，通过"抓大放小"，
qíyī, tōngguò "zhuādà fàngxiǎo",
그 중 하나는, 대기업에 대한 거시적 통제와 중소기업에 대한 미시적 조절을 통해

其一(qíyī) : 그 중의 하나. 그것의 일부분.
抓大放小(zhuādà fàngxiǎo) : 1.일종의 관리이념이며 또한 관리방식으로, 주요 모순과 모순의 주요 분야를 포착하여 거시적 통제를 잘 처리하고, 부차적 모순과 모순의 부차적 분야에 대해 미시적 조절을 진행한다.

2.대기업을 중점적으로 잘 관리하고, 소기업은 느슨하게 하여, 융통성 있게 경영 하도록 하다.
3.큰 범죄에 초점을 맞추고 작은 죄는 풀어 주다.
→ 대기업에 대한 거시적 통제와 중소기업에 대한 미시적 조절.
抓(zhuā) : 꽉 잡다. 2-15.
放(fàng) : 풀어 주다. 1-3.

b) 在不具备比较优势的中小企业领域，
zài bú jùbèi bǐjiào yōushì de zhōngxiǎo qǐyè lǐngyù
비교 우위를 구비하지 못한 중소기업 영역에서

具备(jùbèi) : 동 구비하다. 갖추다. 완비하다.
比较优势(bǐjiào yōushì) : 비교 우위.
比较(bǐjiào) : 1.부 비교적으로. 상대적으로. → 비교적인.
2.동 비교하다.
3.개 …에 비해. …보다.
优势(yōushì) : 명 우위. 우세.
中小企业(zhōngxiǎo qǐyè) : 중소기업(small and medium enterprise).

c) 国有经济实施了大规模的主动退出，
guóyǒu jīngjì shíshī le dàguīmó de zhǔdòng tuìchū
국유 경제는 대규모의 자발적 퇴출을 실시하다

主动(zhǔdòng) : 형 주동적인. 자발적인. 자각적인. 능동적인. 적극적인.
退出(tuìchū) : 1.동 퇴출하다. 로그아웃. 퇴장하다. 물러나다. → 퇴출.
2.동 (단체 · 조직에서) 탈퇴하다. 물러나다.
企业退出(qǐyè tuìchū) : 기업 퇴출.

d) 改革并优化了国有经济的布局结构；
gǎigé bìng yōuhuà le guóyǒu jīngjì de bùjú jiégòu
국유 경제의 분포상태 구조를 개혁하고 조정하다

优化(yōuhuà) : 조정하다. 1-15.

12) 其二，对由于经济转型或经营不善而造成的困难国有企业，疏通了破产退出的通道，市场经济优胜劣汰的机制开始发挥作用。

그 중 둘은, 경제 체제전환 혹은 경영 불량으로 인해서 형성된 빈곤한 국유 기업에 대해, 파산 퇴출의 경로를 소통시키고, 시장경제 우승열패의 체제가 효과를 발휘하기 시작했다.

a) 其二，对由于经济转型或经营不善而造成的困难国有企业，
qí èr, duì yóuyú jīngjì zhuǎnxíng huò jīngyíng búshàn ér zàochéng de kùnnan guóyǒu qǐyè,
그 중 둘은, 경제 체제전환 혹은 경영 불량으로 인해서 형성된 빈곤한 국유 기업에 대해,

由于(yóuyú) : 1.개 …때문에. …로 인하여.
〔동작 행위의 원인이나 이유를 이끌어 냄〕
2.접 …때문에. …로 인하여. 〔복문에서 원인을 나타냄〕
经济转型 : 经济体制转型(jīngjì tǐzhì zhuǎnxíng), 경제체제 전환.
转型(zhuǎnxíng) : 1.동 사회 경제 구조 · 문화 형태 · 가치관 등을 전환하다.
2.동 상품의 모델 혹은 구조를 바꾸다.
→ 체제 전환.
经营(jīngyíng) : 1.동 (기업 등을) 경영하다. 기획하고 관리하다. → 경영.
2.동 운영하다.
3.동 계획 · 조직하다.
不善(búshàn) : 1.형 좋지 않다. 나쁘다. → 불량.
2.동 잘하지〔능숙하지〕 못하다. 뛰어나지 못하다.
3.형 대단하다. 굉장하다. 엄청나다.
而(ér) : …해서. 〔원인을 연결함〕. 1-8.
造成(zàochéng) : 동 형성하다. 조성하다. 만들다. 창조하다. 야기하다.
(좋지 않은 결과를) 초래하다. 발생시키다.
困难国有企业 : 빈곤한 국유 기업.
困难(kùnnan) : 빈곤한. 2-14.

b) 疏通了破产退出的通道，
shūtōng le pòchǎn tuìchū de tōngdào
파산 퇴출의 경로를 소통시키다

疏通(shūtōng) : 1.동 소통시키다. 잘 통하게 하다.
2.동 (도랑 · 강바닥 따위를) 쳐내다. 준설하다.
3.동 의견을 소통시키다. 화해시키다.
破产(pòchǎn) : 1.동 파산하다. 도산하다. 부도나다.
2.동 망하다. 파탄이 나다.
3.동 거덜나다. 실패로 끝나다.
通道(tōngdào) : 1.명 경로. 채널(channel).
2.명 통로. 큰길.

c) 市场经济优胜劣汰的机制开始发挥作用。
shìchǎng jīngjì yōushèng liètài de jīzhì kāishǐ fāhuī zuòyòng
시장경제 우승열패의 체제가 효과를 발휘하기 시작하다

优胜劣汰(yōushèng lièttài) : 우승열패(优胜劣败). 강자는 번성하고 약자는 도태되다. 优胜劣败(yōushèngliềbài).

优胜(yōushèng) : 1.형 우월하다. 우수하다. 뛰어나다. 발군의.
2.동 승리하다. 우승하다.

优(yōu) : 1.형 좋다. 우수하다. 뛰어나다. 훌륭하다.
2.형 풍부하다. 충분하다. 넉넉하다. 충족하다.
3.동 후대하다. 우대하다.

胜(shèng) : 1.동 승리하다. 이기다.
2.동 전승하다. 물리치다.
3.동 능가하다. 우월하다. 낫다.

劣(liè) : 1.형 (품질 따위가) 나쁘다. 낮다. 열등하다.
2.형 약소하다. 변변치 못하다.

汰(tài) : 동 도태시키다. 제거하다. 없애다.

13) 1998年到2003年力度最大，约5000户困难的大中型国有企业实施了破产，涉及职工900多万人；

1998년부터 2003년까지의 세기가 가장 커서, 약 5천 곳의 빈곤한 대중형 국유 기업이 파산을 실시했고, 종업원 900여 만 명과 연관되어 있다.

a) 1998年到2003年力度最大，
yī jiǔ jiǔ bā nián dào èr líng líng sān nián lìdù zuìdà
1998년부터 2003년까지의 세기가 가장 크다

力度(lìdù) : 세기. 강도(强度). 1-7.

b) 约5000户困难的大中型国有企业实施了破产，
yuē wǔ qiān hù kùnnan de dàzhōngxíng guóyǒu qǐyè shíshī le pòchǎn
약 5천 곳의 빈곤한 대중형 국유 기업이 파산을 실시했다

大中型(dàzhōngxíng) : 형 대중형의.
大型 : 형 대형의.
中型 : 형 중형의.

c) 涉及职工900多万人；
shèjí zhígōng jiǔ bǎi duō wàn rén
종업원 900여 만 명과 연관되어 있다

涉及(shèjí) : …와 연관되다. 3-16.

职工(zhígōng) : 1.명 직원과 공원. 종업원.
2.명 직공. 노동자.

14) 其三，对正常经营的国有企业，通过成立国资委，初步建立了国有资产出资人制度，解决了多年存在的国有企业多头管理 · 责任不落实的问题。

그 중 셋은, 정상적인 경영의 국유 기업에 대해, 국자위의 설립을 통해, 국유 자산 투자자 제도를 처음으로 수립했고, 여러 해 존재하던 국유 기업의 다원적 관리 및 책임 비구체화의 문제를 해결했다.

a) 其三，对正常经营的国有企业，
qí sān, duì zhèngcháng jīngyíng de guóyǒu qǐyè
그 중 셋은, 정상적인 경영의 국유 기업에 대해

正常(zhèngcháng) : 형 정상적인.

b) 通过成立国资委，
tōngguò chénglì guózīwěi
국자위의 설립을 통해

成立国资委 : 국자위를 설립하다 → 국자위의 설립.

c) 初步建立了国有资产出资人制度，
chūbù jiànlì le guóyǒu zīchǎn chūzīrén zhìdù
국유 자산 투자자 제도를 처음으로 수립했다

初步(chūbù) : 형 처음 단계의. 시작 단계의. 초보적인. → 처음으로.
出资人(chūzīrén) : 투자자. 출자자.
出资(chūzī) : 동 출자하다. 투자하다.
制度(zhìdù) : 1.명 제도.
2.명 규칙. 규정.

d) 解决了多年存在的国有企业多头管理 · 责任不落实的问题。
jiějué le duō nián cúnzài de guóyǒu qǐyè duōtóu guǎnlǐ · zérèn búluòshí de wèntí
여러 해 존재하던 국유 기업의 다원적 관리 및 책임 비구체화의 문제를 해결했다

解决(jiějué) : 1.동 해결하다. 풀다.
2.동 없애다. 제거하다.
多头管理 : 다원적 관리.
多头(duōtóu) : 1.형 다원적. 우두머리가 많은. 여러 방면의. 다방면의.
2.명 다두(多头: 하나의 조직에 지도자가 많음을 이르는 말.)
3.명 투기(꾼).
责任不落实 : 책임이 구체화되지 않다 → 책임의 비구체화.
责任(zérèn) : 1.명 책임.

2.명 마땅히 책임져야 할 과실. 책임 소재.

落实(luòshí) : 구체화되다. 2-11.

15) 与此同时，通过建立对经营者的激励约束机制，如业绩考核制度等，大大激发了企业内在的发展活力。

이와 동시에, 경영자에 대한 격려 · 규제 체제, 예로 업적 심사 제도 등의 수립을 통해, 기업에 내재하는 발전적 활력을 크게 분발시켰다.

a) 与此同时，
yǔ cǐ tóngshí
이와 동시에

与此同时(yǔ cǐ tóngshí) : 이와 동시에. 아울러.
此(cǐ) : 1.대 이. 이것.
2.대 이렇게.
3.대 이 때. 이 곳

b) 通过建立对经营者的激励约束机制，
tōngguò jiànlì duì jīngyíngzhě de jīlì yuēshù jīzhì
경영자에 대한 격려 · 규제 체제의 수립을 통해

建立对经营者的激励约束机制 : 경영자에 대한 격려 · 규제의 체제를 수립하다
→ 경영자에 대한 격려 · 규제 체제의 수립.
经营者(jīngyíngzhě) : 경영자.
激励(jīlì) : 동 격려하다. 북돋워 주다.
约束(yuēshù) : 동 규제하다. 속박하다. 구속하다. 단속하다.

c) 如业绩考核制度等，
rú yèjī kǎohé zhìdù děng
예로 업적 심사 제도 등

如(rú) : 1.동 예를 들면. 예컨대.
2.동 …와 같다. …와 비슷하다.
3.동 미치다. 필적하다. 〔부정형식으로, 득실 · 우열을 비교함〕
4.접 만일. 만약.
5.개 …에 따라. …대로.
业绩(yèjī) : 명 업적.
考核(kǎohé) : 1.동 심사하다.
2.동 대조하다.

d) 大大激发了企业内在的发展活力。
dàda jīfā le qǐyè nèizài de fāzhǎn huólì
기업에 내재하는 발전적 활력을 크게 분발시키다

大大(dàda) : 부 크게. 대단히. 대량으로. 대폭으로.
激发(jīfā) : 1.동 (감정을) 불러일으키다. 끓어오르게 하다. 분발시키다. 격발하다. 흥분시키다. 북돋우다.
2.동 (분자·원자 등을) 여기(励起: 들뜬상태)시키다.
企业内在 : 기업에 내재하다 → 기업에 내재하는. 기업의 내재적.
内在(nèizài) : 1.형 내재적인. 내재하는.
2.동 (마음속에) 내재하다.
3.명 내재.
活力(huólì) : 명 활력. 활기. 생기. 원기. 생기가 넘치는 힘. 살아 움직이는 힘.

16) 邵宁说，国企改革是世界性的难题，中国的国有企业改革进行到这样的深度·取得了如此大的成就，可谓来之不易。

샤오닝의 의견에 의하면, 국유 기업의 개혁은 세계적인 난제이고, 중국 국유 기업의 개혁이 이런 깊이에까지 나아가고 이렇게 큰 성취를 얻은 것은, 아주 어렵게 이루어졌다고 말할 수 있다.

a) 邵宁说，
Shào Níng shuō
샤오닝의 의견에 의하면

邵宁说 : 샤오닝은 …라고 말하다 → 샤오닝의 의견에 의하면.

b) 国企改革是世界性的难题，
guóqǐ gǎigé shì shìjièxìng de nántí
국유 기업의 개혁은 세계적인 난제이다

世界性的难题 : 세계적인 난제.
世界(shìjiè) : 1.명 세계. 〔지구상의 모든 곳〕
2.명 세상. 〔자연계와 인류 사회의 일체 사물의 총화〕
3.명 인간 세상. 사회.
难题(nántí) : 명 곤란한〔어려운〕 문제. 난제. 해결하기 어려운 분규.

c) 中国的国有企业改革进行到这样的深度·取得了如此大的成就，
zhōngguó de guóyǒu qǐyè gǎigé jìnxíng dào zhèyàng de shēndù · qǔdé le rúcǐ dà de chéngjiù

중국 국유 기업의 개혁이 이런 깊이에까지 나아가고 이렇게 큰 성취를 얻었다 → … 큰 성취를 얻은 것은.

进行(jìnxíng) : 1.동 앞으로 나아가다. 전진하다. 행진하다. 진행하다.
2.동 (어떤 지속적인 일에 · 활동을) 종사하다. 진행하다.
这样(zhèyàng) : 대 이렇다. 이와 같다. 이렇게. 이래서.
深度(shēndù) : 1.명 깊이. 심도.
2.명 (일이나 인식의) 정도. 깊이.
3.형 (정도가) 심한.
如此(rúcǐ) : 대 이와 같다. 이러하다.

d) 可谓来之不易。
kěwèi láizhībúyì
아주 어렵게 이루어졌다고 말할 수 있다

可谓(kěwèi) : 동 …라고 말할 수 있다. …라고 할 만하다.

17) 更重要的是，国企自身做强做优的同时，更好地服务了经济社会发展大局。
더욱 중요한 것은, 국유 기업이 스스로 강해지고 우수해지는 동시에, 경제 · 사회 발전의 대세에 더 잘 봉사했다.

a) 更重要的是，
gèng zhòngyào de shì
더욱 중요한 것은

更(gèng) : 1.부 더욱. 더. 훨씬. 한층 더. 가일층. 더군다나. 보다 더.
2.부 다시. 또. 또한. 되풀이해서. 게다가.

b) 国企自身做强做优的同时，
guóqǐ zìshēn zuò qiáng zuò yōu de tóngshí
국유 기업이 스스로 강해지고 우수해지는 동시에

自身(zìshēn) : 대 자신. 본인. 스스로.
做强(zuò qiáng) : 강해지다. 강력하게 만들다〔하다〕. → 강력화.
做(zuò) : 1.동 만들다. 제작하다.
2.동 하다. 종사하다.
做优(zuò yōu) : 좋아지다. 우수하게〔좋게, 완벽하게〕 만들다〔하다〕. → 완벽화.
做精(zuò jīng) : 고품질화. 정밀화. 정예화.
做特(zuò tè) : 특수화.
做大(zuò dà) : 규모를 확대하다. 대형화。

c) 更好地服务了经济社会发展大局。
gènghǎodi fúwù le jīngjì shèhuì fāzhǎn dàjú
경제 · 사회 발전의 대세에 더 잘 봉사했다

更好地(gènghǎodi) : 더 잘. 더 좋게.
服务(fúwù) : 동 봉사하다. 서비스하다. 복무하다. 근무하다. 일하다.

18) 国企已成为我国自主创新"排头兵", 在国家技术创新体系中承担着重要任务, 起着举足轻重的作用。

국유 기업은 이미 우리나라의 자주적이고 창조적인 선도자가 되어, 국가 기술혁신 체계 중에서 중요 임무를 담당하고 있으며, 일거수일투족의 중대한 역할을 하고 있다.

a) 国企已成为我国自主创新"排头兵",
guóqǐ yǐ chéngwéi wǒguó zìzhǔ chuàngxīn "páitóubīng"
국유 기업은 이미 우리나라의 자주적이고 창조적인 선도자가 되다

自主(zìzhǔ) : 동 자주적이다. 자주적으로 한다. 자신의 뜻대로 처리하다.
排头兵(páitóubīng) : 1.명 모범을 보이는〔솔선수범하는〕 사람. 선도자.
2.명 대열의 선두에 선 병사.

b) 在国家技术创新体系中承担着重要任务,
zài guójiā jìshù chuàngxīn tǐxì zhōng chéngdān zhe zhòngyào rènwu
국가 기술혁신 체계 중에서 중요 임무를 담당하고 있다

技术创新(jìshù chuàngxīn) : 기술혁신.
技术(jìshù) : 1.명 기술.
2.명 기교. 재량. 능력.
3.명 기술 장비.
承担(chéngdān) : 동 맡다. 담당하다. 감당하다. 부담하다. 책임지다.

c) 起着举足轻重的作用。
qǐ zhe jǔzúqīngzhòng de zuòyòng
일거수일투족의 중대한 역할을 하고 있다

起作用(qǐzuòyòng) : 동 역할〔작용〕을 하다. 효과를 미치다. 효과〔효능〕가 나타나다.
举足轻重(jǔzúqīngzhòng) : (중요한 위치에 있어서) 일거수일투족이 전체에 중대한 영향을 끼치다.

19) 《国家中长期科学和技术发展规划纲要》确定的我国需要突破的11个重点领域，中央企业都有涉及。

〈국가 중장기 과학과 기술 발전 계획 강령〉이 확정한 우리나라가 극복해야 할 11개 중점 영역은, 중앙 기업이 모두 관련되어 있다.

a) 《国家中长期科学和技术发展规划纲要》确定的我国需要突破的11个重点领域，
〈guójiā zhōngchángqī kēxué hé jìshù fāzhǎn guīhuà gāngyào)〉 quèdìng de wǒguó xūyào tūpò de shí yī ge zhòngdiǎn lǐngyù
〈국가 중장기 과학과 기술 발전 계획 강령〉이 확정한 우리나라가 극복해야 할 11개 중점 영역

我国需要突破 : 우리나라가 극복해야 하다.
需要(xūyào) : 1.동 …해야 하다.
2.동 필요로 하다. 요구되다.
3.명 (사물에 대한) 욕망. 욕구. 요구. 수요. 필요.
突破(tūpò) : 동 극복하다. 돌파하다. 타파하다.

b) 中央企业都有涉及。
zhōngyāng qǐyè dōu yǒu shèjí
중앙 기업이 모두 관련되어 있다

20) 国企更成为重大工程"顶梁柱"。
guóqǐ gèng chéngwéi zhòngdà gōngchéng "dǐngliángzhù"
국유 기업은 중대한 대공사의 핵심이 더욱 되었다.

工程(gōngchéng) : 대공사. 1-16.
顶梁柱(dǐngliángzhù) : 1.명 핵심. 중추. 기둥.
2.명 동량. 대들보.

21) 三峡工程 · 青藏铁路 · 西气东输 · 西电东送 · 南水北调 · 奥运场馆……国家的各项标志标识性重大工程建设中，中央企业做出杰出贡献。

산샤 대공사 · 칭짱 철로 · 서기동수 · 서전동송 · 남수북조 · 올림픽 경기장…… 국가의 각종 상징적인 중대한 대공사 건설 중에서, 중앙 기업이 걸출한 공헌을 했다.

a) 三峡工程 · 青藏铁路 · 西气东输 · 西电东送 · 南水北调 · 奥运场馆……
sānxiá gōngchéng · qīngzàng tiělù · xīqì dōngshū · xīdiàn dōngsòng · nánshuǐ běidiào · àoyùn chǎngguǎn……
산샤 대공사 · 칭짱 철로 · 서기동수 · 서전동송 · 남수북조 · 올림픽 경기장…

三峡工程(sānxiá gōngchéng) : 산샤 (댐 건설) 대공사.
三峡(sānxiá) : 장강에 있는 瞿塘峡 · 巫峡 · 西陵峡 3개의 거대한 협곡이 만나는 구간으로, 길이는 약 191km이고, 서쪽은 重庆市에서 시작하여 동쪽은 湖北省 宜昌市에 이른다.
青藏铁路(qīngzàng tiělù) : 칭짱 철로.
중국 青海省 西宁市와 西藏自治区 拉萨市를 연결하는 철도.
西气东输(xīqì dōngshū) : 서기동수(西气东输).
중국 서부 신강(新疆) 지역의 천연가스를 중국 동부 연해 지역으로 수송함.
西电东送(xīdiàn dōngsòng) : 서전동송(西电东送).
贵州, 云南, 广西, 四川, 内蒙古, 山西, 陕西 등 서부 지역의 전력 자원을 전력이 부족한 广东, 上海, 江苏, 北京, 天津 등 동부 지역으로 수송함.
南水北调(nánshuǐ běidiào) : 남수북조(南水北调).
중국 남부 장강유역의 풍부한 수자원을 북부 지역으로 이동함.
奥运场馆(àoyùn chǎngguǎn) : 올림픽 경기장.
奥运(àoyùn) : 명 올림픽.
场馆(chǎngguǎn) : 명 운동장과 체육관의 총칭 → 경기장.

b) 国家的各项标志性重大工程建设中,
guójiā de gè xiàng biāozhìxìng zhòngdà gōngchéng jiànshè zhōng
국가의 각종 상징적인 중대한 대공사 건설 중에서

标志性 : 상징적인.
标志(biāozhì) : 1. 명 상징. 표지.
2. 동 명시하다. 상징하다.
性(xìng) : …적. 2-10.

c) 中央企业做出杰出贡献。
zhōngyāng qǐyè zuòchū jiéchū gòngxiàn
중앙 기업이 걸출한 공헌을 하다

做出(zuòchū) : …을 하다.
杰出(jiéchū) : 형 걸출한. 남보다 뛰어난〔빼어난〕. 출중한.
贡献(gòngxiàn) : 1. 동 공헌하다. 기여하다. 이바지하다. → 공헌. 기여. 이바지.
2. 동 바치다. 헌납하다. 봉납하다.

22) 提升国家的竞争力，同样离不开大型国企。

tíshēng guójiā de jìngzhēnglì, tóngyàng líbukāi dàxíng guóqǐ
국가 경쟁력의 향상은, 마찬가지로 대형 국유 기업을 벗어날 수가 없다.

提升国家的竞争力 : 국가의 경쟁력을 향상시키다 → 국가 경쟁력의 향상
提升(tíshēng) : 1.[동] 제고하다. 향상시키다. 높이다. 끌어올리다.
2.[동] 진급하다. 진급시키다. 발탁〔등용〕하다.
3.[동] (권양기 따위로 재료 등을) 높은 곳으로 운반하다.
同样(tóngyàng) : 1.[접] (앞에서 말한 바와) 마찬가지로.
2.[형] 서로 같다. 다름없다. 마찬가지이다. 차이가 없다.
离不开(líbukāi) : 벗어날 수 없다. 1-10.

23) 当前的竞争是全球性的。

dāngqián de jìngzhēng shì quánqiúxìng de
현재의 경쟁은 전세계적이다.

是全球性的 : 전세계적인 것이다 → 전세계적이다.
全球性的 : 전세계적인 것.
全球性(quánqiúxìng) : 전세계적.
全球(quánqiú) : [명] 전세계. 지구 전체. 온 세상.

24) 尤其是在一些关系国家安全和国民经济命脉的重要行业和领域，比如军工·航天航空·石油勘探等，规模经济要求很高，进行技术创新和走出去参与国际竞争，当前还只能靠国有及国有控股大企业。

특히 국가 안전과 국민 경제의 명맥과 관계되는 일부 중요 업종과 영역, 예로 군수 산업·우주 항공·석유 탐사 등에서, 규모의 경제가 요구하는 수준은 매우 높아서, 기술혁신의 진행과 국제 경쟁의 해외 참여는, 현재 여전히 다만 국유 기업과 국유 지주 대기업에 의지할 수 있을 뿐이다.

a) 尤其是在一些关系国家安全和国民经济命脉的重要行业和领域，
yóuqíshì zài yìxiē guānxì guójiā ānquán hé guómín jīngjì mìngmài de zhòngyào hángyè hé lǐngyù
특히 국가 안전과 국민 경제의 명맥과 관계되는 일부 중요 업종과 영역에서

尤其(yóuqí) : [부] 더욱이. 특히.
关系(guānxì) : …와 관계되다. 1-10.
命脉(mìngmài) : 1.[명] 명맥. 생명과 혈맥.
2.[명] 중요한 부분.

b) 比如军工・航天航空・石油勘探等,
bǐrú jūngōng・hángtiān hángkōng・shíyóu kāntàn děng
예로 군수 산업・우주 항공・석유 탐사 등

比如(bǐrú) : 접 예를 들어. 예를 들면. 예컨대.
军工(jūngōng) : 1.명 군수 산업.
2.명 군사 시설 공사.
航天航空 : 우주 항공.
航天(hángtiān) : 1.형 우주 비행과 관련 있는. 우주 비행의.
2.동 우주 비행하다.
航空(hángkōng) : 1.형 항공과 관련 있는. 항공의.
2.동 (하늘을) 비행하다.
石油(: 명 석유.
勘探(kāntàn) : 동 탐사하다. 조사하다.

c) 规模经济要求很高,
guīmó jīngjì yāoqiú hěn gāo
규모의 경제가 요구하는 수준은 매우 높다

规模经济要求 : 규모의 경제의 요구 → 규모의 경제가 요구하는 것〔수준〕.
规模经济(guīmó jīngjì) : 규모의 경제(economies of scale).
要求(yāoqiú) : 1.명 요구. 요망.
2.동 요구하다. 요망하다.

d) 进行技术创新和走出去参与国际竞争,
jìnxíng jìshù chuàngxīn hé zǒuchūqù cānyǔ guójì jìngzhēng
기술혁신의 진행과 국제 경쟁의 해외 참여

进行技术创新 : 기술혁신을 진행하다 → 기술혁신의 진행.
走出去参与国际竞争 : 해외로 진출하여 국제 경쟁에 참여하다
→ 국제 경쟁의 해외 (진출) 참여.
走出去(zǒuchūqù) : (해외로) 진출하다. 3-4.

e) 当前还只能靠国有及国有控股大企业。
dāngqián hái zhǐnéng kào guóyǒu jí guóyǒu kònggǔ dàqǐyè
현재 여전히 다만 국유 기업과 국유 지주 대기업에 의지할 수 있을 뿐이다

还(hái) : 여전히. 1-15.
只能(zhǐnéng) : 동 다만〔단지・겨우〕 …할 수 있을 뿐이다. …할 수밖에 없다.
控股(kònggǔ) : 동 일정량의 주식을 보유함으로써 해당 회사를 지배하다.
控股公司(kònggǔ gōngsī) : 지주회사. 투자회사. *

4-3 번 역 국유 기업의 좋은 효과는 독점에 의존하지 않고, 어느 정도 유효 경쟁에 놓여 있다

국유 기업 개혁의 성취는 아주 어렵게 이루어졌다.

마땅히 국유 기업 개혁의 성취를 어떻게 평가해야 하는가? 국무원 국자위 부주임 샤오닝은, 반드시 역사적으로 취급해야 한다고 강조한다. 2012년 공포된 세계 500대 기업 중에서, 중앙 기업에는 42개가 게시되었다. 그러나 이전 세기 90년대 중기에, 우리나라 최대 500개 국유 기업의 연간 매출 수입 총계는 오히려 미국 GM 자동차회사 한 곳의 매출 수입만 못했다. 2002년부터 2011년까지, 중앙 기업의 자산 총액은 7조 1,300억 위안에서 28조 위안으로 증가했다. 영업 수입은 3조 3,600억 위안에서 20조 2천 억 위안으로 증가했다. "이런 역사적인 변화는 매우 짧은 십여 년 동안에 발생했고, 관건은 개혁에 달려있다는 것이다."라고 샤오닝은 말했다.

그의 의견에 의하면, 세 분야의 개혁을 통해, 국유 경제의 분포상태 구조 · 국유 기업의 제도적 장치에는, 모두 중대한 변화가 발생했다. 그 중 하나는, 대기업에 대한 거시적 통제와 중소기업에 대한 미시적 조절을 통해, 비교 우위를 구비하지 못한 중소기업 영역에서, 국유 경제는 대규모의 자발적 퇴출을 실시하고, 국유 경제의 분포상태 구조를 개혁하고 조정했다. 그 중 둘은, 경제 전환 혹은 경영 불량으로 인해서 형성된 빈곤한 국유 기업에 대해, 파산 퇴출의 경로를 소통시키고, 시장경제 우승열패의 체제가 효과를 발휘하기 시작했다. 1998년부터 2003년까지의 세기가 가장 커서, 약 5천 곳의 빈곤한 대중형 국유 기업이 파산을 실시했고, 종업원 900여 만 명과 연관되어 있다. 그 중 셋은, 정상적인 경영의 국유 기업에 대해, 국자위의 설립을 통해, 국유 자산 투자 제도를 처음으로 수립했고, 여러 해 존재하던 국유 기업의 다원적 관리 및 책임 비구체화의 문제를 해결했다. 이와 동시에, 경영자에 대한 격려 · 규제 체제, 예로 업적 심사 제도 등의 수립을 통해, 기업에 내재하는 발전적 활력을 크게 분발시켰다.

샤오닝의 의견에 의하면, 국유 기업의 개혁은 세계적인 난제이고, 중국 국유 기업의 개혁이 이런 깊이에까지 나아가고 이렇게 큰 성취를 얻은 것은, 아주 어렵게 이루어졌다고 말할 수 있다. 더욱 중요한 것은, 국유 기업이 스스로 강해지고 우수해지는 동시에, 경제 · 사회 발전의 대세에 더 잘 봉사했다.

국유 기업은 이미 우리나라의 자주적이고 창조적인 선도자가 되어, 국가 기술혁신 체계 중에서 중요 임무를 담당하고 있으며, 일거수일투족의 중대한 역할을 하고 있다. 〈국가 중장기 과학과 기술 발전 계획 강령〉이 확정한 우리나라가 극복해야 할 11개 중점 영역은, 중앙 기업이 모두 관련되어 있다. 국유 기업은 중대한 대공사의 핵심이 더욱 되었다. 산샤 대공사 · 칭짱 철로 · 서기동수 · 서전동송 · 남수북조 · 올림픽 경기장…… 국가의 각종 상징적인 중대한 대공사 건설 중에서, 중앙 기업이 걸출한 공헌을 했다.

국가 경쟁력의 향상은, 마찬가지로 대형 국유 기업을 벗어날 수가 없다. 현재의 경쟁은 전세계적이다. 특히 국가 안전과 국민 경제의 명맥과 관계되는 일부 중요 업종과 영역, 예로 군수 산업 · 우주 항공 · 석유 탐사 등에서, 규모의 경제가 요구하는 수준은 매우 높아서, 기술혁신의 진행과 국제 경쟁의 해외 참여는, 현재 여전히 다만 국유 기업과 국유 지주 대기업에 의지할 수 있을 뿐이다.

Memo

4-4 练习

国企效益好不是靠垅断

近年来，有一种观点认为，国有企业效益好主要是因为垅断，把国有企业与垅断等同起来。对此，国资委研究中心研究员许保利表示，事实上，我国国有企业多数处于有效竞争中。因为经过多年的改革开放，我国大部分行业已经形成竞争格局，包括国有资本比较集中的关系国民经济命脉的重要行业和领域，如钢铁 · 有色金属 · 化工 · 建材 · 建筑 · 机械制造，不论是进入门槛还是市场运营，都已形成充分竞争格局。从从종어行业分布上看，90%以上的国企处于竞争性领域。

他特别选择了一些人认为垅断的石油石化行业 · 电力行业进行具体分析。石油石化行业，市场集中度的确比较高，但绝不是没有竞争。成品油市场上，中国石油和中国石化两家公司实力接近，二者存在竞争。目前，BP · 壳牌等国际大型石油公司也已进入成品油零售市场，虽然占有的加油站份额还比较小，但进入的却是我国经济最发达 · 成品油需求量最大 · 利润最高的东部沿海省份。

电力行业，电网属于自然垅断行业，由非对称的两家企业经营。发电行业则处于激烈的竞争当中，5家央企占全部市场50%左右的份额，各地还有数量众多的地方国有电厂 · 民营电厂。即使是在行政垅断和自然垅断行业，国有企业也不存在通过垅断地位获取超额利润的垅断行为。成品油 · 天然气 · 电力价格都是政府定的。

용 어

1) 中国石油(zhōngguó shíyóu) : 中国石油天然气股份有限公司(China National Petroleum Corporation). 1999년 성립된 국영 특대형 기업의 석유회사로 본부는 북경에 있다.

2) 中国石化(zhōngguó shíhuà) : 中国石油化工集团公司(Sinopec Group). 1998년 성립된 국유 기업의 석유화학공업회사로 본부는 북경에 있다.

3) BP : 영국석유회사(BP Amoco). 1909년 성립. 본부는 영국 런던 소재.

4) 壳牌(qiàopái) : 荷兰皇家壳牌集团(Royal Dutch Shell Group). 1890년 성립된 네덜란드 석유회사로 본부는 네덜란드 헤이그에 있다.

번 역

국유 기업의 효과가 좋은 것은 독점에 의존한 것이 아니다.

최근 몇 년 사이에, 국유 기업의 효과가 좋은 것은 주로 독점 때문이고, 국유 기업과 독점을 동일시하기 시작하는 의견이 생겼다. 이에 대해, 국자위 연구중심 연구원 쉬바오리의 의견에 의하면, 사실 우리나라의 국유 기업 여러 곳이 유효경쟁 속에 놓여 있다. 여러 해의 개혁개방을 거쳤기 때문에, 국유 자본이 비교적 집중된 국민 경제 명맥과 관련된 중요 업종과 중요 영역, 예로 강철 · 비철 금속 · 화학공업 · 건축 재료 · 건축 · 기계 제조를 포함하여, 우리나라의 대부분 업종은 이미 경쟁 구도를 형성하고 있으며, 문턱을 들어서든 시장 경영이든지 간에, 모두 이미 충분한 경쟁 구도를 형성했다. 업종 분포에서 보면, 90% 이상의 국유 기업이 경쟁적 영역에 놓여 있다.

그는 특히 일부 사람이 독점으로 인식하는 석유와 석유화학공업 · 전력 업종을 선택하여 구체적인 분석을 했다. 석유와 석유화학공업 업종은, 시장 집중도가 확실히 비교적 높지만, 절대로 경쟁이 없는 것은 아니다. 완제품 기름 시장에서, 중국석유와 중국석화 두 회사의 실력이 근접하여, 양자간에는 경쟁이 존재한다. 현재 BP · 쉘 등 국제 대형 석유회사 또한 이미 완제품 기름 소매 시장에 진입했고, 비록 점유한 주유소의 점유율이 아직 비교적 적으나, 그들이 진입한 곳은 우리나라 경제가 가장 발달하고 완제품 기름 수요량이 가장 크며 이윤이 가장 많은 동부 연해안 성들이다.

전력 업종과 전력망은 자연독점 업종에 속하고, 비대칭적인 두 기업이 경영하고 있다. 발전 업종은 바로 격렬한 경쟁 속에 처해 있고, 5개 중앙 기업이 전체 시장의 50% 가량의 점유율을 점하고 있으며, 각지에는 수량이 많은 지방 국유 발전소 · 민영 발전소가 또한 있다.

설사 행정독점과 자연독점 업종에서라도, 국유 기업에는 독점 지위를 통해 초과이윤을 취하는 독점행위가 존재하지 않는다. 완제품 기름 · 천연가스 · 전력 가격은 모두 정부가 결정하는 것이다.

Memo

제5과

中韩自由贸易协定

중 · 한 자유무역협정

5-1 正文 中韩将加快签订自由贸易协定

出席第十一次中韩经济部长会议的韩方代表·韩国企划财政部长官朴宰完15日在北京举行的媒体见面会上表示，中韩两国对签订自由贸易协定都非常迫切，今年10月两国将在韩国首尔举行第四次会谈，进一步加快签订速度。

在回答记者关于中韩自由贸易协定(FTA)的问题时，朴宰完表示，从两国的紧密程度和经济的相关性来看，两国FTA的签订是非常迫切的。目前中韩经济走势比较接近，而且两国经济结构相互补充。他表示，希望通过中韩两国FTA的签订，促进东北亚地区的贸易往来。

目前因为钓鱼岛问题，中日关系跌倒了建交40年来的低点。而韩国和日本之间也存在独岛(竹岛)之争。这些领土争论可能不会影响三国之间关于自贸协定的签署，但目前由中韩先行签署看来是更合事宜的。

朴宰完说，中韩FTA的签订分两个阶段，第一阶段涉及民间投资方面，确定两国FTA协商的指引，第二阶段是针对指引进行具体协商。中韩FTA已经进行了三次会议，第四次会谈将于今年10月在韩国首尔举行，为促进两国互利共赢，将进一步加快FTA签订的速度。

第十一次中韩经济部长会议14日在中国北京钓鱼台举行。中国国家发改委主任张平和韩国企划财政部长官朴宰完分别担任首席代表，就两国经济现状和主要政策方向，节能政策和排放权交易制度合作，开展公平交易和竞争政策领域的知识共享合作等进行了集中讨论。

朴宰完介绍，14日进行的第十一次中韩经济部长会议，涉及到两国产业方面的合作，在IT·环境·节能·温室气体排放等方面，且都进行了非常友好的沟通；在中国地区金融发展·中西部平衡发展·公平交易·反垄断问题等多方面达成共识。

他认为，韩国的经济政策跟中国非常相近，一是由出口转向内需，第二是重视区域合作。从第十一次中韩经济部长会议的议题看，两国会谈的内容从制造业转向服务业，从出口转向内需。他表示相信，通过两国政府的合作，两国之间企业的合作将进一步扩大。

* 출처: 中国新闻网. http://news.ifeng.com/world/detail_2012_09/15/17643457_0.shtml

5-2 生词与解释

1) 中韩将加快签订自由贸易协定

zhōng hán jiāng jiākuài qiāndìng zìyóu màoyì xiédìng

중국·한국은 자유무역협정을 장차 신속히 체결할 것이다.

将(jiāng) : 부 장차. 곧. 막. 3-2.

加快签订自由贸易协定 : 자유무역협정을 빠르게〔신속히〕 체결하다.

加快(jiākuài) : 부 빠르게. 2-7.

签订(qiāndìng) : 체결하다. 3-16.
自由贸易协定(zìyóu màoyì xiédìng) : 자유무역협정(Free Trade Agreement).
自由贸易(zìyóu màoyì) : 명 자유무역.
协定(xiédìng) : 1.명 협정.
2.동 (공동 준수 조약을) 협정하다.

2) 出席第十一次中韩经济部长会议的韩方代表·韩国企划财政部长官朴宰完15日在北京举行的媒体见面会上表示，中韩两国对签订自由贸易协定都非常迫切，今年10月两国将在韩国首尔举行第四次会谈，进一步加快签订速度。

제11차 중국·한국 경제장관 회의에 참석한 한국측 대표이고 한국 기획재정부 장관인 박재완은 15일 베이징에서 거행된 기자간담회에서, 중국·한국 양국은 자유무역협정의 체결에 대해 모두 매우 절박하고, 금년 10월 양국은 장차 한국 서울에서 제4차 회담을 거행하며, 체결의 속도를 더욱 빠르게 할 것이라고 표명했다.

※ 시제 표현: 본문의 表示에 대한 시제는 이미 과거를 나타냄으로 과거형으로 번역함. 1-2.

a) 出席第十一次中韩经济部长会议的韩方代表·韩国企划财政部长官朴宰完15日在北京举行的媒体见面会上表示，
chūxí dì shí yī cì zhōng hán jīngjì bùzhǎng huìyì de hánfāng dàibiǎo · hánguó qǐhuàcáizhèngbù zhǎngguān piáo zǎiwán shí wǔ rì zài běijīng jǔxíng de méitǐ jiànmiànhuì shang biǎoshì
제11차 중국·한국 경제장관 회의에 참석한 한국측 대표이고 한국 기획재정부 장관인 박재완은 15일 베이징에서 거행된 기자간담회에서 …라고 표명하다

出席第十一次中韩经济部长会议的… : 제11차 중국·한국 경제장관 회의에 참석한 ….
出席(chūxí) : 동 회의에 참가하다〔참석하다·출석하다〕.
经济(jīngjì) : 경제. 1-2.
部长(bùzhǎng) : 1.명 (중앙 정부의) 장관.
2.명 기업이나 단체 내 각 부서의 책임자. 부장.
会议(huìyì) : 명 회의.
韩方(hánfāng) : 명 한국측.
代表(dàibiǎo) : 1.명 대표. 대표자.
2.동 대표하다. 대신하다. 대리하다. 표시하다. 나타내다.
企划财政部(qǐhuàcáizhèngbù) : 기획재정부.
企划(qǐhuà) : 동 기획하다. 일을 꾸미다.
财政(cáizhèng) : 재정. 2-14.
部(bù) : 1.명 부. 〔기관 명칭 또는 기관·기업에서 업무에 따라 나눈 단위〕
2.명 부분. 부위.

3.명 부문. 분류. 구분.
4.양 부. 편. 〔서적이나 영화 편수 등을 세는 단위〕

长官(zhǎngguān) : 1.명 (중앙 정부의) 장관.
2.명 상관. 상사. 상부. 지휘관.
3.명 관리에 대한 존칭.

朴宰完(piáo zǎiwán) : 박재완〔사람 이름〕.

在北京举行的… : 베이징에서 거행된 ….

举行(jǔxíng) : 거행하다. 3-2.

媒体见面会(méitǐ jiànmiànhuì) : 기자간담회. 대중 매체 간담회. 대중 매체 회합.

媒体(méitǐ) : 명 대중 매체. 매스 미디어(mass media).

见面会(jiànmiànhuì) : 회합.

见面(jiànmiàn) : 동 만나다. 대면하다. 면회하다.

表示(biǎoshì) : 표명하다. 1-10.

b) 中韩两国对签订自由贸易协定都非常迫切,
zhōng hán liǎng guó duì qiāndìng zìyóu màoyì xiédìng dōu fēicháng pòqiè
중국·한국 양국은 자유무역협정의 체결에 대해 모두 매우 절박하다

对签订自由贸易协定 : 자유무역협정을 체결하는 것에 대해
→ 자유무역협정의 체결에 대해.

非常(fēicháng) : 1.부 대단히. 매우. 심히. 아주.
2.형 예사롭지 않은. 특별한. 특수한. 비상한. 비정상적인.
3.명 변고. 돌발적인 재난

迫切(pòqiè) : 형 절박하다. 절실하다. 다급하다. 간절히 …하고 싶어하다.

c) 今年10月两国将在韩国首尔举行第四次会谈,
jīnnián shí yuè liǎng guó jiāng zài hánguó shǒuěr jǔxíng dì sì cì huìtán
금년 10월 양국은 장차 한국 서울에서 제4차 회담을 거행하고

※ 부사 将은, 正 文장의 동사 举行과 다음 문장의 동사 加快에도 연결됨으로, 다음 문장의 동사에서 그 의미를 표현함.

首尔(shǒuěr) : 서울.

会谈(huìtán) : 1.명 회담.
2.동 회담하다.

d) 进一步加快签订速度。
jìnyíbù jiākuài qiāndìng sùdù
체결의 속도를 더욱 빠르게 할 것이다

进一步(jìnyíbù) : 더욱. 1-12.

速度(sùdù) : 명 속도.

3) 在回答记者关于中韩自由贸易协定(FTA)的问题时，朴宰完表示，从两国的紧密程度和经济的相关性来看，两国FTA的签订是非常迫切的。

기자의 중국·한국 자유무역협정에 관한 질문을 대답할 때, 박재완은, 양국의 밀접한 정도와 경제의 상관성에서 보면, 양국 FTA의 체결은 매우 절박한 것이라고 표명했다.

a) 在回答记者关于中韩自由贸易协定(FTA)的问题时，
zài huídá jìzhě guānyú zhōng hán zìyóu màoyì xiédìng de wèntí shí
기자의 중국·한국 자유무역협정에 관한 질문을 대답할 때

在(zài)…时(shí)：…(하는) 때에.
时(shí)：1.명 때. 시대. 시기.
2.명 시. 〔현재의 시각 단위〕
3.명 (정해진) 시간.
4.명 시기. 기회. 알맞은 때.
5.형 일시의. 시기. 적절한.
6.부 늘. 항상. 종종. 자주.
7.부 이따금. 때로.
8.명 계절. 철. 때.
回答(huídá)：1.동 대답하다. 회답하다. 응답하다.
2.명 회답. 대답. 응답.
记者(jìzhě)：명 기자.
问题(wèntí)：문제. 2-10.

b) 朴宰完表示，
piáo zǎiwán biǎoshì
박재완은 …라고 표명하다 → 박재완의 의견에 의하면

c) 从两国的紧密程度和经济的相关性来看，
cóng liǎng guó de jǐnmì chéngdù hé jīngjì de xiāngguānxìng lái kàn
양국의 밀접한 정도와 경제의 상관성에서 보면

从(cóng)…来看(lái kàn)：…에서 보면. 1-9.
紧密(jǐnmì)：1.형 밀접하다. 긴밀하다. 굳다.
2.형 끊임없다. 잦다.
程度(chéngdù)：1.명 정도.
2.명 (지식·문화·교육·능력 등의) 수준.
相关性(xiāngguānxìng)：상관성. 1-16.

d) 两国FTA的签订是非常迫切的。
liǎng guó FTA de qiāndìng shì fēicháng pòqiè de
양국 FTA의 체결은 매우 절박한 것이다

是(shì)…的(de) : …인 것이다. 〔긍정 판단이나 어기를 강조함〕

4) 目前中韩经济走势比较接近，而且两国经济结构相互补充。

현재 중국 · 한국 경제의 발전적 추세는 비교적 비슷하고, 또한 양국 경제 구조는 상호 보충적이다.

a) 目前中韩经济走势比较接近，
mùqián zhōng hán jīngjì zǒushì bǐjiào jiējìn
현재 중국 · 한국 경제의 발전적 추세는 비교적 비슷하다

走势(zǒushì) : 1.명 발전적 추세. 동향. 경향.
2.명 나아가는 방향.
比较(bǐjiào) : 비교적. 4-11.
接近(jiējìn) : 형 비슷하다. 접근해 있다. 3-7.

b) 而且两国经济结构相互补充。
érqiě liǎng guó jīngjì jiégòu xiānghù bǔchōng
또한 양국 경제 구조는 상호 보충적이다

而且(érqiě) : 접 게다가. 뿐만 아니라. 또한.
〔앞에 '不但'이나 '不仅' 등과 호응하여 쓰임〕
结构(jiégòu) : 구조. 1-10.
相互(xiānghù) : 부 상호(간에). 서로(간에). 피차(간에).
补充(bǔchōng) : 보충적이다. 3-16.

5) 他表示，希望通过中韩两国FTA的签订，促进东北亚地区的贸易往来。

그는, 중국 · 한국 양국 FTA의 체결을 통해, 동북아지역 무역거래의 촉진을 희망한다고 표명했다.

a) 他表示，
tā biǎoshì
그의 의견에 의하면

b) 希望通过中韩两国FTA的签订,
xīwàng tōngguò zhōng hán liǎng guó FTA de qiāndìng
중국 · 한국 양국 FTA의 체결을 통해 …을 희망하다

希望(xīwàng) : 1.동 희망하다. 바라다.
2.명 희망. 소망. 원망. 바람. 소원.
通过(tōngguò) : 통하다. 1-6.

c) 促进东北亚地区的贸易往来。
cùjìn dōngběiyà dìqū de màoyì wǎnglái
동북아지역의 무역거래를 촉진시키다 → 동북아지역 무역거래의 촉진.

促进(cùjìn) : 촉진시키다. 1-15.
东北亚(dōngběiyà) : 명 동북아시아.
地区(dìqū) : 지역. 1-13.
贸易往来(màoyì wǎnglái) : 무역거래.
往来(wǎnglái) : 1.동 거래하다. 방문하다. 교제하다. 교환하다. → 거래.
2.동 왕래하다. 오가다. 왔다 갔다 하다.

6) 目前因为钓鱼岛问题，中日关系跌倒了建交40年来的低点。
현재 땨오위따오 문제로 인해, 중국 · 일본 관계가 수교 40년 이래로 나쁜 상태에 떨어졌다.

a) 目前因为钓鱼岛问题,
mùqián yīnwèi diàoyúdǎo wèntí
현재 땨오위따오 문제로 인해

因为(yīnwèi) : 1.개 …때문에. …로 인하여.
2.접 왜냐하면. 〔늘 '所以'와 호응하여 쓰임〕
钓鱼岛(diàoyúdǎo) : Diaoyu Dao, 땨오위따오〔섬 이름〕.

b) 中日关系跌倒了建交40年来的低点。
zhōng rì guānxi diēdǎo le jiànjiāo sì shí nián lái de dīdiǎn
중국 · 일본 관계가 수교 40년 이래로 나쁜 상태에 떨어지다

关系(guānxi) : 관계. 1-10.
跌倒(diēdǎo) : 1.동 넘어지다. 쓰러지다. 자빠지다. 엎어지다. → 떨어지다.
2.동 좌절하다. 실패하다.
建交40年来的低点 : 수교 40년 이래의 낮은 지점
→ 수교(한 지) 40년 이래로 (상호관계가) 나쁜 상태.
建交(jiànjiāo) : 동 국교〔정식 외교 관계〕를 수립하다. 수교하다. → 수교.
来(lái) : 명 …동안. …이래. 1-6.

低点(dīdiǎn) : 낮은 지점。
低(dī) : 1.형 낮다.
2.형 뒤떨어지다.
3.동 (머리를) 숙이다.

7) 而韩国和日本之间也存在独岛(竹岛)之争。
ér hánguó hé rìběn zhī jiān yě cúnzài dúdǎo(zhúdǎo) zhī zhēng
그리고 한국과 일본 사이에도 독도(죽도)의 논쟁이 존재한다.

而(ér) : 그리고. 1-8.
之间(zhī jiān) : 1.명 (…의) 사이. 지간.
〔두 개의 시간이나 지점 · 수량이 정한 범위 이내를 가리킴〕
2.명 〔이음절 동사나 부사 뒤에 쓰여, 짧은 시간을 나타냄〕
存在(cúnzài) : 존재하다. 1-11.
独岛(dúdǎo) : 독도.
竹岛(zhúdǎo) : 죽도.
争(zhēng) : 1.동 논쟁하다. 말다툼하다. → 논쟁.
2.동 쟁탈하다. 다투다.
3.동 겨루다. 싸우다. 전쟁하다.

8) 这些领土争论可能不会影响三国之间关于自贸协定的签署, 但目前由中韩先行签署看来是更合事宜的。
이들 영토 논쟁이 아마도 3국 간의 자유무역협정에 관한 정식 서명에 영향을 주지는 않을 것이나, 그러나 현재 중국 · 한국이 먼저 정식 서명하는 것은 보아하니 일의 추진에 더욱 적합하다.

a) 这些领土争论可能不会影响三国之间关于自贸协定的签署,
zhèxiē lǐngtǔ zhēnglùn kěnéng búhuì yǐngxiǎng sān guó zhī jiān guānyú zìmào xiédìng de qiānshǔ
이들 영토 논쟁이 아마도 3국 간의 자유무역협정에 관한 정식 서명에 영향을 주지는 않을 것이다

领土(lǐngtǔ) : 명 영토. 국토. 영지.
争论(zhēnglùn) : 동 변론하다. 쟁론하다. 쟁의하다. 논쟁하다. → 논쟁.
可能(kěnéng) : 부 아마도. 아마 (…일지도 모른다). 어쩌면. 1-11.
不会(búhuì) : …일 리 없다. …하지 않을 것이다. 1-9.
影响(yǐngxiǎng) : 1.명 영향.
2.동 영향을 주다〔끼치다〕.
关于(guānyú) : …에 관한. 1-3.

自贸协定(zìmào xiédìng) : 자유무역협정(Free Trade Agreement).
签署(qiānshǔ) : (정식) 서명. 3-16.

b) 但目前由中韩先行签署看来是更合事宜的。
dàn mùqián yóu zhōng hán xiānxíng qiānshǔ kànlái shì gèng hé shìyí de
그러나 현재 중국 · 한국이 먼저 정식 서명하는 것은 보아하니 일의 추진에 더욱 적합하다

由中韩先行签署 : 중국 · 한국이 먼저 정식 서명하다
→ 중국 · 한국이 먼저 정식 서명하는 것.
由(yóu) : …이[가]. 3-6.
先行(xiānxíng) : 1.부 먼저. 우선. 미리.
2.동 먼저 가다. 선행하다.
3.명 선행자. 선행관.
看来(kànlái) : 동 보아하니 …하다. 보기에 …하다. 보니 …하다.
是更合事宜的 : 일에 더욱 적합하다 → 일의 추진에 더욱 적합하다.
更(gèng) : 더욱. 더. 4-17.
合事宜 : 일에 어울리다. 일에 적절하다. 일에 적합하다.
合(hé) : 1.동 맞다. 어울리다. 부합하다[부합되다].
2.동 닫다. 다물다. 덮다. 감다. 붙이다.
3.동 합치다. 모으다.
4.동 상당하다. 해당하다. 맞먹다.
5.부 응당 …해야 한다. 마땅히 …해야 한다.
6.부 함께. 공동으로.
7.형 전부의. 모든. 온.
事宜(shìyí) : 명 (관련된) 일. 사항. 사무.

9) 朴宰完说，中韩FTA的签订分两个阶段，第一阶段涉及民间投资方面，确定两国FTA协商的指引，第二阶段是针对指引进行具体协商。

박재완에 의하면, 중국 · 한국 FTA의 체결은 두 단계로 나뉘어, 제1단계는 민간투자 부분과 연관되고, 양국 FTA 협상의 지침을 확정하며, 제2단계는 지침에 맞추어 구체적인 협상을 진행하는 것이다.

a) 朴宰完说，
piáo zǎiwán shuō
박재완에 의하면,

朴宰完说 : 박재완은 …라고 말하다 → 박재완(의 의견)에 의하면.

b) 中韩FTA的签订分两个阶段，
zhōng hán FTA de qiāndìng fēn liǎnggè jiēduàn
중국 · 한국 FTA의 체결은 두 단계로 나뉜다

分(fēn) : 1.통 나누다. 가르다. 분류하다. 분리하다. 구분하다. → 나뉘다.
2.통 분배하다. 할당하다. 배당하다.
3.통 변별하다. 식별하다. 구분하다. 분간하다. 가리다. 분별하다.
阶段(jiēduàn) : 명 단계. 계단. 국면(局面).

c) 第一阶段涉及民间投资方面，
dì yī jiēduàn shèjí mínjiān tóuzī fāngmiàn
제1단계는 민간투자 부분과 연관되다

涉及(shèjí) : 연관되다. 3-16.
民间(mínjiān) : 민간. 1-12.
投资(tóuzī) : 투자. 1-1.
方面(fāngmiàn) : 부분. 방면. 1-13.

d) 确定两国FTA协商的指引，
quèdìng liǎng guó FTA xiéshāng de zhǐyǐn
양국 FTA 협상의 지침을 확정하다

确定(quèdìng) : 확정하다. 2-14.
协商(xiéshāng) : 통 협상하다. 협의하다. → 협상. 협의.
指引(zhǐyǐn) : 통 지도하다. 인도하다. 안내하다. 이끌다. → 지침.

e) 第二阶段是针对指引进行具体协商。
dì èr jiēduàn shì zhēnduì zhǐyǐn jìnxíng jùtǐ xiéshāng
제2단계는 지침에 맞추어 구체적인 협상을 진행하는 것이다

针对(zhēnduì) : 통 (초점을) 맞추다. 겨누다. 대하다. 견주다. 조준하다.
进行具体协商 : 구체적인 협상을 진행하다. 구체적으로 협상하다.
进行(jìnxíng) : 진행하다. 4-16.
具体(jùtǐ) : 구체적인. 2-11.

10) 中韩FTA已经进行了三次会议，第四次会谈将于今年10月在韩国首尔举行，为促进两国互利共赢，将进一步加快FTA签订的速度。

중국 · 한국의 FTA는 이미 3차 회의를 진행했고, 제4차 회담은 장차 금년 10월에 한국 서울에서 거행할 것이며, 양국의 상호 이익을 촉진시키기 위해, FTA 체결의 속도를 장차 더욱 신속히 할 것이다.

a) 中韩FTA已经进行了三次会议,
zhōng hán FTA yǐjing jìnxíng le sān cì huìyì
중국・한국의 FTA는 이미 3차 회의를 진행했다

b) 第四次会谈将于今年10月在韩国首尔举行,
dì sì cì huìtán jiāng yú jīnnián shí yuè zài hánguó shǒuěr jǔxíng
제4차 회담은 장차 금년 10월에 한국 서울에서 거행할 것이다

于(yú) : …에. 1-6.

c) 为促进两国互利共赢,
wèi cùjìn liǎng guó hùlì gòngyíng
양국의 상호 이익을 촉진시키기 위해

为(wèi) : …을 위해서. 3-4.
互利共赢 : 상호 이익.
互利(hùlì) : 동 서로 이익을 주다.
共赢(gòngyíng) : 동 다같이 이익을 얻다.

d) 将进一步加快FTA签订的速度。
jiāng jìnyíbù jiākuài FTA qiāndìng de sùdù
FTA 체결의 속도를 장차 더욱 신속히 할 것이다

进一步(jìnyíbù) : 더욱. 1-12.

11) 第十一次中韩经济部长会议14日在中国北京钓鱼台举行。
dì shí yī cì zhōng hán jīngjì bùzhǎng huìyì shí sì rì zài zhōngguó běijīng diàoyútái jǔxíng
제11차 중한 경제장관 회의가 14일 중국 베이징 조어대에서 거행되었다.

钓鱼台(diàoyútái) : Diaoyutai, 땨오위타이, 조어대〔베이징 소재의 국빈관 이름〕.

12) 中国国家发改委主任张平和韩国企划财政部长官朴宰完分别担任首席代表，就两国经济现状和主要政策方向，节能政策和排放权交易制度合作，开展公平交易和竞争政策领域的知识共享合作等进行了集中讨论。
중국 국가발개위 주임 장핑과 한국 기획재정부 장관 박재완은 각각 수석 대표를 맡고, 양국 경제 현황과 주요 정책 방향, 에너지 절약 정책과 배출권 거래 제도 협력, 공정거래와 경쟁 정책 영역의 지식 공유 협력에 관한 전개 등에 대해 집중적인 토론을 진행했다.

a) 中国国家发改委主任张平和韩国企划财政部长官朴宰完分别担任首席代表,
zhōngguó guójiā fāgǎiwěi zhǔrèn zhāng píng hé hánguó qǐhuácáizhèngbù zhǎngguān piáo zǎiwán fēnbié dānrèn shǒuxí dàibiǎo
중국 국가발개위 주임 장핑과 한국 기획재정부 장관 박재완이 각각 수석 대표를 맡다

国家发改委(guójiā fāgǎiwěi) : 中华人民共和国国家发展和改革委员会(중화인민공화국 국가발전 · 개혁위원회)의 약칭. 국가발개위.
主任(zhǔrèn) : 명 (단체 · 기구 · 조직의) 장(长). 주임.
张平(zhāng píng) : Zhang Ping, 장핑〔사람 이름〕.
分别(fēnbié) : 1.부 각각. 따로따로.
2.동 헤어지다. 이별하다.
3.동 구별하다. 분별하다. 식별하다.
4.부 다른 방식으로. 다르게. 별도로.
5.명 차이. 다름. 차별
担任(dānrèn) : 동 맡다. 담임하다. 담당하다.
首席代表(shǒuxí dàibiǎo) : 명 수석 대표.

b) 就两国经济现状和主要政策方向,
jiù liǎng guó jīngjì xiànzhuàng hé zhǔyào zhèngcè fāngxiàng
양국 경제 현황과 주요 정책 방향 …에 대해

就(jiù) : 개 …에 대하여. …에 관하여. 1-11.
现状(xiànzhuàng) : 명 현상. 현황. 현 상태. 현재 상황.

c) 节能政策和排放权交易制度合作,
jiénéng zhèngcè hé páifàngquán jiāoyì zhìdù hézuò
에너지 절약 정책과 배출권 거래 제도 협력

节能(jiénéng) : 에너지 절약. 1-16.
排放权 : 배출권. 배출할 수 있는 권리.
排放(páifàng) : 1.동 (폐기 · 폐수 · 고형 폐기물 등을) 배출하다. 방류하다.
2.동 (동물이) 정자 〔난자〕 를 배출하다.
3.동 차례대로 놓다.
权(quán) : 1.명 권리.
2.명 권력.
交易(jiāoyì) : 거래. 3-15.
制度(zhìdù) : 제도. 4-14.
合作(hézuò) : 협력. 3-16.

d) 开展公平交易和竞争政策领域的知识共享合作等
kāizhǎn gōngpíng jiāoyì hé jìngzhēng zhèngcè lǐngyù de zhīshí gòngxiǎng hézuò děng
공정거래와 경쟁정책 영역의 지식 공유 협력에 관한 전개 등

开展公平交易和竞争政策领域的知识共享合作 : 공정거래와 경쟁정책 영역의 지식 공유 협력을 전개하다
→ 공정거래와 경쟁정책 영역의 지식 공유 협력에 관한 전개.
开展(kāizhǎn) : 전개하다. 2-7.
公平交易(gōngpíng jiāoyì) : 명 공정거래. 2-15. 3-15.
竞争政策(jìngzhēng zhèngcè) : 경쟁정책
知识(zhīshí) : 1.명 지식.
2.형 지식의. 지적인.
共享(gòngxiǎng) : 동 함께 누리다. → 공유.

e) 进行了集中讨论。
jìnxíng le jízhōng tǎolùn
집중적인 토론을 진행했다

集中(jízhōng) : 1.형 집중된. 전심전력의. 집결된.
2.동 집중하다. 모으다. 집중시키다. 집중되다.

13) 朴宰完介绍，14日进行的第十一次中韩经济部长会议，涉及到两国产业方面的合作，在IT・环境・节能・温室气体排放等方面，且都进行了非常友好的沟通；在中国地区金融发展・中西部平衡发展・公平交易・反垅断问题等多方面达成共识。

박재완의 설명에 의하면, 14일 진행한 제11차 중한 경제장관 회의는, 양국 산업 방면의 협력과 관련 있고, IT・환경・에너지 절약・이산화탄소 배출 등 방면에서, 또한 모두 매우 우호적인 의사소통을 진행했으며, 중국 지역 금융 발전・중서부 균형 발전・공정거래・반독점 문제 등 여러 방면에서 공동 인식에 도달했다.

a) 朴宰完介绍，
piáo zǎiwán jièshào
박재완은 …을 설명하다 → 박재완의 설명에 의하면

介绍(jièshào) : 1.동 설명하다. 안내하다.
2.동 소개하다.
3.동 추천하다. 소개하다. 끌어들이다.

b) 14日进行的第十一次中韩经济部长会议,
shí sì rì jìnxíng de dì shí yī cì zhōng hán jīngjì bùzhǎng huìyì
14일 진행한 제11차 중한 경제장관 회의

c) 涉及到两国产业方面的合作,
shèjí dào liǎng guó chǎnyè fāngmiàn de hézuò
양국 산업 방면의 협력과 관련 있다

涉及到 : …에 관련되다 → …와 관련 있다.
涉及(shèjí) : 연관되다. 3-16.
到(dào) : …에. …로. 2-11.
产业(chǎnyè) : 1.명 산업.
2.명 공업.
3.명 (건물 · 토지 · 공장 · 광산 등 주로 개인 소유의) 부동산.

d) 在IT · 环境 · 节能 · 温室气体排放等方面,
zài IT · huánjìng · jiénéng · wēnshì qìtǐ páifàng děng fāngmiàn
IT · 환경 · 에너지 절약 · 이산화탄소 배출 등 방면에서

温室气体(wēnshì qìtǐ) : 이산화탄소.
温室(wēnshì) : 1.명 온실.
2.명 편안하고 안락한 생활 환경.
气体(qìtǐ) : 명 기체. 가스.

e) 且都进行了非常友好的沟通;
qiě dōu jìnxíng le fēicháng yǒuhǎo de gōutōng
또한 모두 매우 우호적인 의사소통을 진행했다

且(qiě) : 1.접 또한. 다시금. 그 위에. 더욱이. 게다가.
2.부 잠시. 잠깐. 당분간. 일단.
3.접 …하면서 …하다.
4.접 …조차도. …마저도.
5.부 한참 동안. 오랫동안.
沟通(gōutōng) : 동 교류하다. 소통하다. → 교류. 의사소통.

f) 在中国地区金融发展 · 中西部平衡发展 · 公平交易 · 反垅断问题等多方面达成共识。
zài zhōngguó dìqū jīnróng fāzhǎn · zhōngxībù pínghéng fāzhǎn · gōngpíng jiāoyì · fǎn lǒngduàn wèntí děng duō fāngmiàn dáchéng gòngshí
중국 지역 금융 발전 · 중서부 균형 발전 · 공정거래 · 반독점 문제 등 여러 방면에서 공동 인식에 도달하다

地区(dìqū)：지역. 1-13.
金融(jīnróng)：금융. 1-12.
发展(fāzhǎn)：발전. 1-7.
平衡(pínghéng)：균형. 2-10.
反垅断(fǎn lǒngduàn)：반독점. 4-1.
多方面(duō fāngmiàn)：많은 방면. → 여러 방면.
达成(dáchéng)：동 도달하다. 달성하다. 얻다.
共识(gòngshí)：명 공통된 인식. 인식의 일치. → 공통 인식.

14) 他认为，韩国的经济政策跟中国非常相近，一是由出口转向内需，第二是重视区域合作。

그의 생각에 의하면, 한국의 경제정책은 중국과 매우 비슷하여, 하나는 수출에서 내수로 전향하고, 두 번째는 지역 협력을 중시한다.

a) 他认为，
tā rènwéi
그는 …라고 생각하다 → 그의 생각에 의하면

认为(rènwéi)：동 생각하다. 여기다. 보다. 인정하다.

b) 韩国的经济政策跟中国非常相近，
hánguó de jīngjì zhèngcè gēn zhōngguó fēicháng xiāngjìn
한국의 경제정책은 중국과 매우 비슷하다

相近(xiāngjìn)：형 비슷하다. 접근하다. 근사하다. 가깝다. 멀지 않다.

c) 一是由出口转向内需，
yī shì yóu chūkǒu zhuǎnxiàng nèixū
하나는 수출에서 내수로 전향하다

由(yóu)：…에서(부터). 3-6.
出口(chūkǒu)：수출. 1-15.
转向(zhuǎnxiàng)：1.동 전향(转向)하다. 방향을 바꾸다.
2.동 입장을 바꾸다.
3.동 …(으)로 향하다.
内需(nèixū)：명 내수.

d) 第二是重视区域合作。
dì èr shì zhòngshì qūyù hézuò
두 번째는 지역 협력을 중시하다

重视(zhòngshì) : 중시하다. 2-7.
区域合作(qūyù hézuò) : 지역 협력.
区域(qūyù) : 명 지역. 구역.

15) 从第十一次中韩经济部长会议的议题看，两国会谈的内容从制造业转向服务业，从出口转向内需。

제1차 중한 경제장관 회의의 의제에서 보면, 양국 회담의 내용은 제조업에서 서비스업으로 전향하고, 수출에서 내수로 전향했다.

a) 从第十一次中韩经济部长会议的议题看，
cóng dì shí yī cì zhōng hán jīngjì bùzhǎng huìyì de yìtí kàn
제1차 중한 경제장관 회의의 의제에서 보면

从(cóng)…看(lái kàn) : …에서 보면. 1-9.
议题(yìtí) : 명 의제.

b) 两国会谈的内容从制造业转向服务业，
liǎng guó huìtán de nèiróng cóng zhìzàoyè zhuǎnxiàng fúwùyè
양국 회담의 내용은 제조업에서 서비스업으로 전향하다

从(cóng) : …에서. 1-9.
制造业(zhìzàoyè) : 명 제조업.
服务业(fúwùyè) : 명 서비스업.

c) 从出口转向内需。
cóng chūkǒu zhuǎnxiàng nèixū
수출에서 내수로 전향하다

16) 他表示相信，通过两国政府的合作，两国之间企业的合作将进一步扩大。

그는 양국 정부의 협력을 통해, 양국 간 기업의 협력이 장차 더욱 확대될 것이라는 믿음을 표명했다.

a) 他表示相信，
tā biǎoshì xiāngxìn
그는 …라는 믿음을 표명하다

表示相信 : …라는 믿음을 표(명)하다. …을 믿는다고 표명하다.
表示(biǎoshì) : (의견을) 표명하다. 표시하다. 1-10.
相信(xiāngxìn) : 동 믿다. 신임하다. 신뢰하다.

b) 通过两国政府的合作,
tōngguò liǎng guó zhèngfǔ de hézuò
양국 정부의 협력을 통해

通过(tōngguò) : …을 통해. 1-6.

c) 两国之间企业的合作将进一步扩大。
liǎng guó zhī jiān qǐyè de hézuò jiāng jìnyíbù kuòdà
양국 간 기업의 협력이 장차 더욱 확대될 것이다

扩大(kuòdà) : 확대되다. 확대하다. 1-3. *

Memo

5-3 번 역 중국 · 한국은 자유무역협정을 장차 신속히 체결할 것이다

제11차 중한 경제장관 회의에 참석한 한국측 대표이고 한국 기획재정부 장관인 박재완은 15일 베이징에서 거행된 기자간담회에서, 중국 · 한국 양국은 자유무역협정의 체결에 대해 모두 매우 절박하고, 금년 10월 양국은 장차 한국 서울에서 제4차 회담을 거행하며, 체결의 속도를 더욱 빠르게 할 것이라고 표명했다.

기자의 중국 · 한국 자유무역협정에 관한 질문을 대답할 때, 박재완은, 양국의 밀접한 정도와 경제의 상관성에서 보면, 양국 FTA의 체결은 매우 절박한 것이라고 표명했다. 현재 중국 · 한국 경제의 발전적 추세는 비교적 비슷하고, 또한 양국 경제 구조는 상호 보충적이다. 그는, 중국 · 한국 양국 FTA의 체결을 통해, 동북아지역 무역거래의 촉진을 희망한다고 표명했다.

현재 땨오위따오 문제로 인해, 중국 · 일본 관계가 수교 40년 이래로 나쁜 상태에 떨어졌나. 그리고 한국과 일본 사이에도 독도(죽도)의 논쟁이 존재한다. 이들 영토 논쟁이 아마도 3국 간의 자유무역협정에 관한 정식 서명에 영향을 주지는 않을 것이나, 그러나 현재 중국 · 한국이 먼저 정식 서명하는 것은 보아하니 일의 추진에 더욱 적합하다.

박재완에 의하면, 중국 · 한국 FTA의 체결은 두 단계로 나뉘어, 제1단계는 민간투자 부분과 연관되고, 양국 FTA 협상의 지침을 확정하며, 제2단계는 지침에 맞추어 구체적인 협상을 진행하는 것이다. 중국 · 한국의 FTA는 이미 3차 회의를 진행했고, 제4차 회담은 장차 금년 10월에 한국 서울에서 거행할 것이며, 양국의 상호 이익을 촉진시키기 위해, FTA 체결의 속도를 장차 더욱 신속히 할 것이다.

제11차 중한 경제장관 회의가 14일 중국 베이징 조어대에서 거행되었다. 중국 국가 발개위 주임 장핑과 한국 기획재정부 장관 박재완은 각각 수석 대표를 맡고, 양국 경제 현황과 주요 정책 방향, 에너지 절약 정책과 배출권 거래 제도 협력, 공정거래와 경쟁 정책 영역의 지식 공유 협력에 관한 전개 등에 대해 집중적인 토론을 진행했다.

박재완의 설명에 의하면, 14일 진행한 제11차 중한 경제장관 회의는, 양국 산업 방면의 협력과 관련 있고, IT・환경・에너지 절약・이산화탄소 배출 등 방면에서, 또한 모두 매우 우호적인 의사소통을 진행했으며, 중국 지역 금융 발전・중서부 균형 발전・공정거래・반독점 문제 등 여러 방면에서 공동 인식에 도달했다.

그의 생각에 의하면, 한국의 경제정책은 중국과 매우 비슷하여, 하나는 수출에서 내수로 전향하고, 두 번째는 지역 협력을 중시한다. 제1차 중한 경제장관 회의의 의제에서 보면, 양국 회담의 내용은 제조업에서 서비스업으로 전향하고, 수출에서 내수로 전향했다. 그는 양국 정부의 협력을 통해, 양국 간 기업의 협력이 장차 더욱 확대될 것이라는 믿음을 표명했다.

Memo

5-4 练习

中日韩自贸区是东亚经济一体化的关键

东亚经济一体化面临着多种路径选择，中韩，中日韩，东盟10国与中国·韩国·日本·印度·澳大利亚和新西兰之间的10+1自贸协定，东盟与其自贸伙伴之间的“区域全面经济合作伙伴框架协定”(RCEP)，都以各自的方式推动着东亚经济一体化的进程。过去的20年，东亚国家一共签署了63个自贸协定，占全球的30%。其中31个是东亚国家之间签署的，32个是与东亚之外的国家签署的。

但是，与欧美和北美自由贸易区有所不同，东亚地区因历史问题和领土主权争议，一直缺乏地区认同感，导致国家间经济发展战略互信度较低，这是东亚区域合作的最大障碍。中日韩作为本地区三个大国，GDP总量已达到15万亿美元，占全球GDP的20%，占东亚GDP的90%，已经超过欧盟，成为世界上最活跃的地区之一。

但是三国之间的贸易量只占三国对外贸易总量的不足20%，而三国之间的投资额仅占三国对外投资总量的1.3%，内部贸易依存度只有25%，远低于欧盟的63%和北美的40%。由于中日韩三国地缘相近，且经济总量十分巨大，如果在未来能够形成真正意义上的自由贸易区，逐步现实货物·人员·资本的自由来往，将全面促进各国的产业调整和经济发展，大幅提升消费者福利，并对东亚地区的一体化进程产生引领作用，对亚洲乃至对世界的影响巨大。

용 어

1) 区域全面经济合作伙伴框架协定(qūyù quánmiàn jīngjì hézuò huǒbàn kuàngjià xiédìng) : RCEP, 역내 포괄적 경제 동반자(Regional Comprehensive Economic Partnership) 협정(Agreement). 동남아시아국가연합(아세안) 10개 국가와 한국, 중국, 일본, 인도, 호주, 뉴질랜드 등 16개 국가의 역내 무역자유화를 위한 협정이다.

2) GDP(Gross Domestic Product, 국내 총생산): 일정 기간 동안 한 국가에서 생산한 재화와 서비스의 총합.
GNP(Gross National Product, 국민 총생산): 일정 기간 동안 한 국가의 국민이 국내외에서 생산한 재화와 서비스의 총합.

번 역

중국・일본・한국 자유무역지역은 동아시아 경제 일체화의 관건이다

동아시아 경제 일체화는 여러 방법의 선택에 직면하고 있다. 중국・한국, 중국・일본・한국, 동남아국가연합(ASEAN) 10개 국가와 중국・한국・일본・인도・호주・뉴질랜드 간의 10+1 자유무역협정, 동남아국가연합과 그 자유무역 동반자 간의 "역내 포괄적 경제 동반자 협정"(RCEP), 모두가 각자의 방식으로 동아시아 경제 일체화의 진행과정을 추진하고 있다. 과거의 20년 동안, 동아시아 국가는 모두 63개 자유무역 협정을 서명하여, 전 세계의 30%를 점했다. 그 중에서 31개는 동아시아 국가 간에 서명한 것이고, 32개는 동아시아 이외의 국가와 서명한 것이다.

그러나 구미・북미 자유무역지역과는 다소 다른 점이 있다. 동아시아지역은 역사문제와 영토주권 논쟁으로 인해, 줄곧 지역공동체 의식이 결핍되어, 국가 간 경제발전전략의 상호 신뢰도가 비교적 낮게 만들었고, 이것은 동아시아지역 협력의 최대 장애이다. 중국・일본・한국은 이 지역의 3개 대국으로서, GDP(국내 총생산)의 총량은 이미 15조 달러에 달하여, 전 세계 GDP의 20%를 점하고, 동아시아 GDP의 90%를 점하며, 이미 EU(유럽연합)을 초과하여, 세계적으로 가장 활기 찬 지역 중 하나가 되었다.

그러나 3국 간의 무역량은 단지 3국 대외무역 총량의 20%에 미치지 못 하고, 그리

고 3국 간의 투자액은 단지 3국 대외투자 총량의 1.3%를 점할 뿐이며, 내부 무역의존도는 단지 25%이고, EU의 63%와 북미의 40%보다 매우 낮다. 중국·일본·한국 3국은 지연이 가깝고, 또한 경제 총량이 매우 거대하기 때문에, 만약 미래에 진정한 의미의 자유무역지역을 형성하여, 점차 화물·인원·자본의 자유 왕래를 실현할 수 있다면, 장차 각국의 산업 조정과 경제 발전을 전면적으로 촉진시키고, 소비자의 복지를 대폭 향상시키며, 또한 동아시아지역의 일체화 진행과정에 대해 인솔 효과가 나타나고, 아시아 내지 세계에 대한 영향이 거대할 것이다.

Memo

제6과

金融改革试验区

금융개혁 시험지구

6-1 正文 国务院设立温州金融改革试验区

国务院总理温家宝28日主持召开国务院常务会议，决定设立温州市金融综合改革试验区。

会议指出，温州市民营经济发达，民间资金充裕，民间金融活跃。近年来，温州部分中小企业出现资金链断裂和企业主出走现象，对经济和社会稳定造成一定影响。开展金融综合改革，切实解决温州经济发展存在的突出问题，引导民间融资规范发展，提升金融服务实体经济的能力，不仅对温州的健康发展至关重要，而且对全国的金融改革和经济发展具有重要的探索意义。会议批准实施《浙江省温州市金融综合改革试验区总体方案》，要求通过体制机制创新，构建与经济社会发展相匹配的多元化金融体系，使金融服务明显改进，防范和化解金融风险能力明显增强，金融环境明显优化，为全国金融改革提供经验。

会议确定了温州市金融综合改革的十二项主要任务：

1. 民间融资：规范发展民间融资。制定规范民间融资的管理办法，建立民间融资备案管理制度，建立健全民间融资监测体系。
2. 小额贷款：加快发展新型金融组织。鼓励和支持民间资金参与地方金融机构改革，依法发起设立或参股村镇银行·贷款公司·农村资金互助社等新型金融组织。符合条件的小额贷款公司可改制为村镇银行。
3. 资产管理：发展专业资产管理机构。引导民间资金依法设立创业投资企业·股权投资企业及相关投资管理机构。

4. 境外投资：研究开展个人境外直接投资试点，探索建立规范便捷的直接投资渠道。

5. 银行改革：深化地方金融机构改革。鼓励国有银行和股份制银行在符合条件的前提下设立小企业信贷专营机构。支持金融租赁公司等非银行金融机构开展业务。推进农村合作金融机构股份制改造。

6. 金融产品：创新发展面向小微企业和“三农”的金融产品服务，探索建立多层次金融服务体系。鼓励温州辖区内各银行机构加大对小微企业的信贷支持。支持发展面向小微企业和“三农”的融资租赁企业。建立小微企业融资综合服务中心。

7. 资本市场：培育发展地方资本市场。依法合规开展非上市公司股份转让及技术·文化等产权交易。

8. 债券产品：积极发展各类债券产品。推动更多企业尤其是小微企业通过债券市场融资。建立健全小微企业再担保体系。

＊ 출처: 新京报. http://biz.cn.yahoo.com/ypen/20120329/955785.html

6-2 生词与解释

1) 国务院设立温州金融改革试验区

guówùyuàn shèlì wēnzhōu jīnróng gǎigé shìyànqū

국무원은 원저우 금융개혁 시험지구를 설치하다

国务院(guówùyuàn)：중국 국무원. 1-7.

设立(shèlì)：통 (기구·조직 등을) 설치하다. 설립하다. 건립하다.

温州(wēnzhōu)：원저우 시(市). 온주시. 〔중국 저장 성 소재의 도시〕

金融(jīnróng)：금융. 1-12.

改革(gǎigé)：개혁. 1-12.
试验区(shìyànqū)：시험지구. 시범지구.
试验(shìyàn)：시험. 3-11.
区(qū)：1.명 지구. 지역.
2.동 구분하다. 구획하다. 구별하다.
3.명 (행정 구획 단위) 구(区).

2) 国务院总理温家宝28日主持召开国务院常务会议，决定设立温州市金融综合改革试验区。

국무원 총리 원자바오는 28일 국무원 상무회의를 소집하여 주재하고, 원저우 시 금융종합개혁 시험지구의 설치를 결정했다.

※ 시제 표현: 본 기사의 내용은 과거의 활동을 전하므로, 시제는 과거형으로 번역함. 1-2.

a) 国务院总理温家宝28日主持召开国务院常务会议，
guówùyuàn zǒnglǐ wēn jiābǎo èr shí bā rì zhǔchí zhàokāi guówùyuàn chángwù huìyì
국무원 총리 원자바오는 28일 국무원 상무회의를 소집하여 주재하다

总理(zǒnglǐ)：1.명 중국 국무원의 수장. 총리.
2.명 (국가의) 총리.
3.명 일부 기관・기업의 책임자. 사장.
4.명 (정당의) 총재. 대표. 지도자.
5.동 전체를 관리하다. 총관하다.
温家宝(wēn jiābǎo)：Wen Jiabao, 원자바오〔사람 이름〕.
2003-2012 국무원 총리.
主持(zhǔchí)：1.동 주재하다. 주관하다. 사회〔MC〕를 보다.
2.동 주장하다. 지지하다. 옹호하다.
召开(zhàokāi)：동 (회의를) 열다. 소집하다. 개최하다.
常务会议(chángwù huìyì)：상무회의. 2-1. 5-2.

b) 决定设立温州市金融综合改革试验区。
juédìng shèlì wēnzhōu shì jīnróng zōnghé gǎigé shìyànqū
원저우 시 금융종합개혁 시험지구의 설치를 결정하다

决定(juédìng)：결정하다. 3-9.
设立温州市金融综合改革试验区：원저우 시 금융종합개혁 시험지구를 설치하다
→ 원저우 시 금융종합개혁 시험지구의 설치.
综合(zōnghé)：1.동 종합하다. → 종합.
2.동 통괄하다. 총괄하다.

3) 会议指出，温州市民营经济发达，民间资金充裕，民间金融活跃。近年来，温州部分中小企业出现资金链断裂和企业主出走现象，对经济和社会稳定造成一定影响。

원저우 시는 민영경제가 발달하고, 민간자금이 풍부하며, 민간금융이 활발하다고 회의는 밝혔다. 최근 몇 년 동안에, 원저우 시의 일부 중소기업에서는 자금줄이 단절되고 기업주가 도망가는 현상이 나타나서, 경제와 사회의 안정에 대해 일정한 영향을 끼쳤다.

a) 会议指出，温州市民营经济发达，民间资金充裕，民间金融活跃。
huìyì zhǐchū, wēnzhōu shì mínyíng jīngjì fādá, mínjiān zījīn chōngyù, mínjiān jīnróng huóyuè
원저우 시는 민영경제가 발달하고, 민간자금이 풍부하며, 민간금융이 활발하다고 회의는 밝히다

指出(zhǐchū) : 밝히다. 1-7.
民营(mínyíng) : 형 민영의. 민간인이 경영하는.
民间资金(mínjiān zījīn) : 명 민간자금.
充裕(chōngyù) : 형 풍부하다. 풍족하다. 여유롭다. 넉넉하다.
民间金融(mínjiān jīnróng) : 명 민간금융.
活跃(huóyuè) : 1.형 활발하다. 활동적이다. 활기 있다. 활기 차다.
2.동 활기를 띠게 하다. 활발하게 하다. 활성화하다.
3.동 활약하다. 적극적으로 활동하다.

b) 近年来，温州部分中小企业出现资金链断裂和企业主出走现象，
jìnniánlái, wēnzhōu bùfen zhōngxiǎo qǐyè chūxiàn zījīn liàn duànliè hé qǐyèzhǔ chūzǒu xiànxiàng
최근 몇 년 동안에, 원저우 시의 일부 중소기업에서는 자금줄이 단절되고 기업주가 도망가는 현상이 나타나다

近年来(jìnniánlái) : 최근 몇 해〔년〕 동안〔이래〕(에). 요 몇 년 사이(에). 최근(에).
近年(jìnnián) : 명 근년. 요 몇 해 사이. 최근 몇 년.
部分(bùfen) : 일부(분). 1-6.
出现(chūxiàn) : 나타나다. 출현하다. 1-3.
资金链断裂和企业主出走现象 : 자금줄이 단절되고 기업주가 도망가는 현상.
资金链(zījīn liàn) : 자금줄.
链(liàn) : 1.명 쇠사슬.
2.양 연. 〔해상 거리를 나타내는 단위〕
断裂(duànliè) : 동 단절되다. 끊어지다. 끊기다. 끊어져 갈라지다. → 단절.
企业主(qǐyèzhǔ) : 명 기업주. 기업오너.
出走(chūzǒu) : 동 달아나다. 도망가다〔시다〕. 떠나다.
现象(xiànxiàng) : 명 현상.

c) 对经济和社会稳定造成一定影响。
duì jīngjì hé shèhuì wěndìng zàochéng yídìng yǐngxiǎng
경제와 사회의 안정에 대해 일정한 영향을 끼치다

对经济和社会稳定 : 경제와 사회의 안정에 대해.
对(duì) : …에 대하여. 1-3.
稳定(wěndìng) : 안정. 1-8.
造成影响 : 영향을 끼치다.
造成(zàochéng) : 야기하다. 조성하다. 4-12.
影响(yǐngxiǎng) : 동 영향을 끼치다〔주다〕. 5-8.
一定(yídìng) : 일정한. 4-4.

4) 开展金融综合改革，切实解决温州经济发展存在的突出问题，引导民间融资规范发展，提升金融服务实体经济的能力，不仅对温州的健康发展至关重要，而且对全国的金融改革和经济发展具有重要的探索意义。
금융종합개혁의 전개, 원저우 경제 발전에 존재하는 돌출 문제의 실제적 해결, 민간 융자의 규범적 발전을 위한 유도, 금융서비스 실물경제의 능력 향상은, 원저우의 정상적인 발전에 대해 지극히 중요할 뿐만 아니라, 또한 전국의 금융 개혁과 경제 발전에 대해 중요한 탐색적 의의를 갖고 있다.

a) 开展金融综合改革，
kāizhǎn jīnróng zōnghé gǎigé
금융종합개혁을 전개하다 → 금융종합개혁의 전개

开展(kāizhǎn) : 전개하다. 2-7.

b) 切实解决温州经济发展存在的突出问题，
qièshí jiějué wēnzhōu jīngjì fāzhǎn cúnzài de tūchū wèntí
원저우 경제 발전에 존재하는 돌출 문제를 실제적으로 해결하다
→ 원저우 경제 발전에 존재하는 돌출 문제의 실제적 해결

切实(qièshí) : 1. 형 실제적이다. 실용적이다. 현실적이다. → 실제적으로.
2. 형 착실하다. 성실하다. 진실하다.
解决(jiějué) : 해결하다. 4-14.
温州经济发展存在的突出问题 : 원저우 경제 발전에 존재하는 돌출 문제.
温州经济发展存在 : 원저우 경제 발전에 존재하다.
存在(cúnzài) : 존재하다. 1-11.
突出问题 : 돌출한 문제 → 돌출 문제.
突出(tūchū) : 돌출하다. 1-2.

c) 引导民间融资规范发展，
yǐndǎo mínjiān róngzī guīfàn fāzhǎn
민간 융자의 규범적 발전을 유도하다
→ 민간 융자의 규범적 발전을 위한 유도

引导(yǐndǎo) : 1.동 유도하다. 안내하다. 지도하다. 교도하다.
2.동 인솔하다. 이끌다. 인도하다.
民间融资(mínjiān róngzī) : 민간 융자.
融资(róngzī) : 융자. 3-6.
规范(guīfàn) : 1.형 규범적인. 규범에 맞는.
2.명 규범. 표준. 준칙. 본보기. 모범.
3.동 규범에 맞게 하다. 규범화하다.

d) 提升金融服务实体经济的能力，
tíshēng jīnróng fúwù shítǐjīngjì de nénglì
금융서비스 실물경제의 능력을 향상시키다
→ 금융서비스 실물경제의 능력 향상

提升(tíshēng) : 향상시키다. 4-22.
服务(fúwù) : 서비스. 4-17.
实体经济(shítǐjīngjì) : 실물경제.
实体(shiti) : 1.명 실제.
2.명 사물의 본질.

e) 不仅对温州的健康发展至关重要，
bùjǐn duì wēnzhōu de jiànkāng fāzhǎn zhìguān zhòngyào
원저우의 정상적인 발전에 대해 지극히 중요할 뿐만 아니라

不仅(bùjǐn) : 1.접 …뿐만 아니라.
2.부 …에 그치지 않다. …만은 아니다.
健康(jiànkāng) : 1.형 (사물의 상태가) 정상이다. 건전하다. 건강하다.
2.형 건강하다.
3.명 건강.
至关重要(zhìguān zhòngyào) : 지극히 중요하다.
至关(zhìguān) : 부 지극히.

f) 而且对全国的金融改革和经济发展具有重要的探索意义。
érqiě duì quánguó de jīnróng gǎigé hé jīngjì fāzhǎn jùyǒu zhòngyào de tànsuǒ yìyì
또한 전국의 금융 개혁과 경제 발전에 대해 중요한 탐색적 의의를 갖고 있다

而且(érqiě) : 또한. 5-4.
具有(jùyǒu) : 동 있다. 가지다. 지니다. 구비하다. 〔추상적인 사물에 쓰임〕

探索(tànsuǒ) : 동 탐색〔탐구〕하다. 찾다.
意义(yìyì) : 1.명 의의. 작용. 가치.
2.명 의미. 뜻.

5) 会议批准实施《浙江省温州市金融综合改革试验区总体方案》，要求通过体制机制创新，构建与经济社会发展相匹配的多元化金融体系，使金融服务明显改进，防范和化解金融风险能力明显增强，金融环境明显优化，为全国金融改革提供经验。

회의는 〈저장 성 원저우 시 금융종합개혁 시험지구의 총체적 방안〉의 실시를 허가하며, 제도적 장치의 혁신을 통해, 경제 · 사회 발전과 어울리는 다원화 금융체계를 수립하여, 금융서비스를 분명히 개선하고, 금융 위험성의 경계와 제거 능력을 분명히 강화하고, 금융 환경을 분명히 최적화하고, 전국 금융 개혁을 위해 경험을 제공하기를 요구한다.

a) 会议批准实施《浙江省温州市金融综合改革试验区总体方案》，
huìyì pīzhǔn shíshī 〈zhèjiāng shěng wēnzhōu shì jīnróng zōnghé gǎigé shìyànqū zǒngtǐ fāngàn〉
회의는 〈저장 성 원저우 시 금융종합개혁 시험지구의 총체적 방안〉을 실시하는 것을 허가하다
→ 회의는 〈저장 성 원저우 시 금융종합개혁 시험지구의 총체적 방안〉의 실시를 허가하다

批准(pīzhǔn) : 허가하다. 3-6.
实施(shíshī) : 실시하다. 1-16.
浙江省(zhèjiāng shěng) : 저장 성(省). 절강성.
〔중국 동부 화동지구 소재의 1급 행정구역〕
总体(zǒngtǐ) : 명 총체. 2-9
方案(fāngàn) : 1.명 방안.
2.명 법식. 표준 양식〔격식〕. 규칙

b) 要求通过体制机制创新，
yāoqiú tōngguò tǐzhì jīzhì chuàngxīn
제도적 장치의 혁신을 통해 …을 요구하다

※ 要求는 서술어로서, 그 주어는 会议이고 목적어는 要求 이하 전체임.

要求(yāoqiú) : 요구하다. 4-24.
通过(tōngguò) : …을 통해. 1-6.
体制机制(tǐzhì jīzhì) : 제도적 장치. 2-10.
创新(chuàngxīn) : 혁신. 2-15.

c) 构建与经济社会发展相匹配的多元化金融体系，
gòujiàn yǔ jīngjì shèhuì fāzhǎn xiāngpǐpèide duōyuánhuà jīnróng tǐxì
경제 · 사회 발전과 어울리는 다원화 금융체계를 수립하다

构建(gòujiàn) : 수립하다. 3-12.
相匹配的(xiāngpǐpèide) : 어울리는.
相(xiāng) : 부 서로. 함께. 상호.
匹配(pǐpèi) : 1. 동 결혼하다. 배필로 맺어지다[되다].
2. 동 (부품 등을) 정합(整合)하다.

d) 使金融服务明显改进，
shǐ jīnróng fúwù míngxiǎn gǎijìn
금융서비스로 하여금 분명히 개선하도록 만들다
→ 금융서비스를 분명히 개선하다

※ 使는 사역동사로서, 明显改进뿐만 아니라, 明显增强과 明显优化에도 연관되어 있음.

使(shǐ) : (…에게) …하게 하다. 2-14.
明显(míngxiǎn) : 분명하다 → 분명히. 뚜렷이. 3-4.
改进(gǎijìn) : 개선하다. 2-5.

e) 防范和化解金融风险能力明显增强，
fángfàn hé huàjiě jīnróng fēngxiǎn nénglì míngxiǎn zēngqiáng
금융 위험성을 경계하고 제거하는 능력으로 하여금 분명히 강화되도록 만들다
→ 금융 위험성의 경계와 제거 능력을 분명히 강화하다

防范(fángfàn) : 동 방비하다. 경비하다. 경계하다.
化解(huàjiě) : 동 없애다. 제거하다. 풀리다. 없어지다.
风险(fēngxiǎn) : 명 위험(성). 모험.
增强(zēngqiáng) : 동 증강하다. 강화하다. 높이다.

f) 金融环境明显优化，
jīnróng huánjìng míngxiǎn yōuhuà
금융 환경으로 하여금 분명히 최적화되도록 만들다
→ 금융 환경을 분명히 최적화하다

环境(huánjìng) : 환경. 2-8.
优化(yōuhuà) : 최적화하다. 1-15.

g) 为全国金融改革提供经验。
wèi quánguó jīnróng gǎigé tígōng jīngyàn
전국 금융 개혁을 위해 경험을 제공하다

为(wèi) : …을 위해. 3-4.
提供(tígōng) : 동 (자료 · 물자 · 의견 · 조건 등을) 제공하다. 공급하다. 내놓다.
经验(jīngyàn) : 1.명 경험. 체험.
2.동 몸소 경험하다〔겪다〕. 직접 체험하다.

6) 会议确定了温州市金融综合改革的十二项主要任务：
huìyì quèdìng le wēnzhōu shì jīnróng zōnghé gǎigé de shí èr xiàng zhǔyào rènwu
회의는 원저우 시 금융종합개혁의 12항 주요 임무를 확정했다.

确定(quèdìng) : 확정하다. 2-14.
主要(zhǔyào) : 주요한. 2-2.
任务(rènwu) : 임무. 2-3.

7) 1.民间融资：规范发展民间融资。制定规范民间融资的管理办法，建立民间融资备案管理制度，建立健全民间融资监测体系。
1.민간 융자: 민간 융자를 규범적으로 발전시킨다. 규범적인 민간 융자의 관리방법을 제정하고, 민간 융자의 등록관리제도를 수립하고, 완벽한 민간 융자의 감시체계를 수립한다.

a) 民间融资：规范发展民间融资。
mínjiān róngzī: guīfàn fāzhǎn mínjiān róngzī
민간 융자: 민간 융자를 규범적으로 발전시키다

规范(guīfàn) : 형 규범적인 → 규범적으로.

b) 制定规范民间融资的管理办法，
zhìdìng guīfàn mínjiān róngzī de guǎnlǐ bànfǎ
규범적인 민간 융자의 관리방법을 제정하다

制定(zhìdìng) : 동 제정하다. 작성하다. 확정하다.
管理(guǎnlǐ) : 관리. 2-13.
办法(bànfǎ) : 명 방법. 수단. 방식. 조치. 방책. 술책.

c) 建立民间融资备案管理制度，
jiànlì mínjiān róngzī bèiàn guǎnlǐ zhìdù
민간 융자의 등록관리제도를 수립하다

建立(jiànlì) : 수립하다. 2-14.
备案(bèiàn) : 1.동 등록하다. 기록해 두다. 문건을 만들어 두다.
2.동 (신고 · 신청 · 소송 등이) 수리되다.

d) 建立健全民间融资监测体系。
jiànlì jiànquán mínjiān róngzī jiāncè tǐxì
완벽한 민간 융자의 감시체계를 수립하다

健全(jiànquán) : 완벽하다. 2-14.
监测(jiāncè) : 명 감시와 측정. 검사. 모니터링.
体系(tǐxì) : 체계. 3-2.

8) 2. 小额贷款：加快发展新型金融组织。鼓励和支持民间资金参与地方金融机构改革，依法发起设立或参股村镇银行·贷款公司·农村资金互助社等新型金融组织。符合条件的小额贷款公司可改制为村镇银行。

2.소액 대출: 신형 금융조직을 빠르게 발전시킨다. 민간 자금의 지방 금융기관 개혁 참여를 격려하고 지지하며, 법에 의거하여 농촌은행·융자회사·농촌신용협동조합 등 신형 금융조직을 발기하여 설치하거나 출자한다. 조건에 부합한 소액 융자회사는 농촌은행으로 제도 개조할 수 있다.

a) 小额贷款：加快发展新型金融组织。
xiǎoé dàikuǎn: jiākuài fāzhǎn xīnxíng jīnróng zǔzhī
소액 대출: 신형 금융조직을 빠르게 발전시키다

小额(xiǎoé) : 명 소액.
贷款(dàikuǎn) : 1.동 (은행에서) 대부하다. 대출하다. → 대출.
2.명 대부금. 대여금.
3.명 차관.
加快(jiākuài) : 빠르게. 2-7.
新型(xīnxíng) : 형 신형의. 신식의.
组织(zǔzhī) : 1.명 조직. 계통. 시스템.
2.동 조직하다. 구성하다. 결성하다.

b) 鼓励和支持民间资金参与地方金融机构改革，
gǔlì hé zhīchí mínjiān zījīn cānyǔ dìfāng jīnróng jīgòu gǎigé
민간 자금의 지방 금융기관 개혁 참여를 격려하고 지지하다

鼓励(gǔlì) : 동 격려하다. (용기를) 북돋우다.
支持(zhīchí) : 1.동 지지하다.
2.동 견디다. 지탱하다.
民间资金参与地方金融机构改革 : 민간 자금이 지방 금융기관의 개혁에 참여하다
→ 민간 자금의 지방 금융기관 개혁 참여.
参与(cānyǔ) : 참여하다. 3-7.

金融机构(jīnróng jīgòu) : 금융기관.
机构(jīgòu) : 명 기구. 기관.

c) 依法发起设立或参股村镇银行 · 贷款公司 · 农村资金互助社等新型金融组织。
yīfǎ fāqǐ shèlì huò cāngǔ cūnzhèn yínháng · dàikuǎn gōngsī · nóngcūn zījīn hùzhùshè děng xīnxíng jīnróng zǔzhī
법에 의거하여 농촌은행 · 융자회사 · 농촌신용협동조합 등 신형 금융조직을 발기하여 설치하거나 출자하다

依法(yīfǎ) : 1. 동 법에 의거하다〔따르다〕.
2. 동 어떤 방법을 따르다. 일정한 유형을 따르다.
发起(fāqǐ) : 1. 동 발기하다. 제의하다. 제안하다. 앞장서서 제창하다. 선도하다.
2. 동 (전쟁 · 공격 등 행동을) 개시하다. 발동하다. 시작하다.
参股(cāngǔ) : 동 주식에 출자하다. 주주가 되다. 주식 투자에 참여하다.
村镇银行(cūnzhèn yínháng) : 농촌은행.
농촌지역에 설치되어 주로 현지 농민 · 농업 · 농촌의 경제 발전을 위해 금융 서비스를 제공하는 은행업 금융기관임.
영어 명칭은 Country Bank, Rural Bank, Village Bank 등으로 있음.
村镇(cūnzhèn) : 명 시골과 소도시. 읍.
贷款公司(dàikuǎn gōngsī) : 명 융자회사.
农村资金互助社(nóngcūn zījīn hùzhùshè) : 농촌신용협동조합.
互助社(hùzhù shè) : 互助合作社(hùzhù hézuòshè), 상호조합.
互助(hùzhù) : 동 서로 돕다.
合作社(hézuòshè) : 명 합작사. 협동 조합.

d) 符合条件的小额贷款公司可改制为村镇银行。
fúhé tiáojiàn de xiǎoé dàikuǎn gōngsī kě gǎizhì wéi cūnzhèn yínháng
조건에 부합한 소액 융자회사는 농촌은행으로 제도 개조할 수 있다

符合(fúhé) : 동 부합〔상합〕하다. (들어)맞다. 일치하다.
条件(tiáojiàn) : 명 조건. 기준. 표준.
可(kě) : 1. 동 …할 수 있다. …해도 좋다. 〔'可以'에 상당함〕
2. 동 받아들이다. 동의하다. 〔동의를 나타냄〕
3. 동 …할 만하다.
4. 동 적합하다. 알맞다.
5. 부 반문하는 문구에서 쓰여 반문의 어기를 강하게 함.
6. 부 의문문에 쓰여 질문을 나타냄.
7. 부 평서문에 쓰여 강조를 나타냄.
8. 부 명령문에 쓰여 반드시 해야 함을 강조하고, 때론 설득을 뜻함.
9. 부 감탄문에 쓰여 의문의 어기를 강하게 함.

10.[부] 대략.

11.[접] 이어진 단문에서 사건의 전환을 나타냄. 〔'可是'에 상당함〕

改制为(gǎizhì wéi) : …으로 제도 개조하다.

改制(gǎizhì) : [동] 체제〔제도〕를 바꾸다〔개조하다〕.

为(wéi) : …으로 (되다). 2-11.

9) 3. 资产管理：发展专业资产管理机构。引导民间资金依法设立创业投资企业・股权投资企业及相关投资管理机构。

3.자산 관리: 전문 자산관리기구를 발전시킨다. 민간 자금이 법에 의해 창업투자기업・자본투자기업 및 관련 투자관리기구를 설치하도록 유도한다.

a) 资产管理：发展专业资产管理机构。

zīchǎn guǎnlǐ: fāzhǎn zhuānyè zīchǎn guǎnlǐ jīgòu

자산 관리: 전문 자산관리기구를 발전시키다

资产(zīchǎn) : 자산. 4-7.

专业(zhuānyè) : 1.[명] 전문. 〔특정 분야를 가리킴〕

2.[형] 전문의.

3.[명] 전공.

b) 引导民间资金依法设立创业投资企业・股权投资企业及相关投资管理机构。

yǐndǎo mínjiān zījīn yīfǎ shèlì chuàngyè tóuzī qǐyè・gǔquán tóuzī qǐyè jí xiāngguān tóuzī guǎnlǐ jīgòu

민간 자금이 법에 의해 창업투자기업・자본투자기업 및 관련 투자관리기구를 설치하도록 유도하다

引导(yǐndǎo) : [동] 유도하다.

创业(chuàngyè) : [동] 창업하다.

股权投资(gǔquán tóuzī) : [명] 자본(주식)투자. 〔기업이 타기업의 주식을 구매하거나 화폐 자금, 무형자산과 기타 실물자산으로 직접 타기업에 투자하는 것〕

股权(gǔquán) : [명] 주주권.

相关(xiāngguān) : 서로 관련되다 → 관련된. 1-16.

10) 4. 境外投资：研究开展个人境外直接投资试点，探索建立规范便捷的直接投资渠道。

4.해외투자: 개인 해외직접투자의 시험적 실시를 연구하여 전개하고, 규범적이고 간편한 직접투자 방법을 탐색하여 수립한다.

a) 境外投资：研究开展个人境外直接投资试点，
jìngwài tóuzī: yánjiū kāizhǎn gèrén jìngwài zhíjiē tóuzī shìdiǎn
해외투자: 개인 해외직접투자의 시험적 실시를 연구하여 전개하다

境外投资(jìngwài tóuzī)：해외투자.
研究(yánjiū)：연구하다. 1–7.
开展(kāizhǎn)：전개하다. 2–7.
个人(gèrén)：1.명 개인.〔'集体(단체)'와 구별됨〕
2.대 나((자신)). 저(개인).
直接投资(zhíjiē tóuzī)：직접투자.
直接(zhíjiē)：직접적인. 3–15.
试点(shìdiǎn)：시험적 실시. 3–6.

b) 探索建立规范便捷的直接投资渠道。
tànsuǒ jiànlì guīfàn biànjié de zhíjiē tóuzī qúdào
규범적이고 간편한 직접투자 방법을 탐색하여 수립하다

便捷(biànjié)：1.형 간편하다. 빠르고 편리하다.
2.형 민첩하다. 경쾌하다.
渠道(qúdào)：방법. 경로. 3–8.

11) 5.银行改革：深化地方金融机构改革。鼓励国有银行和股份制银行在符合条件的前提下设立小企业信贷专营机构。支持金融租贷公司等非银行金融机构开展业务。推进农村合作金融机构股份制改造。

5.은행 개혁: 지방 금융기관의 개혁을 심화시킨다. 국유은행과 주주제 은행이 조건에 부합한 전제 하에서 소기업신용전문기관을 설치하는 것을 격려한다. 금융리스회사 등 비은행 금융기관의 업무 전개를 지지한다. 농촌 합작 금융기관 주주제의 개조를 추진한다.

a) 银行改革：深化地方金融机构改革。
yínháng gǎigé: shēnhuà dìfāng jīnróng jīgòu gǎigé
은행 개혁: 지방 금융기관의 개혁을 심화시키다

深化(shēnhuà)：심화시키다. 2–15.

b) 鼓励国有银行和股份制银行在符合条件的前提下设立小企业信贷专营机构。
gǔlì guóyǒu yínháng hé gǔfènzhì yínháng zài fúhé tiáojiàn de qiántí xia shèlì xiǎoqǐyè xìndài zhuānyíng jīgòu
국유은행과 주주제 은행이 조건에 부합한 전제 하에서 소기업신용전문기관을 설치하는 것을 격려하다

国有银行(guóyǒu yínháng) : 명 국유은행.
股份制银行(gǔfènzhì yínháng) : 명 주주제 은행.
股份制(gǔfènzhì) : 명 주주제.
股份(gǔfèn) : 명 주(株). 주권. 주식.
前提(qiántí) : 1.명 전제. 전제 조건.
2.명 선결 조건.
小企业信贷专营机构(xiǎoqǐyè xìndài zhuānyíng jīgòu) : 소기업신용전문기관.
信贷(xìndài) : 1.명 신용. 크레디트. 〔은행 예금・대출 등 신용 활동의 총칭〕
2.명 (은행의) 신용 대출. 신용 대부(贷付).
专营(zhuānyíng) : 동 전문적으로 경영하다.

c) 支持金融租赁公司等非银行金融机构开展业务。
zhīchí jīnróng zūlìn gōngsī děng fēi yínháng jīnróng jīgòu kāizhǎn yèwù
금융리스회사 등 비은행 금융기관의 업무 전개를 지지하다

金融租赁公司等非银行金融机构开展业务 : 금융리스회사 등 비은행 금융기관이 업무를 전개하다 → 금융리스회사 등 비은행 금융기관의 업무 전개.
金融租赁公司(jīnróng zūlìn gōngsī) : 금융리스회사. 〔중국은행업감시관리위원회의 비준을 받고 경영융자임대를 주 업무로 하는 비은행 금융기관을 지칭함〕
租赁(zūlìn) : 1.동 임차(赁借)하다. (세를 주고) 빌려 쓰다. 빌리다. 꾸다.
2.동 임대(赁贷)하다. (세를 받고) 빌려 주다. 세를 놓다.
业务(yèwù) : 명 업무.

d) 推进农村合作金融机构股份制改造。
tuījìn nóngcūn hézuò jīnróng jīgòu gǔfènzhì gǎizào
농촌 합작 금융기관 주주제의 개조를 추진하다

推进(tuījìn) : 추진하다. 2-3.
改造(gǎizào) : 1.동 개조하다. 재제조하다.
2.동 (부분 혹 전체를) 본질적으로 바꾸다. 개변하다. 개혁하다.

12) 6. 金融产品 : 创新发展面向小微企业和"三农"的金融产品服务，探索建立多层次金融服务体系。鼓励温州辖区内各银行机构加大对小微企业的信贷支持。支持发展面向小微企业和"三农"的融资租赁企业。建立小微企业融资综合服务中心。

6.금융상품: 소형기업과 3농을 향한 금융상품서비스를 창의적으로 발전시키고, 다방면의 금융서비스체계를 탐색하여 수립한다. 원저우 관할구역 내 각 은행기관이 소형기업에 대한 신용지지를 확대하는 것을 격려한다. 소형기업과 3농을 향한 금융리스기업을 지지하고 발전시킨다. 소형기업의 융자종합서비스센터를 수립한다.

a) 金融产品：创新发展面向小微企业和"三农"的金融产品服务,
jīnróng chǎnpǐn: chuàngxīn fāzhǎn miànxiàng xiǎowēi qǐyè hé "sānnóng" de jīnróng chǎnpǐn fúwù
금융상품: 소형기업과 3농을 향한 금융상품서비스를 창의적으로 발전시키다

产品(chǎnpǐn)：상품. 3-19.
创新发展：…를 창의적으로 발전시키다.
创新(chuàngxīn)：창의적으로. 2-15.
面向(miànxiàng)：동 …에 직면하다. …로 향하다.
小微企业(xiǎowēi qǐyè)：소형기업(小型企业).
三农(sānnóng)：명 3농. 농업・농촌・농민.

b) 探索建立多层次金融服务体系。
tànsuǒ jiànlì duō céngcì jīnróng fúwù tǐxì
다방면의 금융서비스체계를 탐색하여 수립하다

多层次(duō céngcì)：명 다방면. 다차원. 다단계.
层次(céngcì)：1.명 단계. 순서. 차등.
2.명 (말이나 글에서 내용의) 순서. 단계. 차례. 층차.
3.명 (서로 관련된) 각급 기구.
多层(duōcéng)：형 다방면의. 여러 가지의.

c) 鼓励温州辖区内各银行机构加大对小微企业的信贷支持。
gǔlì wēnzhōu xiáqū nèi gè yínháng jīgòu jiādà duì xiǎowēi qǐyè de xìndài zhīchí
원저우 관할구역 내 각 은행기관이 소형기업에 대한 신용지지를 확대하는 것을 격려하다

辖区(xiáqū)：명 관할구역.
市辖区(shìxiáqū)：명 시 직할구.
加大(jiādà)：동 (수량・정도를) 확대하다. 늘리다. 더하다. 증가하다.
信贷支持(xìndàizhīchí)：支持信贷(zhīchíxìndài), 대출지지(Supported credit).

d) 支持发展面向小微企业和"三农"的融资租赁企业。
zhīchí fāzhǎn miànxiàng xiǎowēi qǐyè hé "sānnóng" de róngzī zūlìn qǐyè
소형기업과 3농을 향한 금융리스기업을 지지하고 발전시키다

融资租赁企业(róngzī zūlìn qǐyè)：명 금융리스기업.

e) 建立小微企业融资综合服务中心。
jiànlì xiǎowēi qǐyè róngzī zōnghé fúwù zhōngxīn
소형기업의 융자종합서비스센터를 수립하다

13) 7. 资本市场：培育发展地方资本市场。依法合规开展非上市公司股份转让及技术·文化等产权交易。

7.자본시장: 지방의 자본시장을 육성하여 발전시킨다. 비상장사 주식의 양도 및 기술·문화 등 재산권의 거래를 법규에 의거하여 전개한다.

a) 资本市场：培育发展地方资本市场。
zīběn shìchǎng: péiyù fāzhǎn dìfāng zīběn shìchǎng
자본시장: 지방의 자본시장을 육성하여 발전시키다

培育(péiyù)：육성하다. 2-15.

b) 依法合规开展非上市公司股份转让及技术·文化等产权交易。
yīfǎ héguī kāizhǎn fēi shàngshì gōngsī gǔfèn zhuǎnràng jí jìshù · wénhuà děng chǎnquán jiāoyì
비상장사 주식의 양도 및 기술·문화 등 재산권의 거래를 법규에 의거하여 전개하다

依法合规： 법에 의거하고 법규에 부합하다 → 법규에 의거하여.
依法(yīfǎ)：동 법에 의거하다.
合规(héguī)：동 법규에 부합하다.
非上市公司(fēi shàngshì gōngsī)：명 비상장사.
上市(shàngshì)：상장(上场)되다. 3-15.
转让(zhuǎnràng)：동 (재물이나 권리를) 양도하다. 넘겨주다. → 양도.
技术(jìshù)：기술. 4-18.
产权(chǎnquán)：财产权(cáichǎnquán), 재산권.
交易(jiāoyì)：거래. 3-15.

14) 8. 债券产品：积极发展各类债券产品。推动更多企业尤其是小微企业通过债券市场融资。建立健全小微企业再担保体系。

8.채권상품: 각종의 채권상품을 적극적으로 발전시킨다. 더 많은 기업 특히 소형기업이 채권시장을 통해 융자하도록 촉진시킨다. 완벽한 소형기업의 재보험 체계를 수립한다.

a) 债券产品：积极发展各类债券产品。
zhàiquàn chǎnpǐn: jījí fāzhǎn gèlèi zhàiquàn chǎnpǐn
채권상품: 각종의 채권상품을 적극적으로 발전시키다

债券(zhàiquàn)：채권. 3-18.
积极(jījí)：1.형 적극적이다. 열성적이다. 의욕적이다. 진취적이다.
2.형 긍정적이다. 건설적이다.
各类(gèlèi)：형 각〔여러〕 종류의. 모든 부문〔영역·방면〕의.

b) 推动更多企业尤其是小微企业通过债券市场融资。
tuīdòng gèngduō qǐyè yóuqí shì xiǎowēi qǐyè tōngguò zhàiquàn shìchǎng róngzī
더 많은 기업 특히 소형기업이 채권시장을 통해 융자하도록 촉진시키다

推动(tuīdòng) : 촉진시키다. 1-12.
更多(gèngduō) : 더 많은. 2-15.
尤其(yóuqí) : 특히. 4-24.
通过(tōngguò) : …을 통해. 1-6.
融资(róngzī) : 융자하다. 3-6.

c) 建立健全小微企业再担保体系。
jiànlì jiànquán xiǎowēi qǐyè zàidānbǎo tǐxì
완벽한 소형기업의 재보험 체계를 수립하다

健全(jiànquán) : 완벽하다. 2-14.
再担保(zàidānbǎo) : 재보험.
担保(dānbǎo) : 1.동 보증하다. 담보하다. 책임지다. → 보험.
2.동 담보하다. 보증하다. *

Memo

6-3 번 역 국무원은 원저우 금융개혁 시험지구를 설치하다

국무원 총리 원 쟈바오는 28일 국무원 상무회의를 소집하여 주재하고, 원저우 시 금융종합개혁 시험지구의 설치를 결정했다.

원저우 시는 민영경제가 발달하고, 민간자금이 풍부하며, 민간금융이 활발하다고 회의는 밝혔다. 최근 몇 년 동안에, 원저우 시의 일부 중소기업에서는 자금줄이 단절되고 기업주가 도망가는 현상이 나타나서, 경제와 사회의 안정에 대해 일정한 영향을 끼쳤다. 금융종합개혁의 전개, 원저우 경제 발전에 존재하는 돌출 문제의 실제적 해결, 민간 융자의 규범적 발전을 위한 유도, 금융서비스 실물경제의 능력 향상은, 원저우의 정상적인 발전에 대해 지극히 중요할 뿐만 아니라, 또한 전국의 금융개혁과 경제 발전에 대해 중요한 탐색적 의의를 갖고 있다. 회의는 〈저장 성 원저우 시 금융종합개혁 시험지구의 총체적 방안〉의 실시를 허가하며, 제도적 장치의 혁신을 통해, 경제・사회 발전과 어울리는 다원화 금융체계를 수립하여, 금융서비스를 분명히 개선하고, 금융 위험성의 경계와 제거 능력을 분명히 강화하고, 금융 환경을 분명히 최적화하고, 전국 금융개혁을 위해 경험을 제공하기를 요구한다.

회의는 원저우 시 금융종합개혁의 12항 주요 임무를 확정했다.

1. 민간 융자: 민간 융자를 규범적으로 발전시킨다. 규범적인 민간 융자의 관리방법을 제정하고, 민간 융자의 등록관리제도를 수립하고, 완벽한 민간 융자의 감시체계를 수립한다.
2. 소액 대출: 신형 금융조직을 빠르게 발전시킨다. 민간 자금의 지방 금융기관 개혁 참여를 격려하고 지지하며, 법에 의거하여 농촌은행・융자회사・농촌신용협동조합 등 신형 금융조직을 발기하여 설치하거나 출자한다. 조건에 부합한 소액 융자회사는 농촌은행으로 제도 개조할 수 있다.
3. 자산 관리: 전문 자산관리기구를 발전시킨다. 민간 자금이 법에 의해 창업투자기업・자본투자기업 및 관련 투자관리기구를 설치하도록 유도한다.
4. 해외투자: 개인 해외직접투자의 시험적 실시를 연구하여 전개하고, 규범적이고 간편한 직접투자 방법을 탐색하여 수립한다.
5. 은행 개혁: 지방 금융기관의 개혁을 심화시킨다. 국유은행과 주식은행이 조건에 부합한 전제 하에서 소기업신용전문기관을 설치하는 것을 격려한다. 금융리

스회사 등 비은행 금융기관의 업무 전개를 지지한다. 농촌 합작 금융기관 주주제의 개조를 추진한다.

6. 금융상품: 소형기업과 3농을 향한 금융상품서비스를 창의적으로 발전시키고, 다방면의 금융서비스체계를 탐색하여 수립한다. 원저우 관할구역 내 각 은행기관이 소형기업에 대한 신용지지를 확대하는 것을 격려한다. 소형기업과 3농을 향한 금융리스기업을 지지하고 발전시킨다. 소형기업의 융자종합서비스센터를 수립한다.
7. 자본시장: 지방의 자본시장을 육성하여 발전시킨다. 비상장사 주식의 양도 및 기술·문화 등 재산권의 거래를 법규에 의거하여 전개한다.
8. 채권상품: 각종의 채권상품을 적극적으로 발전시킨다. 더 많은 기업 특히 소형기업이 채권시장을 통해 융자하도록 촉진시킨다. 완벽한 소형기업의 재보험 체계를 수립한다.

Memo

6-4 练习

9. 创新保险：拓宽保险服务领域，创新发展服务于专业市场和产业集群的保险产品，鼓励和支持商业保险参与社会保障体系建设。
10. 信用监管：加强社会信用体系建设。推进政务诚信·商务诚信·社会诚信和司法公信建设，推动小微企业和农村信用体系建设。加强信用市场监管。
11. 金融监管：完善地方金融管理体制，防止出现监管真空，防范系统性风险和区域性风险。建立金融业综合统计制度。
12. 政府责任：建立金融综合改革风险防范机制。强化和落实地方政府处置金融风险和维护地方金融稳定的责任。

反应：有力支持开拓新路

温州是民营经济比较集中·发达的地区，相对来说接受现有金融体制服务的难度比较大，解决民间资金多·投资难；中小企业多，融资难之"两多两难"的问题比较弱，国务院对温州金融改革的有力支持使我们开拓出一条新路。此项改革不仅对温州·浙江，也对全国推进金融改革具有重大的意义。我们一定要很好地贯彻落实国务院的精神，全力以赴把试点工作做好。--浙江省副省长·温州市委书记陈德荣。

번 역

9. 보험 혁신: 보험 서비스의 영역을 확장하고, 전문시장과 산업클러스터에 봉사하는 보험 상품을 창의적으로 발전시키며, 상업 보험이 사회보장체계 수립에 참여하도록 격려하고 지지한다.
10. 신용 감독: 정무 신용・상무 신용・사회 신용 및 사법 공평의 수립을 추진하고, 소형기업과 농촌 신용체계의 수립을 촉진하며, 신용시장의 감독을 강화한다.
11. 금융 감독: 지방 금융관리체제를 완벽하게 하고, 감독 진공의 출현을 방지하며, 체계성 위험과 지역성 위험을 예방한다. 금융업 종합통계제도를 수립한다.
12. 정부 책임: 금융종합개혁 위험예방 메커니즘을 수립한다. 금융 위험을 처리하고 지방 금융 안정을 유지하는 지방정부의 책임을 강화하고 실현시킨다.

반응: 강력히 지지하여 새 길을 개척하다

원저우는 민영경제가 비교적 집중되고 발달한 지역이나, 상대적으로 현행 금융체제 서비스의 어려움을 수용하는 것이 비교적 크고, 민간자금은 많으나 투자가 어렵고, 중소기업은 많으나 융자가 어려운 "2다2난"의 문제를 해결하는 것이 비교적 약해서, 국무원의 원저우 금융개혁에 대한 강력한 지지는 우리로 하여금 새로운 길을 개척하게 만든다. 이런 개혁은 원저우・저장 뿐만 아니라, 또한 전국이 금융개혁을 추진하는 것에 대해 중요한 의의를 갖고 있다. 우리는 반드시 국무원의 정신을 잘 관철하여 실현해야 한다. -- 저장 성 부성장・원저우 시위원회 서기 천더룽

Memo

제7과

地方产业发展计划

지방산업 발전 계획

7-1 正文 地方新一轮投资潮瞄准特色产业

近期，地方版产业规划密集出台，涉及投资额动辄上万亿元。市场人士指出，由地方政府主导的新一轮投资潮来临。据不完全统计，7月以来已公布的地方投资计划涉及金额约7万亿元。分析人士认为，这些规划提出依据地方要素禀赋优势，通过打造地方特色产业来培育新的经济增长点，投资者可从地方版产业规划中寻找新的投资主题。

地方发展规划频出：

8月20日，广东全省实施广东海洋经济综合试验区发展规划工作会议在广州召开。当日，广东省委省政府出台《关于充分发挥海洋资源优势努力建设海洋经济强省的决定》以及五个实施方案，总计提出177个重点建设项目，总投资过万亿元。

同样在8月20日，重庆市政府发布工业领域主要产业三年振兴规划，"十二五"期间，全市工业将累计投入1.5万亿元，建成7大千亿级产业集群和30个百亿级产业集群，工业总产值突破3万亿元。七大产业包括电子信息·汽车·先进装备制造·综合化工·新材料·能源·消费类制造等。

据媒体报道，近日，贵州出台3万亿元生态旅游投资计划。根据规划，3万亿元的投资计划将在未来十年内完成。贵州省旅游发展和改革领导小组组长王富玉此前在听取《贵州生态文化旅游产业发展规划》阶段成果汇报时称，规划提出的"国家公园省"的战略定位既彰显了贵州的竞争优势，又凸显了贵州的特征，把握了贵州旅游的核心。

8月13日，在黑龙江省政府新闻办紧急召开的新闻发布会上，《关于促进全省工业经济稳定增长的若干政策措施》公布。《措施》旨在鼓励企业增加生产 · 帮助企业开拓市场 · 缓解企业资金压力 · 减轻企业负担。

实际上，频繁出炉的区域规划并非局限在省一级层面。在稳增长背景下，早在7月16日，浙江省宁波市就下发了《市政府关于推进工业经济稳增长调结构促转型的若干意见》，26条新政内容涉及清费减税 · 扩大投资 · 调整结构 · 科技创新 · 要素保障 · 营造雰围六个方面。

有些地方虽然没有出台政府文件，但是也发布了重点投资项目。7月26日，湖南省长沙市对外宣布，2012年重大推介项目195个，总投资额达8292亿元。

* 출처: 中国证券报. http://news.xinhuanet.com/fortune/2012-08/23/c_123618284.htm

7-2 生词与解释

1) 地方新一轮投资潮瞄准特色产业

dìfāng xīnyìlún tóuzīcháo miáozhǔn tèsè chǎnyè
지방의 새로운 투자 추세가 특색 산업을 겨냥하다

地方(dìfāng) : 지방. 1-3.
新一轮(xīnyìlún) : 새로운. 1-3.
投资潮(tóuzī cháo) : 투자 추세.
投资(tóuzī) : 투자. 1-1.
潮(cháo) : 1.명 추세. 시류. 형세. 조류. 흐름.
2.형 습하다. 눅눅하다. 축축하다.
3.명 밀물과 썰물이 일어나는 현상.
瞄准(miáozhǔn) : 동 겨누다. 겨냥하다. 조준하다.
特色(tèsè) : 1.명 특색. 특징.
2.형 독특한. 특별한.
产业(chǎnyè) : 산업. 5-13.

2) 近期，地方版产业规划密集出台，涉及投资额动辄上万亿元。

최근 지방판 산업 계획이 끊이지 않게 제기되고, 관련 투자액은 걸핏하면 수조 원에 달한다.

a) 近期，地方版产业规划密集出台，
jìnqī, dìfāngbǎn chǎnyè guīhuà mìjí chūtái
최근 지방판 산업 계획이 끊이지 않게 제기되다

近期(jìnqī) : 최근. 1-2.
地方版(dìfāngbǎn) : 지방판.
版(bǎn) : 1.명 판. 인쇄판.
2.명 인쇄물의 인쇄 횟수.
3.명 신문의 지면.
规划(guīhuà) : 계획. 2-5.
密集(mìjí) : 1.형 끊이지 않는. 조밀한. 빽빽한. 밀집한. → 끊이지 않게.
2.동 밀집하다. 조밀하게 모이다.
出台(chūtái) : (정식) 제기하다. 1-15.

b) 涉及投资额动辄上万亿元。
shèjí tóuzīé dòngzhé shàng wànyì yuán
관련 투자액은 걸핏하면 수조 원에 달하다

涉及投资额 : 투자액과 관련되다 → 관련 투자액.
涉及(shèjí) : …와 관련되다. 3-16.
投资额(tóuzīé) : 명 투자액.
额(é) : 1.명 일정 수량.
2.명 이마.
3.명 물체의 꼭대기에 가까운 부분.
动辄(dòngzhé) : 부 걸핏하면. 툭하면. 쩍하면.
上万亿元 : 수조 원에 달하다.
上(shàng) : …에 달하다. 1-3.
万亿(wànyì) : 수 조(兆). 4-7.

3) 市场人士指出，由地方政府主导的新一轮投资潮来临。
시장 인사는, 지방정부가 주도하는 새로운 투자 추세가 도래한다고 밝혔다.

a) 市场人士指出，
shìchǎng rénshì zhǐchū
시장 인사는 …라고 밝히다

※ 시제 표현: 본 기사의 내용은 과거의 활동을 전하므로, 시제는 과거형으로 번역함. 1-2.

市场(shìchǎng) : 시장. 3-4.
人士(rénshì) : 명 인사.
指出(zhǐchū) : 동 밝히다. 1-7.

b) 由地方政府主导的新一轮投资潮来临。
yóu dìfāng zhèngfǔ zhǔdǎo de xīnyìlún tóuzīcháo láilín
지방정부가 주도하는 새로운 투자 추세가 도래하다

由(yóu) : …가. 3-6.
主导(zhǔdǎo) : 주도하다. 1-11.
新一轮(xīnyìlún) : 새로운. 1-3.
来临(láilín) : 동 도래하다. 이르다. 다가오다. 닥치다.

4) 据不完全统计，7月以来已公布的地方投资计划涉及金额约7万亿元。
불완전한 통계에 의하면, 7월 이래 이미 공포한 지방 투자계획 관련 금액은 약 7조 원이다.

a) 据不完全统计，
jù bùwánquán tǒngjì
불완전한 통계에 의하면

据(jù)：…에 의하면. 3-7.
不完全(bùwánquán)：형 불완전한.
统计(tǒngjì)：통계. 3-7.

b) 7月以来已公布的地方投资计划涉及金额约7万亿元。
qī yuè yǐlái yǐ gōngbù de dìfāng tóuzī jìhuà shèjí jīné yuē qī wànyì yuán
7월 이래 이미 공포한 지방 투자계획 관련 금액은 약 7조 원이다

以来(yǐlái)：명 이래. 동안.
已(yǐ)：이미. 3-19.
公布(gōngbù)：공포하다. 4-5.
地方投资计划涉及金额：지방 투자계획 관련 금액.
  计划(jìhuà)：계획. 1-3.
  金额(jīné)：금액.
约(yuē)：약. 대략. 3-7.

5) 分析人士认为，这些规划提出依据地方要素禀赋优势，通过打造地方特色产业来培育新的经济增长点，投资者可从地方版产业规划中寻找新的投资主题。

분석 인사의 의견에 의하면, 이들 계획의 제시는 지방적 요소의 선천적인 우세에 의거하고, 지방 특색 산업의 조성을 통해 새로운 경제 성장점을 육성하며, 투자자는 지방판 산업 계획에서 새로운 투자 주제를 찾을 수 있다.

a) 分析人士认为，
fēnxī rénshì rènwéi
분석 인사는 …라고 여기다 → 분석 인사의 의견에 의하면

分析(fēnxī)：분석하다. 1-7.
认为(rènwéi)：…라고 여기다. 5-14.

b) 这些规划提出依据地方要素禀赋优势，
zhèxiē guīhuà tíchū yījù dìfāng yàosù bǐngfù yōushì
이들 계획의 제시는 지방적 요소의 선천적인 우세에 의거하다

提出(tíchū)：제시. 제시하다. 1-3.
依据(yījù)：1.동 의거하다. 근거하다.
2.명 근거.
地方要素：지방적 요소.
  要素(yàosù)：명 요소.
禀赋(bǐngfù)：1.동 선천적으로 타고나다. → 선천적인.

2.명 소질. 천품. 자질. 기품.
优势(yōushì) : 우세. 4-11.

c) 通过打造地方特色产业来培育新的经济增长点，
tōngguò dǎzào dìfāng tèsè chǎnyè lái péiyù xīn de jīngjì zēngzhǎngdiǎn
지방 특색 산업의 조성을 통해 새로운 경제 성장점을 육성하다

通过打造地方特色产业来 : 지방 특색 산업을 조성하는 것을 통해서
→ 지방 특색 산업의 조성을 통해
通过(tōngguò) : …을 통해. 1-6.
打造(dǎzào) : 동 조성하다. 만들다. 만들어 내다. 제조하다.
来(lái) : …하여. 1-6.
培育(péiyù) : 육성하다. 2-15.
增长点(zēngzhǎngdiǎn) : 성장점.

d) 投资者可从地方版产业规划中寻找新的投资主题。
tóuzīzhě kě cóng dìfāngbǎn chǎnyè guīhuà zhōng xúnzhǎo xīn de tóuzī zhǔtí
투자자는 지방판 산업 계획에서 새로운 투자 주제를 찾을 수 있다

投资者(tóuzīzhě) : 명 투자자.
可(kě) : …할 수 있다. 6-8.
从(cóng)…中(zhōng) : …(중)에서. 1-9.
寻找(xúnzhǎo) : 동 찾다. 구하다.
主题(zhǔtí) : 명 주제. 주지.

6) 地方发展规划频出 :
dìfāng fāzhǎn guīhuà pínchū
지방 발전 계획이 빈번히 출현하다

频出(pínchū) : 빈번히 출현하다.
频(pín) : 1.부 빈번히. 누차. 여러 번. 자주. 자꾸.
2.형 여러 번의. 다수의.
3.명 주파수.
出(chū) : 나타나다. 1-6.

7) 8月20日，广东全省实施广东海洋经济综合试验区发展规划工作会议在广州召开。
bā yuè èr shí rì, guǎngdōng quánshěng shíshī guǎngdōng haǐyáng jīngjì zōnghé shìyànqū fāzhǎn guīhuà gōngzuò huìyì zài guǎngzhōu zhàokāi

8월 20일 광동의 성 전체가 광동 해양경제 종합시험지구를 실시하는 발전계획에 관한 업무 회의가 광저우에서 개최되었다.

广东全省实施广东海洋经济综合试验区发展规划工作会议 : 광동의 성 전체가 광동 해양경제 종합시험지구를 실시하는 발전계획에 관한 업무회의.

广东(guǎngdōng) : 광동 성. 광동성. 〔중국 중남지구 소재의 1급 행정구역〕

全省(quánshěng) : 전체의 성 → 성 전체.

全(quán) : 1.형 온. 전. 전부의. 전체의.
2.형 모두 갖추다. 완비하다.
3.부 모두. 완전히.

省(shěng) : 1.명 성. 〔현대 중국의 최상급(1급) 지방 행정 단위〕
2.동 아끼다. 절약하다.
3.동 덜다. 줄이다. 빼다. 생략하다.
4.명 준말. 줄임말.

实施(shíshī) : 실시하다. 1-16.

海洋(haǐyáng) : 명 해양. 바다. 근해와 원양.

综合(zōnghé) : 종합. 6-2.

试验区(shìyànqū) : 시험지구. 6-1.

发展(fāzhǎn) : 발전. 1-7.

工作(gōngzuò) : 업무. 2-1.

会议(huìyì) : 회의. 5-2.

在(zài) : …에서. 1-3.

广州(guǎngzhōu) : 광저우 시. 광주시. 〔광동 성의 성도〕

召开(zhàokāi) : 개최하다. 6-2.

8) 当日，广东省委省政府出台《关于充分发挥海洋资源优势努力建设海洋经济强省的决定》以及五个实施方案(征求意见稿)，总计提出177个重点建设项目，总投资过万亿元。

그 날 광동 성 위원회 · 성 정부는 〈해양자원 우세를 충분히 발휘하여 해양경제가 강한 성을 힘써 수립하는 것에 관한 결정〉 그리고 5개 실시 방안을 제기했고, 합계 177개 중점 건설 항목을 제시하며, 총투자는 조 원이 넘었다.

a) 当日，广东省委省政府出台《关于充分发挥海洋资源优势努力建设海洋经济强省的决定》以及五个实施方案，

dāngrì, guǎngdōng shěngwěi shěngzhèngfǔ chūtái 〈guānyú chōngfēn fāhuī haǐyáng zīyuán yōushì nǔlì jiànshè haǐyáng jīngjì qiáng shěng de juédìng〉 yǐjí wǔ ge shíshī fāngàn

그 날 광동 성 위원회 · 성 정부는 〈해양자원 우세를 충분히 발휘하여 해양 경제가 강한 성을 힘써 수립하는 것에 관한 결정〉 그리고 5개 실시 방안을 제기하다

当日(dāngrì) : 명 그 때. 그 날. 그 당시. 당일.
省委(shěngwěi) : 명 中国共产党省委员会(중국공산당 성 위원회) 약칭.
省政府(shěngzhèngfǔ) : 명 성 정부. 〔1급 행정구역의 정부〕
关于充分发挥海洋资源优势努力建设海洋经济强省的决定 : 해양자원 우세를 충분히 발휘하여 해양경제가 강한 성을 힘써 수립하는 것에 관한 결정.
关于…的决定 : …에 관한 결정.
关于(guānyú) : …에 관한. 1-3.
决定(juédìng) : 결정. 3-9
充分发挥海洋资源优势 : 해양자원 우세를 충분히 발휘하다.
充分(chōngfēn) : 충분히. 2-14.
发挥(fāhuī) : 발휘하다. 1-12.
资源(zīyuán) : 자원. 2-15.
努力建设海洋经济强省 : 해양경제가 강한 성을 힘써 수립하다.
努力(nǔlì) : 동 힘쓰다. 노력하다. 열심히 하다.
建设(jiànshè) : 수립하다. 2-3.
强省 : 강한 성. 우월한 성.
强(qiáng) : 강하다. 4-5.
以及(yǐjí) : 그리고. 1-3.
方案(fāngàn) : 방안. 6-5.

b) 总计提出177个重点建设项目，
zǒngjì tíchū yī bǎi qī shí qī ge zhòngdiǎn jiànshè xiàngmù
합계 177개 중점 건설 항목을 제시하다

总计(zǒngjì) : 동 총계하다. 합계하다.
重点(zhòngdiǎn) : 중점. 1-14.
项目(xiàngmù) : 항목. 1-14.

c) 总投资过万亿元。
zǒngtóuzī guò wànyì yuán
총투자는 조 원이 넘는다

总投资(zǒngtóuzī) : 명 총투자.
过(guò) : 1.동 (범위나 한도를) 넘다. 초과하다.
2.동 (시점을) 지나다. 지내다. 경과하다. 보내다.
3.동 가다. 건너다. (지점을) 지나다. 경과하다.

9) 同样在8月20日，重庆市政府发布工业领域主要产业三年振兴规划，"十二五"期间，全市工业将累计投入1.5万亿元，建成7大千亿级产业集群和30个百亿级产业集群，工业总产值突破3万亿元。

마찬가지로 8월 20일, 충칭 시 정부는 공업영역의 주요산업 3년 진흥계획을 발표하여, "12 · 5" 기간, 시 전체의 공업은 장차 합계 1조 5천 억 원을 투입하고, 7대 천억 수준급의 산업클러스터와 30개 백억 수준급의 산업클러스터를 조성하며, 공업 총생산액은 3조 원을 돌파할 것이다.

a) 同样在8月20日，重庆市政府发布工业领域主要产业三年振兴规划，
tóngyàng zài bā yuè èr shí rì, chóngqìng shìzhèngfǔ fābù gōngyè lǐngyù zhǔyào chǎnyè sān nián zhènxīng guīhuà
마찬가지로 8월 20일, 충칭 시 정부는 공업영역의 주요산업 3년 진흥계획을 발표하다

同样(tóngyàng)：마찬가지로. 4-22.
重庆(chóngqìng)：충칭 (직할)시. 중경(직할)시. 〔중국 서남지구 소재의 직할시〕
市政府(shìzhèngfǔ)：시 정부. 시청.
发布(fābù)：동 발표하다. 선포하다. 발포하다.
工业(gōngyè)：명 공업.
领域(lǐngyù)：영역. 1-13.
主要(zhǔyào)：주요한. 2-2.
振兴(zhènxīng)：동 진흥시키다.

b) "十二五"期间，全市工业将累计投入1.5万亿元，
"shí èr wǔ" qījiān, quánshì gōngyè jiāng lèijì tóurù yī wànyì wǔ qiānyì yuán
"12 · 5" 기간, 시 전체의 공업은 장차 합계 1조 5천 억 원을 투입할 것이다

※ 将은 累计投入 · 建成 · 突破에 모두 연관됨으로, 마지막 突破에서 번역함.

期间(qījiān)：명 기간. 시간.
全市(quánshì)：시 전체.
将(jiāng)：장차 …할 것이다. 3-2.
累计(lèijì)：동 합계하다. 누계하다.
投入(tóurù)：1.동 투입하다. 넣다. 투자하다.
2.동 돌입하다. 뛰어들다. 참가하다. 개시하다. 들어가다.
3.형 몰두하다〔몰입하다 · 전념하다〕. 정신을 집중하다. 경주하다.

c) 建成7大千亿级产业集群和30个百亿级产业集群，
jiànchéng qī dà qiānyì jí chǎnyè jíqún hé sān shí ge bǎiyì jí chǎnyè jíqún
7대 천억 수준급의 산업클러스터와 30개 백억 수준급의 산업클러스터를 조성하다

建成(jiànchéng)：동 조성하다.

千亿级(qiānyì jí) : 천 억 수준급.
　千亿(qiān yì) : 천 억.
　级(jí) : 등급. 2-14.
产业集群(chǎnyè jíqún) : 산업클러스터.
　集群(jíqún) : 1.명 클러스터.
　　　　　　　2.동 무리를 이루다. 떼를 짓다.
百亿级(bǎiyì jí) : 백 억 수준급.
　百亿(bǎi yì) : 백 억.

d) 工业总产值突破3万亿元。
gōngyè zǒngchǎnzhí tūpò sān wànyì yuán
공업 총생산액은 3조 원을 돌파하다

总产值(zǒngchǎnzhí) : 명 총생산액.
突破(tūpò) : 돌파하다. 4-19.

10) 七大产业包括电子信息・汽车・先进装备制造・综合化工・新材料・能源・消费类制造等。
qī dà chǎnyè baōkuò diànzǐ xìnxī・qìchē・xiānjìn zhuāngbèi zhìzào・zōnghé huàgōng・xīncáiliào・néngyuán・xiāofèi lèi zhìzào děng
7대 산업은 전자정보・자동차・선진 장비 제조・종합 화공・신소재・에너지・소비 유형 제조 등을 포함한다.

包括(baōkuò) : 포함하다. 1-15.
电子信息(diànzǐ xìnxī) : 명 전자정보.
　信息(xìnxī) : 1.명 정보.
　　　　　　　2.명 소식. 편지. 기별.
汽车(qìchē) : 명 자동차.
先进(xiānjìn) : 1.형 선진의. 남보다 앞선. 진보적인.
　　　　　　　2.명 앞선 사람. 선진적인 인물〔집단〕. 앞서 가는 일.
装备(zhuāngbèi) : 1.명 장비.
　　　　　　　2.동 탑재하다. 장착하다. 장치하다.
制造(zhìzào) : 1.동 제조하다. 만들다.
　　　　　　　2.동 (나쁜 상황이나 분위기를) 조성하다. 만들다. 조장하다.
化工(huàgōng) : 명 화학공업.
新材料(xīncáiliào) : 명 신소재.
能源(néngyuán) : 명 에너지원(energy源). 에너지.
消费类(xiāofèi lèi) : 소비 유형.

11) 据媒体报道，近日，贵州出台3万亿元生态旅游投资计划。

대중매체 보도에 따르면, 최근 귀이저우는 3조 원의 생태여행 투자계획을 제기했다.

a) 据媒体报道，
jù méitǐ bàodào
대중매체 보도에 따르면

据(jù)：…에 따르면. 3-7.
媒体(méitǐ)：명 대중매체. 매스 미디어(mass media).
报道(bàodào)：1.명 (뉴스 등의) 보도.
2.동 (뉴스 등을) 보도하다.

b) 近日，贵州出台3万亿元生态旅游投资计划。
jìnrì, guìzhōu chūtái sān wànyì yuán shēngtài lǚyóu tóuzī jìhuà
최근, 귀이저우는 3조 원의 생태여행 투자계획을 제기하다

近日(jìnrì)：명 요 며칠〔사이〕. 근일. 근래. 최근.
贵州(guìzhōu)：귀이저우 성. 귀주성. 〔중국 서남지구 소재의 1급 행정구역〕
生态(shēngtài)：생태. 2-3.
旅游(lǚyóu)：1.명 여행.
2.동 여행하다. 관광하다.

12) 根据规划，3万亿元的投资计划将在未来十年内完成。

계획에 따르면, 3조 원의 투자계획은 장차 미래 10년 안에 완성한다.

a) 根据规划，
gēnjù guīhuà,
계획에 따르면

根据(gēnjù)：1.개 …에 따르면. …에 의거하여.
2.명 근거.
3.동 근거하다. 의거하다. 따르다.

b) 3万亿元的投资计划将在未来十年内完成。
sān wànyì yuán de tóuzī jìhuà jiāng zài wèilái shí nián nèi wánchéng
3조 원의 투자계획은 장차 미래 10년 안에 완성하다

未来(wèilái)：미래. 1-6.
在(zài)…内(nèi)：…안에(서).
内(nèi)：1.명 안. 안쪽. 속. 내부

2.명 남에게 아내나 처가 쪽 친척에 대한 호칭.
3.명 마음속.
完成(wánchéng) : 동 완성하다. (예정대로) 끝내다. 완수하다.

13) 贵州省旅游发展和改革领导小组组长王富玉此前在听取《贵州生态文化旅游产业发展规划》阶段成果汇报时称，规划提出的"国家公园省"的战略定位既彰显了贵州的竞争优势，又凸显了贵州的特征，把握了贵州旅游的核心。

귀이저우 성 여행발전과 개혁지도 소조 조장 왕 푸위는 이전에 〈귀이저우 생태문화여행 산업 발전계획〉의 단계적 성과 종합보고를 청취할 때, 계획이 제시한 "국가공원 성"의 전략적 자리매김은 귀이저우의 경쟁적 우세를 나타낼 뿐만 아니라, 또한 귀이저우의 특징을 드러내고, 귀이저우 여행의 핵심을 파악했다고 말했다.

a) 贵州省旅游发展和改革领导小组组长王富玉此前在听取《贵州生态文化旅游产业发展规划》阶段成果汇报时称，
guìzhōu shěng lǚyóu fāzhǎn hé gǎigé lǐngdǎo xiǎozǔ zǔzhǎng wáng fù yù cǐqián zài tīngqǔ 〈guìzhōu shēngtài wénhuà lǚyóu chǎnyè fāzhǎn guīhuà〉 jiēduàn chéngguǒ huìbào shí chēng
귀이지우 성 여행발전과 개혁지도 소조 조장 왕 푸위는 이전에 〈귀이저우 생태 문화 여행 산업 발전계획〉의 단계적 성과에 관한 종합보고를 청취할 때 …라고 말하다

改革(gǎigé) : 개혁. 1-12.
领导(lǐngdǎo) : 1.명 영도. 지도.
2.동 지도하다. 영도하다. 이끌고 나가다.
3.명 영도자. 지도자. 리더. 책임자. 우두머리. 대표. 임원.
小组(xiǎozǔ) : 명 소조. 그룹. 소그룹. 팀. 서클. 동아리.
组长(zǔzhǎng) : 명 조장. 반장. 팀장.
王富玉(wáng fù yù) : Wang Fuyu, 왕 푸위[사람 이름].
此前(cǐqián) : 명 이전. → 이전에.
在(zài)…时(shí) : …할 때. 5-3
听取(tīngqǔ) : 청취하다. 2-7.
阶段成果汇报 : 단계적 성과에 관한 종합보고.
阶段(jiēduàn) : 단계. 5-9.
成果(chéngguǒ) : 명 성과. 결과.
汇报(huìbào) : 1.명 종합보고.
2.동 종합하여 보고하다.
称(chēng) : 1.동 …라고 말하다.
2.동 부르다. 칭하다. 일컫다. …(이)라고 부르다.
3.동 (무게를) 측정하다. 재다. 달다.

b) 规划提出的"国家公园省"的战略定位既彰显了贵州的竞争优势，
guīhuà tíchū de "guójiā gōngyuán shěng" de zhànlüè dìngwèi jì zhāngxiǎn le guìzhōu de jìngzhēng yōushì
계획이 제시한 "국가공원 성"의 전략적 자리매김은 귀이저우의 경쟁적 우세를 나타낼 뿐만 아니라

国家公园省(guójiā gōngyuán shěng) : 국가공원 성(省).
公园(gōngyuán) : 명 공원.
战略定位 : 전략적 자리매김.
战略(zhànlüè) : 전략. 3-1.
定位(dìngwèi) : 1.명 자리매김. 확정된 위치. 정해진 자리.
2.동 위치를 측정하다. 사물의 자리를 정하다.
3.동 객관적으로 평가하다.
既(jì)… 又(yòu)… : …할 뿐만 아니라 또한 …하다.
既(jì) : 1.접 …할 뿐만 아니라. …이며. …뿐더러. …하고도.
〔又·且·也 등과 결합하여, 두 개의 상황이 공존하는 것을 나타냄〕
2.접 (이왕) …한 바에는. (기왕) …한 이상은.
〔흔히 就·则·那么 등과 호응함〕
3.부 이미. 벌써.
彰显(zhāngxiǎn) : 1.동 충분히 나타내다〔표현하다〕. 잘 드러내다.
2.형 뚜렷하다. 확연히 드러나다. 현저하다.
竞争(jìngzhēng) : 경쟁적. 4-1.

c) 又凸显了贵州的特征，把握了贵州旅游的核心。
yòu tūxiǎn le guìzhōu de tèzhēng, bǎwò le guìzhōu lǚyóu de héxīn
또한 귀이저우의 특징을 드러내고, 귀이저우 여행의 핵심을 파악했다

凸显(tūxiǎn) : 동 분명하게 드러나다〔나타나다〕. 부각되다.
特征(tèzhēng) : 명 특징.
把握(bǎwò) : 1.동 파악하다. 포착하다. 장악하다. 붙들다. 잡다.
2.동 (꽉 움켜) 쥐다. 잡다. 들다.
3.명 (성공에 대한) 가망. 자신. 믿음. 가능성.
核心(héxīn) : 핵심. 3-2.

14) 8月13日，在黑龙江省政府新闻办紧急召开的新闻发布会上，《关于促进全省工业经济稳定增长的若干政策措施》公布。

8월 13일, 헤이룽장 성 정부 공보실이 긴급히 개최한 기자회견에서, 〈성 전체 공업경제의 안정적 성장 촉진에 관한 몇 가지 정책적 조치〉가 공포되었다.

a) 8月13日，在黑龙江省政府新闻办紧急召开的新闻发布会上，
bā yuè shí sān rì, zài hēilóngjiāng shěng zhèngfǔ xīnwénbàn jǐnjí zhàokāi de xīnwén fābùhuì shang
8월 13일, 헤이룽쟝 성 정부 공보실이 긴급히 개최한 기자회견에서

在(zài)…上(shang) : …(위)에서. 1-15
黑龙江(hēilóngjiāng) : 헤이룽쟝 성. 흑룡강성.
〔중국 동북지구 소재의 1급 행정구역〕
新闻办(xīnwénbàn) : 新闻办公室(xīnwénbàngōngshì) 약칭.
공보실(公报室). 공보부(公报部). 홍보처(弘报处).
新闻(xīnwén) : 명 뉴스. 새로운 일〔사건〕. 새 소식.
办公室(bàngōngshì) : 1.명 사무실. 오피스.
2.명 (행정을 맡아보는) 부서.
新闻发布官(xīnwén fābùguān) : 공보 담당관.
紧急(jǐnjí) : 형 긴급하다. 절박하다. 긴박하다. → 긴급히.
新闻发布会(xīnwén fābùhuì) : 기자회견.

b) 《关于促进全省工业经济稳定增长的若干政策措施》公布。
〈guānyú cùjìn quán shěng gōngyè jīngjì wěndìng zēngzhǎng de ruògān zhèngcè cuòshī〉 gōngbù
〈성 전체 공업경제의 안정적 성장 촉진에 관한 몇 가지 정책적 조치〉가 공포되다

关于(guānyú) : …에 관한. 1-3.
促进全省工业经济稳定增长 : 성 전체의 공업경제의 안정적 성장을 촉진시키다
→ 성 전체 공업경제의 안정적 성장 촉진.
促进(cùjìn) : 촉진시키다. 1-15.
全省(quán shěng) : 명 성 전체.
工业经济(gōngyè jīngjì) : 명 공업경제(industrial economy).
稳定增长 : 안정적 성장.
稳定(wěndìng) : 안정적인. 1-8.
增长(zēngzhǎng) : 성장. 1-1.
若干(ruògān) : 대 약간. 조금. 소량. → 몇 가지.
政策措施(zhèngcè cuòshī) : 정책적 조치.
政策(zhèngcè) : 정책. 1-1.
措施(cuòshī) : 조치. 1-4.
公布(gōngbù) : 공포하다. 4-5.

15) 《措施》旨在鼓励企业增加生产·帮助企业开拓市场·缓解企业资金压力·减轻企业负担。

〈cuòshī〉 zhǐzài gǔlì qǐyè zēngjiā shēngchǎn · bāngzhù qǐyè kāituò shìchǎng · huǎnjiě qǐyè zījīn yālì · jiǎnqīng qǐyè fùdān
〈조치〉는 기업 생산증가의 격려 · 기업 시장개척의 원조 · 기업 자금압력의 완화 · 기업 부담의 경감을 목적으로 한다.

旨在(zhǐzài) : 동 …에 목적이 있다. …를 목적으로 하다.
旨(zhǐ) : 1.명 뜻. 의의.
2.명 의도. 취지. 목적하는 바.
3.형 맛있다. 맛이 좋다.
鼓励企业增加生产 : 기업이 생산을 증가시키는 것을 격려하다
→ 기업 생산증가의 격려.
鼓励(gǔlì) : 격려하다. 6-8.
企业(qǐyè) : 기업. 1-16.
增加(zēngjiā) : 증가하다. 3-17.
生产(shēngchǎn) : 생산. 1-16.
帮助企业开拓市场 : 기업이 시장을 개척하는 것을 원조하다
→ 기업 시장개척의 원조.
帮助(bāngzhù) : 1.동 원조하다. 돕다. 보좌하다.
2.명 원조. 도움. 보조. 충고.
开拓(kāituò) : 1.동 개척하다. 개간하다. 확장하다.
2.동 채굴에 앞서 갱도 건설 등의 준비 작업을 하다.
缓解企业资金压力 : 기업의 자금 압력을 완화시키다
→ 기업 자금압력의 완화.
缓解(huǎnjiě) : 1.동 완화되다. 호전되다. 누그러지다. 풀리다. 개선되다.
2.동 완화시키다. 호전시키다. 누그러뜨리다. 개선시키다.
资金(zījīn) : 자금. 1-14.
压力(yālì) : 압력. 1-2.
减轻企业负担 : 기업의 부담을 경감시키다
→ 기업 부담의 경감.
减轻(jiǎnqīng) : 동 경감하다. 줄다. 감소하다. 하락하다. 저하하다
负担(fùdān) : 1.명 부담. 책임.
2.동 부담하다. 책임지다.

16) 实际上，频繁出炉的区域规划并非局限在省一级层面。
shíjìshang, pínfán chūlú de qūyù guīhuà bìngfēi júxiàn zài shěng yìjí céngmiàn
실제로 빈번히 발표되는 지역 계획은 결코 성 단위의 범위에만 국한되는 것이 아니다.

实际上(shíjìshang) : 실제로. 1-13.
频繁(pínfán) : 형 잦다. 빈번하다. → 빈번히.

出炉(chūlú) : 1.[동] 새 책이 막 발행되다. → 발표되다.
2.[동] (제련하거나 구운 것을) 화로에서 꺼내다.
区域规划(qūyù guīhuà) : 지역 계획. 5-14. 2-5.
并非(bìngfēi) : [동] 결코 …하지 않다. 결코 …이 아니다.
局限(júxiàn) : [동] 국한하다. 한정하다. 제한하다.
省一级(shěng yìjí) : 성(省) 단위. 성 등급.
一级(yìjí) : 1.[명] 단위. 등급.
2.[명] 일등급.
市一级(shì yìjí) : 시(市) 단위. 시 등급.
层面(céngmiàn) : 1.[명] 범위. 영역.
2.[명] 방면.
3.[명] 층리면. 층면.

17) 在稳增长背景下，早在7月16日，浙江省宁波市就下发了《市政府关于推进工业经济稳增长调结构促转型的若干意见》，26条新政内容涉及清费减税·扩大投资·调整结构·科技创新·要素保障·营造雰围六个方面。

성장 안정의 배경 하에서, 일찍이 7월 16일, 저장 성 닝보 시는 〈공업경제 성장 안정의 구조조정과 전환촉진을 추진하는 것에 관한 시 정부의 몇 가지 의견〉을 바로 하달했고, 26조의 새 정책 내용은 비용정리 감세 · 투자확대 · 구조조정 · 과기혁신 · 요소보장 · 분위기조성 6개 분야와 연관되어 있다.

a) 在稳增长背景下，
zài wěnzēngzhǎng bèijǐng xia
성장 안정의 배경 하에서

在(zài)…下(xia) : …하에서. 1-10.
稳增长(wěnzēngzhǎng) : 성장 안정. 1-1.
背景(bèijǐng) : 배경. 1-10.

b) 早在7月16日，浙江省宁波市就下发了《市政府关于推进工业经济稳增长调结构促转型的若干意见》，
zǎo zài qī yuè shí liù rì, zhèjiāng shěng níngbō shì jiù xiàfā le 〈shì zhèngfǔ guānyú tuījìn gōngyè jīngjì wěn zēngzhǎng tiáo jiégòu cù zhuǎnxíng de ruògān yìjiàn〉
일찍이 7월 16일, 저장 성 닝보 시는 〈공업경제 성장 안정의 구조조정과 전환촉진을 추진하는 것에 관한 시 정부의 몇 가지 의견〉을 바로 하달했다

早(zǎo) : 1.[부] 일찍이. 이미. 벌써. 진작에. 일찌감치. 오래 전에.

2.명 아침.
3.형 (때가) 이르다. 빠르다.
4.형 조기의. 초기의. 시간적으로 앞선.

浙江省(zhèjiāng shěng) : 저장 성. 절강성. 6-5.
宁波市(níngbō shì) : 닝보 시. 영파시. 〔저장 성의 동부 소재〕
下发(xiàfā) : 동 (하급 기관 또는 기층으로) 하달하다. 내려보내다.
推进(tuījìn) : 추진하다. 2-3.
调结构(tiáo jiégòu) : 구조를 조정하다 → 구조조정.
调(tiáo) : 조정하다. 2-11.
结构(jiégòu) : 구조. 1-10.
促转型(cù zhuǎnxíng) : (체제)전환을 촉진하다 → 전환촉진.
促(cù) : 1.동 촉진하다. 재촉하다. 다그치다.
2.형 (시간이) 촉박하다. 다급하다.
3.동 가까이하다.
转型(zhuǎnxíng) : 체제전환. 4-12.

c) 26条新政内容涉及清费减税・扩大投资・调整结构・科技创新・要素保障・营造雰围六个方面。
èr shí liù tiáo xīnzhèng nèiróng shèjí qīngfèi jiǎnshuì・kuòdà tóuzī・tiáozhěng jiégòu・kējì chuàngxīn・yàosù bǎozhàng・yíngzào fēnwéi liù ge fāngmiàn
26조의 새 정책 내용은 비용정리 감세・투자확대・구조조정・과기혁신・요소보장・분위기조성 6개 분야와 연관되다

条(tiáo) : 1.양 조. 항. 조목. 항목. 가지. 〔항목으로 나누어진 것을 세는 단위〕
2.양 줄기. 가닥. 갈래. 〔지형 등의 가늘고 긴 것을 세는 단위〕
3.양 개. 오리. 〔생활용품・도구와 관련된 것을 세는 단위〕
4.양 사람의 인체・목숨・운명과 관련된 것을 세는 단위.
5.양 보루.
〔일정량이 합쳐서 된 가늘고 긴 것을 세는 단위. 예, 담배〕
6.양 마리. 개. 〔동물・식물과 관련된 것을 세는 단위〕
7.명 가늘고 긴 것. 폭이 좁고 긴 것.
8.명 종이 조각. 종이 쪽지. 메모지.
新政(xīnzhèng) : 명 새로 제정한 정치 강령〔정령〕. 새 정책.
内容(nèiróng) : 명 내용.
涉及(shèjí) : …와 연관되다. 3-16.
清费(qīngfèi) : 비용을 정리하다 → 비용정리.
清(qīng) : 1.동 (깨끗하게) 정리하다. 처리하다.
2.형 깨끗하다. 맑다.
3.형 분명하다. 또렷하다. 확실하다. 명확하다.
4.동 청소하다. 불순물을 제거하다. 깨끗하게 하다.
费(fèi) : 1.명 비용. 요금. 수수료.

2.동 소비하다. 쓰다. 들이다.
3.형 소모가 많다.
减税(jiǎnshuì) : 동 감세하다. 세수(税收)를 줄이다. → 감세.
扩大(kuòdà) : 확대하다. 1-3.
调整(tiáozhěng) : 조정하다. 2-8.
科技创新(kējì chuàngxīn) : 과학혁신.
要素保障 : 요소 보장.
保障(bǎozhàng) : 보장. 1-14.
营造(yíngzào) : 1.동 조성하다. 경영하다. 만들다. 짓다. 건설하다.
2.동 (계획을 세워) 조림하다.
3.동 세우다. 수립하다. 건립하다.
氛围(fēnwéi) : 명 분위기.
方面(fāngmiàn) : 분야. 1-13.

18) 有些地方虽然没有出台政府文件，但是也发布了重点投资项目。
일부 지방은 비록 정부 문건을 제기하지 않았지만, 그러나 또한 중점 투자항목을 발표했다.

a) 有些地方虽然没有出台政府文件，
yǒuxiē dìfāng suīrán méiyǒu chūtái zhèngfǔ wénjiàn
일부 지방은 비록 정부 문건을 제기하지 않았지만

有些(yǒuxiē) : 1.대 일부. 어떤 것〔사람〕.
2.동 조금 있다.
3.부 좀. 조금. 약간.
虽然(suīrán) : 1.접 비록 …하지만〔일지라도〕. 설령 …일지라도.
2.앞 구절 주어의 앞뒤에 쓰이며, 뒷 구절에는 일반적으로 但是・可是・却是・但・可・却 등이 호응하여 쓰임.
3.뒷 구절 주어 앞에 쓰이며, 뒷 구절이 보충 설명의 역할을 함.〔이 경우 앞 구절에는 관련된 어휘를 사용할 수 없음〕
文件(wénjiàn) : 1.명 (정치 이론・정책 등 방면의) 문건. 문장. 문헌.
2.명 공문・서류・서신 등의 총칭.
3.명 파일. 기록철.

b) 但是也发布了重点投资项目。
dànshì yě fābù le zhòngdiǎn tóuzī xiàngmù
그러나 또한 중점 투자항목을 발표했다

但是(dànshì) : 접 그러나. 그렇지만. 〔주로 虽然・尽管 등과 호응하여 쓰임〕
投资项目(tóuzī xiàngmù) : 투자항목.

19) 7月26日，湖南省长沙市对外宣布，2012年重大推介项目195个，总投资额达8292亿元。

7월 26일, 후난 성 창사 시는 2012년의 중요 추천 항목은 195개이고, 총투자액은 8,292억 원에 달한다고 대외적으로 발표했다.

a) 7月26日，湖南省长沙市对外宣布，
qī yuè èr shí liù rì, húnán shěng chángshā shì duìwài xuānbù
7월 26일, 후난 성 창사 시는 대외적으로 …을 발표하다

湖南省(húnán shěng) : 후난 성. 호남성. 〔중국 중남지구 소재의 1급 행정구역〕
长沙市(chángshā shì) : 창사 시. 장사시. 〔후난 성의 성도〕
对外(duìwài) : 형 대외(의). 대외적인. → 대외적으로.
宣布(xuānbù) : 발표하다. 3-13.

b) 2012年重大推介项目195个，
èr líng yī èr nián zhòngdà tuījiè xiàngmù yī bǎi jiǔ shí wǔ ge
2012년의 중요 추천 항목은 195개이다

重大(zhòngdà) : 중요한. 3-3.
推介(tuījiè) : 동 추천하다. 소개하다. 널리 알리다.

c) 总投资额达8292亿元。
zǒng tóuzīé dá bā qiān èr bǎi jiǔ shí èr yì yuán
총투자액은 8,292억 원에 달하다

总投资额(zǒng tóuzīé) : 총투자액.
总(zǒng) : 1.형 전부의. 전면적인. 전체의. 전반적인.
2.동 총괄하다. 종합하다. 모으다. 모아서 묶다. 합치다.
3.형 총괄적인
4.형 주요한. 우두머리의. 지도적인.
5.부 늘. 줄곧. 언제나. 내내.
6.부 반드시. 예외 없이. 절대로. 전연.
7.부 대체로. 대개. 대략. 전체적으로 보아.
达(dá) : 1.동 도달하다. 도착하다. 이르다. 달성하다.
2.동 통달하다. 정통하다. 확실하게 이해하다.
3.동 통하다. *

7-3 번 역 지방의 새로운 투자 추세가 특색 산업을 겨냥하다

최근 지방판 산업 계획이 끊이지 않게 제기되고, 투자액은 걸핏하면 수조 원에 달한다. 시장 인사는, 지방정부가 주도하는 새로운 투자 추세가 도래한다고 밝혔다. 불완전한 통계에 의하면, 7월 이래 이미 공포한 지방 투자계획 관련 금액은 약 7조 원이다. 분석 인사의 의견에 의하면, 이들 계획의 제시는 지방적 요소의 선천적인 우세에 의거하고, 지방 특색 산업의 조성을 통해 새로운 경제 성장점을 육성하며, 투자자는 지방판 산업 계획에서 새로운 투자 주제를 찾을 수 있다.

지방 발전 계획이 빈번히 출현하다 :

8월 20일 광동의 성 전체가 광동 해양경제 종합시험지구를 실시하는 발전계획에 관한 업무회의가 광저우에서 개최되었다. 그 날 광동 성 위원회・성 정부는 〈해양자원 우세를 충분히 발휘하여 해양경제가 강한 성을 힘써 수립하는 것에 관한 결정〉 그리고 5개 실시 방안을 제기했고, 합계 177개 중점 건설 항목을 제시하며, 총투자는 조 원이 넘었다.

마찬가지로 8월 20일, 충칭 시 정부는 공업영역의 주요산업 3년 진흥계획을 발표하여, "12・5" 기간, 시 전체의 공업은 장차 합계 1조 5천 억 원을 투입하고, 7대 천억 수준급의 산업클러스터와 30개 백억 수준급의 산업클러스터를 조성하며, 공업 총생산액은 3조 원을 돌파할 것이다. 7대 산업은 전자정보・자동차・선진 장비 제조・종합 화공・신소재・에너지・소비 유형 제조 등을 포함한다.

대중매체 보도에 따르면, 최근 귀이저우는 3조 원의 생태여행 투자계획을 제기했다. 계획에 따르면, 3조 원의 투자계획은 장차 미래 10년 안에 완성한다. 귀이저우 성 여행발전과 개혁지도 소조 조장 왕 푸위는 이전에 〈귀이저우 생태문화여행 산업 발전 계획〉의 단계적 성과 종합보고를 청취할 때, 계획이 제시한 "국가공원 성"의 전략적 자리매김은 귀이저우의 경쟁적 우세를 나타낼 뿐만 아니라, 또한 귀이저우의 특징을 드러내고, 귀이저우 여행의 핵심을 파악했다고 말했다.

8월 13일, 헤이룽쟝 성 정부 공보실이 긴급히 개최한 기자회견에서, 〈성 전체 공업

경제의 안정적 성장 촉진에 관한 몇 가지 정책적 조치〉가 공포되었다. 〈조치〉는 기업 생산증가의 격려 · 기업 시장개척의 원조 · 기업 자금압력의 완화 · 기업 부담의 경감을 목적으로 한다.

실제로 빈번히 발표되는 지역 계획은 결코 성 단위의 범위에만 국한되는 것이 아니다. 성장 안정의 배경 하에서, 일찍이 7월 16일, 저장 성 닝보 시는 〈공업경제 성장 안정의 구조조정과 전환촉진을 추진하는 것에 관한 시 정부의 몇 가지 의견〉을 바로 하달했고, 26조의 새 정책 내용은 비용정리 감세 · 투자확대 · 구조조정 · 과기혁신 · 요소보장 · 분위기조성 6개 분야와 연관되어 있다.

일부 지방은 비록 정부 문건을 제기하지 않았지만, 그러나 또한 중점 투자항목을 발표했다. 7월 26일, 후난 성 창사 시는 2012년의 중요 추천 항목은 195개이고, 총투자액은 8,292억 원에 달한다고 대외적으로 발표했다.

Memo

7-4 练习

打造地方特色产业

从区域规划文件的区域角度分类看，除了省级·市级，还有跨区域规划。而从规划内容分类，则有产业规划·综合规划等。其中，资本市场最为关心的是规划中涉及产业发展新思路方面内容。在当前经济增速面临下行压力·新的经济增长点亟待发现的背景下，具有发展前景的新兴产业往往能够刺激投资者的敏感神经。

综合性的区域性发展规划(或意见)自2009年起密集出台，至今虽然仍有一些规划等待发布，但基本已遍布全国。

相关区域规划之所以得到资本市场的高度关注，主要是因为被放在了更加突出和重要的位置，明确区域经济发展的战略·空间布局以及结构调整的重点和方向。业内分析指出，当前资本市场热点较少，新的综合性区域规划的出台依然能够吸引投资者眼球。

在新一轮的地方版产业规划中，特色产业发展规划尤为引人关注。

重在提高投资效率

对于当前出台的地方规划和投资计划，有分析人士担忧新一轮投资竞赛正在展开，这不利于经济结构调整，不能真正提升经济潜在增长率。另有分析人士认为，本轮投资不同于上一轮的四万亿投资，效率应当有所提升。

번 역

지방 특색 산업을 조성하다

지역 계획 문건의 지역적 각도에서 분류하여 보면, 성급·시급 이외에, 다지역적 계획이 또 있다. 그리고 계획 내용에서 분류하면, 산업계획·종합계획 등이 있다. 그 중에서, 자본시장이 가장 관심을 갖는 것은 계획 중 산업발전과 관련된 신사고 영역의 내용이다. 현재 경제의 가속이 하행 압력에 직면하고 새로운 경제의 성장점이 시급히 발견되어야 하는 배경 하에서, 발전성을 구비한 신흥산업은 종종 투자자의 민감한 신경을 자극할 수 있다.

종합적인 지역성 발전 계획(혹 의견)은 2009년부터 끊이지 않게 제기되고, 최근까지 비록 일부 계획이 발표를 아직도 기다리지만, 그러나 전국에 거의 이미 널리 퍼졌다.

관련된 지역 계획이 자본시장의 높은 관심을 받는 이유는, 주로 더욱 뚜렷하고 중요한 위치에 놓여졌고, 지역 경제 발전의 전략·공간 배치·구조조정의 중점과 방향을 명확하게 했기 때문이다. 업계 안의 분석에 의하면, 현재 자본시장의 주관심사가 비교적 적어서, 새 종합적 지역 계획의 제기는 투자자의 주의를 여전히 끌 수 있다.

새로운 지방판 산업 계획 중에서, 특색 산업의 발전 계획은 사람들의 관심을 특히 끈다.

투자 효율의 제고에 중점이 있다

현재 제기된 지방 계획과 투자 계획에 대해, 일부 분석인사는 새로운 투자 경쟁이 현재 전개되고 있어, 이것은 경제 구조조정에 불리하고, 경제의 잠재적 성장률을 진정으로 향상시킬 수 없다고 걱정한다. 다른 분석인사는 이번 투자가 지난번의 4조 원의 투자와 달라서, 효율은 당연히 향상되는 바가 있다고 간주한다.

제8과

行业重组政策

업종 구조조정 정책

8-1 正文 九部委酝酿八大行业重组政策

《经济参考报》记者获悉，国家发改委·财政部·国资委·证监会等九部委正在酝酿相关政策，着力推进钢铁·汽车·水泥·机械制造·电解铝·稀土·电子信息·医药等八大重点行业兼并重组。

国家发改委有关人士告诉记者，最近，国务院企业兼并重组工作部际协调小组召开成员单位负责人会议，国务院有关负责人表示，今明两年是八大行业重组的关键时期，国务院要求出台具有针对性的政策加快速度推进此项工作。

记者了解到，部际会议的"备忘录"明确了今后一个阶段推进企业兼并重组的五项重要工作。一是要牢固树立以企业为主体的定位，充分发挥企业兼并重组工作部际协调机制的作用，逐步建立起协调解决问题的机制，帮助企业协调解决突出问题。二是研究出台重点行业企业兼并重组指导意见，加强对重点行业企业兼并重组的指导和服务。三是按照国务院关于促进企业兼并重组的工作部署，针对企业兼并重组中的问题，进一步落实完善政策措施。四是充分发挥地方政府在促进企业兼并重组中的作用，加强组织领导，完善政策措施，形成中央和地方联动·跨部门协调配合的企业兼并重组工作机制。五是努力建设好企业兼并重组公共信息服务平台。

工信部总工程师朱宏任表示，"当前，我国工业经济结构存在产业集中度不高，企业小而分散，社会化·专业化水平较低等问题。这就造成了资源配置效率不高，重复研发·重复建设等突出问题。进一步推进兼并重组显得相当紧迫。"

工信部的数据显示，目前我国粗钢生产企业有500多家，平均规模仅100多万吨，排名前10位的企业粗钢产量仅占全国总产量的48%。相比之下，韩国浦项制铁粗钢产量约占韩国总量的60%，德国的蒂森克虏伯·美国的美国钢铁公司·俄罗斯的谢维尔等钢铁企业，粗钢产量占本国总产量的比例都超过了20%。

我国汽车行业也呈现小·弱·散的特点。据统计，目前我国有各类车辆生产企业1300多家，其中汽车整车企业有171家·摩托车120家·专用车900多家·三轮汽车和低速货车135家。工信部认为，在这1000多家企业中，有一批企业多年来处于停产或半停产状态，产量极少甚至没有产量，生存十分困难。

* 출처: 经济参考报 http://finance.people.com.cn/n/2012/1029/c1004-19414708.html

8-2 生词与解释

1) 九部委酝酿八大行业重组政策

jiǔ bùwěi yùnniàng bā dà hángyè chóngzǔ zhèngcè

9개 부와 위원회가 8대 업종의 구조조정 정책을 마련하다

部委(bùwěi) : 명 (중국 국무원 산하의) 부와 위원회.

部(bù) : 부(部). 5-2.

委(wěi) : 1.명 위원. 위원회.

2.동 위임하다. 위탁하다. 맡기다.
3.〔동사〕 방치하다. 던져 버리다. 내던지다. 포기하다. 버리다.
4.동 책임을 미루다〔전가하다 · 떠넘기다 · 회피하다〕.
酝酿(yùnniàng) : 1.동 사전에 미리 마련하다〔준비하다 · 조성하다 · 토의하다〕.
2.동 술을 빚다. 술을 발효시키다.
3.동 기르다. 쌓아 가다. 성숙되어 가다. 양성(酿成)하다.
行业(hángyè) : 업종. 1–6.
重组(chóngzǔ) : 동 재조직하다. 개편하다. 개조하다. 재건하다. → 구조조정.
政策(zhèngcè) : 정책. 1–1.

2) «经济参考报»记者获悉，国家发改委 · 财政部 · 国资委 · 证监会等九部委正在酝酿相关政策，着力推进钢铁 · 汽车 · 水泥 · 机械制造 · 电解铝 · 稀土 · 电子信息 · 医药等八大重点行业兼并重组。

〈경제참고보〉 기자의 정보에 의하면, 국가발개위 · 재정부 · 국자위 · 증감회 등 9개 부와 위원회가 한창 관련 정책을 마련하고 있고, 철강 · 자동차 · 시멘트 · 기계제조 · 전해 알루미늄 · 희토 · 전자정보 · 의약 등 8대 중점업종의 합병구조조정을 진력해서 추진하고 있다.

a) «经济参考报»记者获悉，
〈jīngjì cānkǎo bào〉 jìzhě huòxī
〈경제참고보〉 기자의 정보에 의하면

经济参考报(jīngjì cānkǎo bào) : 경제참고보. 〔중국 신화통신사의 경제 신문〕
记者获悉 : 기자가 …을 알게 되다. 기자가 …의 정보를 얻다.
→ 기자의 정보에 의하면,
记者(jìzhě) : 기자. 5–3.
获悉(huòxī) : 동 (어떤 소식 · 상황을) 알게 되다. 정보를 얻다.

b) 国家发改委 · 财政部 · 国资委 · 证监会等九部委正在酝酿相关政策，
guójiā fāgǎiwěi · cáizhèngbù · guózīwěi · zhèngjiānhuì děng jiǔ bùwěi zhèngzài yùnniàng xiāngguān zhèngcè
국가발개위 · 재정부 · 국자위 · 증감회 등 9개 부와 위원회가 한창 관련 정책을 마련하고 있다

※ 正在는 부사로서, 제1 동사 酝酿과 제2 동사 着力推进를 동시에 수식하고 있어, 그 표현은 뒷 동사 着力推进에서 함.

国家发改委(guójiā fāgǎiwěi) : 국가발개위. 5–12.
财政部(cáizhèngbù) : 재정부.
国资委(guózīwěi) : 국자위. 4–4.
证监会(zhèngjiānhuì) : 中国证券监督管理委员会(중국증권감독관리위원회) 약칭.
증감회.

正在(zhèngzài) : 부 지금〔한창〕 …하고 있다. 〔동작・행위가 진행 중임〕
相关(xiāngguān) : 관련(된). 1-16.

c) 着力推进钢铁・汽车・水泥・机械制造・电解铝・稀土・电子信息・医药等八大重点行业兼并重组。
zhuólì tuījìn gāngtiě・qìchē・shuǐní・jīxiè zhìzào・diànjiělǚ・xītǔ・diànzǐ xìnxī・yīyào děng bā dà zhòngdiǎn hángyè jiānbìng chóngzǔ
철강・자동차・시멘트・기계제조・전해 알루미늄・희토・전자정보・의약 등 8대 중점업종의 합병구조조정을 진력해서 추진하고 있다

着力(zhuólì) : 진력하다. 2-15.
推进(tuījìn) : 추진하다. 2-3.
钢铁(gāngtiě) : 1.명 철강. 〔주철과 강철을 아울러 이르는 말〕
2.명 견고함. 강함. 굳셈.
汽车(qìchē) : 자동차. 7-10.
水泥(shuǐní) : 명 시멘트(cement).
机械(jīxiè) : 1.명 기계. 기계 장치.
2.형 기계적이다. 융통성이 없다. 판에 박은 듯하다. 고지식하다.
制造(zhìzào) : 제조하다. 7-10.
电解铝(diànjiělǚ) : 전해 알루미늄.
电解(diànjiě) : 동 전기 분해하다. 전해하다.
铝(lǚ) : 명 알루미늄.
稀土(xītǔ) : 명 희토.
电子信息(diànzǐ xìnxī) : 전자정보. 7-10.
医药(yīyào) : 1.명 의료와 약품. 의약.
2.명 약품.
重点(zhòngdiǎn) : 중점. 1-14.
兼并重组(jiānbìng chóngzǔ) : 합병구조조정.
兼并(jiānbìng) : 1.동 합병하다.
2.동 점거하다. 불법으로 차지하다. 병탄하다. 삼키다.
企业兼并重组 : 기업합병구조조정.
企业兼并 : 기업인수.

3) 国家发改委有关人士告诉记者，最近，国务院企业兼并重组工作部际协调小组召开成员单位负责人会议，国务院有关负责人表示，今明两年是八大行业重组的关键时期，国务院要求出台具有针对性的政策加快速度推进此项工作。

국가발개위의 관련 인사가 기자에게 다음 사실을 알려주었다. 즉 최근 국무원 '기업 합병구조조정 업무 부서간 조정 소조'가 구성 단위의 책임자 회의를 개최했고, 국무원의 관련 책임자는, 올내년이 8대 업종의 합병구조조정의 관건 시기이며, 방향성을 갖춘 정책을 제기하고 속도를 올려서 이들 업무를 추진하기를 국무원이 요구한다고 표명했다.

a) 国家发改委有关人士告诉记者，
guójiā fāgǎiwěi yǒuguān rénshì gàosu jìzhě
국가발개위 관련 인사가 기자에게 …을 알려주다

有关人士(yǒuguān rénshì) : 관련 인사. 관계자.
有关(yǒuguān) : 1.동 관계가 있다. 관련이 있다. 연관되다.
2.형 관계가 있는. 관련 있는.
人士(rénshì) : 인사. 7-3.
告诉(gàosu) : 동 말하다. 알리다.

b) 最近，国务院企业兼并重组工作部际协调小组召开成员单位负责人会议，
zuìjìn, guówùyuàn qǐyè jiānbìng chóngzǔ gōngzuò bùjì xiétiáo xiǎozǔ zhàokāi chéngyuán dānwèi fùzérén huìyì
최근, 국무원 '기업 합병구조조정 업무 부서간 조정 소조'가 구성 단위의 책임자 회의를 개최했다

最近(zuìjìn) : 1.명 최근. 요즈음. 일간.
2.형 가장 짧은. 가장 가까운.
国务院(guówùyuàn) : 국무원. 1-7.
企业兼并重组工作部际协调小组 : 기업의 합병구조조정 업무를 부서간 조정하는 소조
→ '기업 합병구조조정 업무 부서간 조정 소조'.
工作(gōngzuò) : 업무. 2-1.
部际(bùjì) : 부서간. 부서 사이.
际(jì) : 명 사이. 상호간.
人际关系 : 인간 관계. 国际 : 국제.
协调(xiétiáo) : 조정하다. → 조정. 1-10.
小组(xiǎozǔ) : 소조. 7-13.
召开(zhàokāi) : 개최하다. 6-2.
成员单位(chéngyuán dānwèi) : 구성원 단위 → 구성 단위.
成员(chéngyuán) : 명 성원. 구성원.
单位(dānwèi) : 단위. 부. 부서. 3-6.
负责人(fùzérén) : 명 책임자.
会议(huìyì) : 회의. 5-2.

c) 国务院有关负责人表示,
guówùyuàn yǒuguān fùzérén biǎoshì
국무원의 관련 책임자는 …라고 표명하다

表示(biǎoshì) : (의견을) 표하다. 1-10.

d) 今明两年是八大行业重组的关键时期,
jīn míng liǎng nián shì bā dà hángyè chóngzǔ de guānjiàn shíqī
올내년이 8대 업종의 합병구조조정의 관건 시기이다

今明两年(jīn míng liǎng nián) : 올내년.
今(jīn) : 1.명 현재. 지금.
2.명 현대.
3.대 이(것).
明(míng) : 1.형 내일의. 내년의.
2.형 밝다. 환하다. 밝게 빛나다.
3.형 명백하다. 확실하다. 분명하다. 뚜렷하다.
关键(guānjiàn) : 관건. 1-10.
时期(shíqī) : 시기. 2-3.

e) 国务院要求出台具有针对性的政策加快速度推进此项工作。
guówùyuàn yāoqiú chūtái jùyǒu zhēnduìxìng de zhèngcè jiākuài sùdù tuījìn cǐ xiàng gōngzuò
방향성을 갖춘 정책을 제기하고 속도를 올려서 이들 업무를 추진하기를 국무원이 요구하다

要求(yāoqiú) : 요구하다. 4-24.
出台具有针对性的政策 : 방향성을 갖춘 정책을 제기하다.
出台(chūtái) : 제기하다. 1-15.
具有(jùyǒu) : 구비하다. 갖추다. 6-4.
针对性(zhēnduìxìng) : 명 정곡〔핵심〕을 찌르는 성질. 겨냥하는 바.
→ 지향성. 방향성.
针对(zhēnduì) : 겨누다. 조준하다. 초점을 맞추다. 5-9.
性(xìng) : 성질. 2-10.
加快速度 : 속도를 올리다.
加快(jiākuài) : 빠르게 하다. 2-7.
速度(sùdù) : 속도. 5-2.
推进此项工作 : 이들 업무를 추진하다.
推进(tuījìn) : 추진하다. 2-3.

4) 记者了解到，部际会议的“备忘录”明确了今后一个阶段推进企业兼并重组的五项重要工作。

기자의 조사에 의하면, 이후 단계에서 기업 합병구조조정을 추진하는 5항 중요 업무를 부서간 회의의 “비망록”이 명확하게 했다.

a) 记者了解到，
jìzhě liǎojiě dào
…을 기자가 알아내다 → 기자의 조사에 의하면

了解到(liǎojiě dào) : 알아내다.
了解(liǎojiě) : 1.동 조사하다. 알아내다. 알아보다. 진상을 알다.
2.동 자세하게 알다. 이해하다.
到(dào) : 동사 뒤에서 동작의 목적 달성이나 결과 발생을 나타냄. 2-11.

b) 部际会议的“备忘录”明确了今后一个阶段推进企业兼并重组的五项重要工作。
bùjì huìyì de “bèiwànglù” míngquè le jīnhòu yíge jiēduàn tuījìn qǐyè jiānbìng chóngzǔ de wǔ xiàng zhòngyào gōngzuò
이후 단계에서 기업 합병구조조정을 추진하는 5항 중요 업무를 부서간 회의의 “비망록”이 명확하게 했다

备忘录(bèiwànglù) : 비망록. 3-16.
明确(míngquè) : 명확하게 하다. 1-3.
今后一个阶段 : 이후 한 단계가 → 이후 단계에서.
今后(jīnhòu) : 명 이후. 앞으로. 금후. 지금 이후부터.
阶段(jiēduàn) : 단계. 5-9.
重要(zhòngyào) : 중요한. 1-3.

5) 一是要牢固树立以企业为主体的定位，充分发挥企业兼并重组工作部际协调机制的作用，逐步建立起协调解决问题的机制，帮助企业协调解决突出问题。

하나는 기업을 주체로 하는 자리매김을 견고히 수립하고, 기업 합병구조조정 업무의 부서간 조정 메커니즘의 작용을 충분히 발휘하며, 문제를 조정하여 해결하는 메커니즘을 점차 수립하기 시작하여, 기업이 돌출 문제를 조정하여 해결하도록 도와야 하는 것이다.

a) 一是要牢固树立以企业为主体的定位，
yī shì yào láogù shùlì yǐ qǐyè wéi zhǔtǐ de dìngwèi
하나는 기업을 주체로 하는 자리매김을 견고히 수립하다

※ 조동사 要는 본동사 树立 · 发挥 · 建立 · 帮助와 관련되어, 그 번역은 마지막 동사 帮助에서 표현됨.

一是 : 하나는 …(하는 것)이다.
要(yào) : …해야 하다. 1-10.
牢固(láogù) : 형 견고하다. 든든하다. 탄탄하다. → 견고히.
树立(shùlì) : 동 수립하다. 세우다.
以(yǐ)…为(wéi)… : …를 …로 하다. 1-6.
主体(zhǔtǐ) : 명 주체.
定位(dìngwèi) : 자리매김. 7-13.

b) 充分发挥企业兼并重组工作部际协调机制的作用，
chōngfēn fāhuī qǐyè jiānbìng chóngzǔ gōngzuò bùjì xiétiáo jīzhì de zuòyòng
기업 합병구조조정 업무의 부서간 조정 메커니즘의 작용을 충분히 발휘하다

充分(chōngfēn) : 충분히. 2-14.
发挥(fāhuī) : 발휘하다. 1-12.
机制(jīzhì) : 메커니즘. 2-10.
作用(zuòyòng) : 작용. 1-12.

c) 逐步建立起协调解决问题的机制，
zhúbù jiànlì qǐ xiétiáo jiějué wèntí de jīzhì
문제를 조정하여 해결하는 메커니즘을 점차 수립하기 시작하다

逐步(zhúbù) : 부 점진적으로. 점차. 한 걸음 한 걸음.
建立起(jiànlì qǐ) : 수립하기 시작하다.
建立(jiànlì) : 수립하다. 2-14.
起(qǐ) : 1.동 (동사 뒤에서) …하기 시작하다.
2.동 동사 뒤에서, 위로 들어올리는 행위를 나타냄.
3.동 동사 뒤에서, 어떤 사물 혹 사태가 동작에 따라 일어남을 나타냄.
4.동 동사 뒤에서, 역량이 충분한지 아닌지를 나타냄.
〔동사와 起 사이에는 대개 不 · 得가 옴〕
5.동 동사 뒤에서, 사람 또는 일에 어떤 동작이 미치는 것을 나타냄.
协调解决问题 : 문제를 조정하여 해결하다.
解决(jiějué) : 해결하다. 4-14.
问题(wèntí) : 문제. 2-10.

d) 帮助企业协调解决突出问题。
bāngzhù qǐyè xiétiáo jiějué tūchū wèntí
기업이 돌출 문제를 조정하여 해결하도록 돕다

帮助(bāngzhù) : 돕다. 7-15.
突出问题 : 돌출 문제.
突出(tūchū) : 돌출한. 1-2.

6) 二是研究出台重点行业企业兼并重组指导意见，加强对重点行业企业兼并重组的指导和服务。

둘은 중점업종 기업 합병구조조정의 지도적 의견을 연구하여 제기하고, 중점업종 기업 합병구조조정에 대한 지도와 봉사를 강화하는 것이다.

a) 二是研究出台重点行业企业兼并重组指导意见，
èr shì yánjiū chūtái zhòngdiǎn hángyè qǐyè jiānbìng chóngzǔ zhǐdǎo yìjiàn
둘은 중점업종 기업 합병구조조정의 지도적 의견을 연구하여 제기하다

研究出台…：…을 제기하는 것을 연구하다 → …을 연구하여 제기하다
研究(yánjiū)：연구하다. 1-7.
指导(zhǐdǎo)：동 지도하다. 이끌어 주다.
意见(yìjiàn)：1.명 견해. 의견.
2.명 이의(异议). 이론(异论). 불만. 반대.

b) 加强对重点行业企业兼并重组的指导和服务。
jiāqiáng duì zhòngdiǎn hángyè qǐyè jiānbìng chóngzǔ de zhǐdǎo hé fúwù
중점업종 기업 합병구조조정에 대한 지도와 봉사를 강화하다

加强(jiāqiáng)：강화하다. 2-5.
服务(fúwù)：봉사. 서비스. 4-17.

7) 三是按照国务院关于促进企业兼并重组的工作部署，针对企业兼并重组中的问题，进一步落实完善政策措施。

셋은 국무원의 기업 합병구조조정 촉진에 관한 업무배치에 따라, 기업 합병구조조정 중의 문제에 초점을 맞추어, 정책적 조치의 완성을 더욱 실현시키는 것이다.

a) 三是按照国务院关于促进企业兼并重组的工作部署，
sān shì ànzhào guówùyuàn guānyú cùjìn qǐyè jiānbìng chóngzǔ de gōngzuò bùshǔ
셋은 국무원의 기업 합병구조조정 촉진에 관한 업무배치에 따라

按照(ànzhào)：1.개 …에 의해. …에 따라.
2.동 …에 따르다. …의거하다.
关于促进企业兼并重组的工作部署：기업 합병구조조정 촉진에 관한 업무배치.
关于(guānyú)：…에 관한. 1-3.
促进企业兼并重组：기업 합병구조조정을 촉진하다
→ 기업 합병구조조정 촉진.
促进(cùjìn)：촉진하다. 1-15.
部署(bùshǔ)：배치. 2-11.

b) 针对企业兼并重组中的问题，
zhēnduì qǐyè jiānbìng chóngzǔ zhōng de wèntí
기업 합병구조조정 중의 문제에 초점을 맞추어

针对(zhēnduì) : …에 초점을 맞추다. 5-9.

c) 进一步落实完善政策措施。
jìnyíbù luòshí wánshàn zhèngcè cuòshī
정책적 조치의 완성을 더욱 실현시키다

进一步(jìnyíbù) : 더욱. 1-12.
落实(luòshí) : 실현시키다. 2-11.
完善政策措施 : 정책적 조치를 완벽하게 하다 → 정책적 조치의 완성.
完善(wánshàn) : 1.동 완벽하게〔완전하게〕 하다. 완성하다.
2.형 완벽하다. 완전하다. 흠잡을〔나무랄〕 데가 없다.
政策措施(zhèngcè cuòshī) : 정책적 조치. 1-15.

8) 四是充分发挥地方政府在促进企业兼并重组中的作用，加强组织领导，完善政策措施，形成中央和地方联动·跨部门协调配合的企业兼并重组工作机制。

넷은 지방정부의 기업 합병구조조정 촉진 중에서의 작용을 충분히 발휘하고, 조직의 영도력을 강화하며, 정책적 조치를 완벽하게 하여, 중앙과 지방이 연동하고 부서간 조정하여 협동하는 기업 합병구조조정 업무의 메커니즘을 형성하는 것이다.

a) 四是充分发挥地方政府在促进企业兼并重组中的作用，
sì shì chōngfēn fāhuī dìfāng zhèngfǔ zài cùjìn qǐyè jiānbìng chóngzǔ zhōng de zuòyòng
넷은 지방정부의 기업 합병구조조정 촉진 중에서의 작용을 충분히 발휘하다

在促进企业兼并重组中的作用 : 기업 합병구조조정 촉진 중에서의 작용

b) 加强组织领导，
jiāqiáng zǔzhī lǐngdǎo
조직의 영도력을 강화하다

组织(zǔzhī) : 조직. 6-8.
领导(lǐngdǎo) : 영도력. 7-13.

c) 完善政策措施,
wánshàn zhèngcè cuòshī
정책적 조치를 완벽하게 하다

d) 形成中央和地方联动・跨部门协调配合的企业兼并重组工作机制。
xíngchéng zhōngyāng hé dìfāng liándòng・kuàbùmén xiétiáo pèihé de qǐyè jiānbìng chóngzǔ gōngzuò jīzhì
중앙과 지방이 연동하고 부서간 조정하여 협동하는 기업 합병구조조정 업무의 메커니즘을 형성하다

形成(xíngchéng) : 동 형성되다. 이루어지다.
中央(zhōngyāng) : 중앙. 중앙정부. 1-3.
地方(dìfāng) : 지방. 지방정부. 1-3.
联动(liándòng) : 동 연동하다.
跨部门(kuàbùmén) : 동 부서를 뛰어넘다. 서로 다른 부서에 관계되다.
→ 부서간(部署间).
跨(kuà) : 뛰어넘다. 3-4.
部门(bùmén) : 부(部). 1-15.
跨国的(kuàguóde) : 국제적의. 다국적의.
配合(pèihé) : 1.동 협동하다. 협력하다. 호응하다. 조화를 이루다.
2.동 서로 합치되다. 서로 잘 맞다.
配合(pèihe) : 형 어울리다. 짝이 맞다. 조화되다. 딱 맞다.

9) 五是努力建设好企业兼并重组公共信息服务平台。
wǔ shì nǔlì jiànshè hǎo qǐyè jiānbìng chóngzǔ gōnggòng xìnxī píngtái
다섯은 기업 합병구조조정의 공공정보서비스플랫폼을 노력해서 잘 세우는 것이다.

努力建设 : …을 건설하는 것을 노력하다 → 노력해서 …을 건설하다.
努力(nǔlì) : 동 노력하다. 7-8.
建设(jiànshè) : 세우다. 2-3.
建设好 : 잘 세우다. 다 세우다.
好(hǎo) : 형 동사 뒤에 쓰여, 동작이 완성되었거나 잘 마무리되었음을 나타냄. 1-10.
公共信息服务平台(gōnggòng xìnxī fúwù píngtái) : 공공정보서비스플랫폼.
公共(gōnggòng) : 공공. 2-15.
信息(xìnxī) : 정보. 7-10.
平台(píngtái) : 1.명 플랫폼(platform).
2.명 옥상 건조대. 옥상 마당. 옥상 테라스.
3.명 평면 작업대.

10) 工信部总工程师朱宏任表示，"当前，我国工业经济结构存在产业集中度不高，企业小而分散，社会化·专业化水平较低等问题。

공신부 선임엔지니어 주 홍런의 의견에 의하면, "현재, 우리나라의 공업경제 구조에는 산업집중도가 낮으며, 기업이 작고 분산되며, 사회화·전문화의 수준이 비교적 낮은 등 문제가 존재한다.

a) 工信部总工程师朱宏任表示，
gōngxìnbù zǒng gōngchéngshı zhū hóng rèn biǎoshì
공신부 선임엔지니어 주 홍런의 의견에 의하면

工信部(gōngxìnbù)：中华人民共和国工业和信息化部(중화인민공화국공업·정보화부)의 약칭. 공신부.
总工程师(zǒnggōngchéngshī)：명 선임엔지니어. 수석엔지니어.
工程师(gōngchéngshī)：명 기사(技师). 엔지니어.
朱宏任(zhū hóng rèn)：Zhu Hongren, 주 홍런〔사람 이름〕.
表示(biǎoshì)：(…의 의견을) 나타내다. …의 의견에 의하면. 1-10.

b) "当前，我国工业经济结构存在产业集中度不高，企业小而分散，社会化·专业化水平较低等问题。
"dāngqián, wǒguó gōngyè jīngjì jiégòu cúnzài chǎnyè jízhōngdù bù gāo, qǐyè xiǎo ér fēnsǎn, shèhuìhuà·zhuānyèhuà shuǐpíng jiào dī děng wèntí
"현재, 우리나라의 공업경제 구조에는 산업집중도가 낮으며, 기업이 작고 분산되며, 사회화·전문화의 수준이 비교적 낮은 등 문제가 존재하다

当前(dāngqián)：현재. 1-4.
工业经济(gōngyè jīngjì)：공업경제. 7-14.
结构(jiégòu)：구조. 1-10.
存在(cúnzài)：동 존재하다. 1-11.
产业集中度不高：산업집중도가 높지 않다 → 산업집중도가 낮다.
产业集中度(chǎnyè jízhōngdù)：산업집중도.
产业(chǎnyè)：산업. 5-13.
集中(jízhōng)：집중. 5-12.
度(dù)：1.명 정도.
2.명 일정한 범위 안의 시간이나 공간.
3.명 한도.
4.명 법칙. 규칙. 준칙.
企业小而分散：기업이 작고 분산되다.
而(ér)：그리고. 1-8.
分散(fēnsǎn)：1.형 분산되다. 분산하다. 흩어지다.
2.동 분산시키다.

3.[동] 배포하다. 나누어주다.

社会化·专业化水平较低等问题：사회화·전문화의 수준이 비교적 낮은 등 문제.

社会化(shèhuìhuà)：[동] 사회화되다. 사회화하다. → 사회화.

专业化(zhuānyèhuà)：[동] 전문화하다. → 전문화.

水平(shuǐpíng)：1.[명] 수평.

2.[명] 수준.

较(jiào)：비교적. 2-10.

低(dī)：낮다. 5-6.

11) 这就造成了资源配置效率不高，重复研发·重复建设等突出问题。

zhè jiù zàochéng le zīyuán pèizhì xiàolǜ bù gāo, chóngfù yánfā · chóngfù jiànshè děng tūchū wèntí

이것이 바로 자원배분의 낮은 효율, 중복적인 연구개발·중복적인 건설 등 돌출문제를 초래했다.

造成(zàochéng)：초래하다. 4-12.

资源配置效率不高：자원배분의 효율이 낮다 → 자원배분의 낮은 효율.

资源配置(zīyuán pèizhì)：자원배분.

资源(zīyuán)：자원. 2-15.

配置(pèizhì)：1.[동] 배치하다. 장착하다. 부착하다. 갖추다.

2.[명] 사양. 품목. 옵션.

效率(xiàolǜ)：효율. 1-10.

重复(chóngfù)：1.[형] 중복되다. → 중복적인.

2.[동] 반복하다. 되풀이하다. 다시 하다.

研发(yánfā)：[동] 연구개발하다.

12) 进一步推进兼并重组显得相当紧迫。"

jìnyíbù tuījìn jiānbìng chóngzǔ xiǎnde xiāngdāng jǐnpò

합병구조조정의 진일보한 추진이 상당히 긴박한 것 같다."

进一步推进兼并重组：합병구조조정을 진일보하여 추진하다

→ 합병구조조정의 진일보한 추진.

进一步(jìnyíbù)：진일보하다. 1-12.

推进(tuījìn)：추진하다. 2-3.

显得(xiǎnde)：[동] …인 것 같다. …하게 보이다. 분명히〔확실히〕…이다.

…인 것처럼 보이다〔생각되다〕.

相当(xiāngdāng)：1.[부] 상당히. 무척. 꽤. 퍽.

2.[동] 엇비슷하다. 대등하다. 상당하다. 맞먹다.

3.[형] 적합하다. 적당하다. 합당하다. 알맞다.

紧迫(jǐnpò)：[형] 긴박하다. 급박하다.

13) 工信部的数据显示，目前我国粗钢生产企业有500多家，平均规模仅100多万吨，排名前10位的企业粗钢产量仅占全国总产量的48%。

공신부의 데이터에 의하면, 현재 우리나라의 조강 생산기업은 500여 곳이 있고, 평균 규모는 겨우 100여 만 톤이며, 순위 상위 10위 기업의 조강 생산량은 겨우 전국 총생산량의 48%를 점한다.

a) 工信部的数据显示，
gōngxìnbù de shùjù xiǎnshì,
공신부의 데이터는 …을 보여주다 → 공신부의 데이터에 의하면.

数据(shùjù)：명 데이터. (실험 · 설계 · 계획 등에 필요한) 통계 수치.
显示(xiǎnshì)：1.동 현시하다. 보여주다. 내보이다. 분명하게 표현하다.
2.동 과시하다. 자랑하다. 나타내다.

b) 目前我国粗钢生产企业有500多家，
mùqián wǒguó cūgāng shēngchǎn qǐyè yǒu wǔ bǎi duō jiā
현재 우리나라의 조강 생산기업은 500여 곳이 있다

目前(mùqián)：현재. 1-9.
粗钢(cūgāng)：명 조강(粗钢, 가공되지 않은 강철).
生产(shēngchǎn)：생산. 1-16.
多(duō)：…여. …남짓. 3-7.
家(jiā)：집 · 점포 · 공장 등을 세는 단위. → 곳. 1-10.

c) 平均规模仅100多万吨，
píngjūn guīmó jǐn yī bǎi duō wàn dūn
평균 규모는 겨우 100여 만 톤이다

平均(píngjūn)：1.형 평균의. 균등한. 평균적인. → 평균.
2.동 평균하다. 평균을 내다. 평균하여 …이다. 균등히 하다.
规模(guīmó)：규모. 1-3.
仅(jǐn)：겨우. 3-4.
吨(dūn)：양 톤(ton).

d) 排名前10位的企业粗钢产量仅占全国总产量的48%。
páimíng qián shí wèi de qǐyè cūgāng chǎnliàng jǐn zhān quánguó zǒng chǎnliàng de bǎifēnzhī sì shí bā
순위 상위 10위 기업의 조강 생산량은 겨우 전국 총생산량의 48%를 점하다

排名前10位：순위 상위 10위.
排名(páimíng)：1.명 순위. 서열. 석차.

2.[동] 이름을 배열하다. 순위를 매기다. 서열을 매기다. 석차를 내다.
前(qián) : 1.[명] (순서 · 방위 · 시간의) 앞. 전면. → 상위.
2.[명] (공간에서의) 바로 앞. 정면.
3.[명] 과거. 종전.
4.[명] 미래. 앞날.
5.[동] 앞으로 나아가다.
6.[형] 이전의. 종전의.
位(wèi) : 1.[명] 자리. 곳. 위치.
2.[명] 직위. 지위.
3.[양] 분. 명. 〔공경의 뜻을 내포함〕
产量(chǎnliàng) : [명] 생산량.
占(zhàn) : 점하다. 2-15.

14) 相比之下，韩国浦项制铁粗钢产量约占韩国总量的60%，德国的蒂森克虏伯 · 美国的美国钢铁公司 · 俄罗斯的谢维尔等钢铁企业，粗钢产量占本国总产量的比例都超过了20%。

대조적으로, 한국 포스코의 조강 생산량은 대략 한국 총량의 60%를 점하고, 독일의 티센크루프 · 미국의 US스틸 · 러시아의 세버스탈 등 철강 기업의 조강 생산량은 본국의 총생산량을 점한 비율이 모두 20%를 초과했다.

a) 相比之下，韩国浦项制铁粗钢产量约占韩国总量的60%，
xiāngbǐ zhīxià, hánguó pǔxiàng zhìtiě cūgāng chǎnliàng yuē zhān hánguó zǒngliàng de bǎifēnzhī liù shí
대조적으로, 한국 포스코의 조강 생산량은 대략 한국 총량의 60%를 점하다

相比之下(xiāngbǐ zhīxià) : 대조적으로. 상대적으로. …에 비해.
相比(xiāngbǐ) : [동] 비교하다. 견주다. → 비교.
之下(zhīxià) : [명] …의 아래.
浦项制铁(pǔxiàng zhìtiě) : 포스코(POSCO). 포항종합제철(주)의 후신.
浦项(pǔxiàng) : 포항. 〔도시 이름〕
制铁(zhì tiě) : 철을 만들다.
制(zhì) : 1.[동] 만들다. 제조하다.
2.[동] 마르다. 재단하다. 절단하다.
3.[동] 입안하다. 제정하다. 규정하다.
铁(tiě) : 1.[명] 쇠. 철(Fe).
2.[명] 무기.
3.[형] 단단하다. 굳세다. 견고하다.
4.[형] 강하다. 굽히지 않다. 강경하다. 믿음직하다.
约(yuē) : 대략. 3-7.

总量(zǒngliàng) : 명 총(수)량. 전체 수량.

b) 德国的蒂森克虏伯·美国的美国钢铁公司·俄罗斯的谢维尔等钢铁企业，粗钢产量占本国总产量的比例都超过了20%。

déguó de dìsēnkèlǔbó · měiguó de měiguó gāngtiě gōngsī · éluósī de xièwéiěr děng gāngtiě qǐyè, cūgāng chǎnliàng zhàn běnguó zǒng chǎnliàng de bǐlì dōu chāoguò le bǎifēnzhī èr shí

독일의 티센크루프 · 미국의 US스틸 · 러시아의 세버스탈 등 철강 기업의 조강 생산량은 본국의 총생산량을 점한 비율이 모두 20%를 초과했다

德国(déguó) : 명 독일(Germany).
蒂森克虏伯(dìsēnkèlǔbó) : 독일 Thyssen Krupp 그룹. 티센크루프.
美国钢铁公司((měiguó gāngtiě gōngsī) : United States Steel corporation. US스틸.
俄罗斯(éluósī) : 러시아. 3-15.
谢维尔(xièwéiěr) : 러시아 Severstal 그룹. 세버스탈.
…钢铁企业，粗钢产量… : … 철강 기업은, 조강 생산량이 …
→ … 철강 기업의 조강 생산량은 ….
本国(běnguó) : 1.명 본국. 이 나라.
2.명 그〔이〕 나라.
比例(bǐlì) : 비율. 2-15.
超过(chāoguò) : 1.동 초과하다. 넘다.
2.동 추월하다. 앞지르다.

15) 我国汽车行业也呈现小·弱·散的特点。

wǒguó qìchē hángyè yě chéngxiàn xiǎo · ruò · sǎn de tèdiǎn

우리나라 자동차 업종도 작고 약하고 분산된 특징을 나타낸다.

呈现(chéngxiàn) : 동 나타내다. 나타나다. 드러나다. 양상을 띠다.
散(sǎn) : 1.형 흩어진. 분산된. 낱개의. 산개한.
2.동 흩어지다. 분산하다.
3.동 분산되다. 느슨해지다. 흐트러지다.
特点(tèdiǎn) : 명 특징. 특색. 특점. 특성.

16) 据统计，目前我国有各类车辆生产企业1300多家，其中汽车整车企业有171家·摩托车120家·专用车900多家·三轮汽车和低速货车135家。

통계에 의하면, 현재 우리나라에는 각종 자동차의 생산기업 1천 3백여 곳이 있고, 그중 자동차 완성차 기업은 171 곳, 오토바이는 120 곳, 특수 특장차는 900여 곳, 삼륜차와 저속 화물차는 135 곳이 있다.

a) 据统计，目前我国有各类车辆生产企业1300多家，
jù tǒngjì, mùqián wǒguó yǒu gèlèi chēliàng shēngchǎn qǐyè yī qiān sān bǎi duō jiā
통계에 의하면, 현재 우리나라에는 각종 자동차의 생산기업 1천 3백여 곳이 있다

据(jù)：…에 의하면. 3-7.
统计(tǒngjì)：통계. 3-7.
各类(gèlèi)：각종. 6-14.
车辆(chēliàng)：명 차량.

b) 其中汽车整车企业有171家・摩托车120家・专用车900多家・三轮汽车和低速货车135家。
qízhōng qìchē zhěngchē qǐyè yǒu yī bǎi qī shí yī jiā・mótuōchē yī bǎi èr shí jiā・zhuānyòngchē jiǔ bǎi duō jiā・sānlún qìchē hé dīsù huòchē yī bǎi sān shí wǔ jiā
그중 자동차 완성차 기업은 171 곳, 오토바이는 120 곳, 특수 특장차는 900여 곳, 삼륜차와 저속 화물차는 135 곳이 있다

整车(zhěngchē)：명 온 차. 차 한 대 전부. → 완성차.
摩托车(mótuōchē)：명 오토바이.
专用车(zhuānyòngchē)：专用汽车(zhuānyòng qìchē), 특수 특장차.
专用(zhuānyòng)：동 전용하다.
三轮汽车(sānlúnqìchē)：명 삼륜차.
低速货车(dīsùhuòchē)：저속 화물차.
低速(dīsù)：형 저속의.
货车(huòchē)：명 화물차. 화차. 화물 열차.

17) 工信部认为，在这1000多家企业中，有一批企业多年来处于停产或半停产状态，产量极少甚至没有产量，生存十分困难。

공신부의 생각에 의하면, 이 1,000여 곳의 기업 중에, 다년간 생산중지 혹은 반생산중지 상태에 놓여 있어서, 생산량이 극히 적고 심지어 생산량이 없으며, 생존이 대단히 곤란한 기업이 많이 있다.

a) 工信部认为，
gōngxìnbù rènwéi
공신부의 생각에 의하면

认为(rènwéi)：…라고 생각하다. 5-14.

b) 在这1000多家企业中，
zài zhè yī qiān duō jiā qǐyè zhōng
이 1,000여 곳의 기업 중에(서)

c) 有一批企业多年来处于停产或半停产状态，产量极少甚至没有产量，生存十分困难。

yǒu yìpī qǐyè duōniánlái chǔyú tíngchǎn huò bàn tíngchǎn zhuàngtài, chǎnliàng jíshǎo shènzhì méiyǒu chǎnliàng, shēngcún shífēn kùnnan

많은 기업이 있어, 다년간 생산중지 혹은 반생산중지 상태에 놓여 있어서, 생산량이 극히 적고 심지어 생산량이 없으며, 생존이 대단히 곤란하다.

→ 다년간 생산중지 혹은 반생산중지 상태에 놓여 있어서, 생산량이 극히 적고 심지어 생산량이 없으며, 생존이 대단히 곤란한 기업이 많이 있다.

※ 有자구의 번역: [有+명사+동사]의 형식에서, 제1 번역 방식은 〔'명사'가 있어 '동사'하다.〕이고, 제2 번역 방식은 〔'동사'하는 '명사'가 있다.〕이다.

본문의 번역 방식: 一批企业이 있어 '동사'하다 → '동사'하는 一批企业이 있다.

有一批企业 : 많은 기업이 있다 → 기업이 많이 있다.

一批(yìpī) : 많은. 1-14.

多年来处于停产或半停产状态，产量极少甚至没有产量，生存十分困难 : 다년간 생산중지 혹은 반생산중지 상태에 놓여 있어서, 생산량이 극히 적고 심지어 생산량이 없으며, 생존이 대단히 곤란하다.

多年来(duōniánlái) : 다년간. 여러 해 동안.

多年(duōnián) : 명 여러 해. 오랜 세월. 다년간.

来(lái) : …동안. 1-6.

处于(chǔyú) : …에 놓이다. 4-1.

停产(tíngchǎn) : 동 생산을 중지하다. → 생산중지.

半停产 : 반생산중지.

半(bàn) : 1.부 불완전하게. 반쯤.
2.수 절반. 2분의 1. 반식민지
3.형 불완전한. 미완성의.
4.형 중간의. 한가운데의. 반쯤의.
5.형 중간의. 가운데의.

状态(zhuàngtài) : 명 상태.

极少(jíshǎo) : 극히 적다.

极(jí) : 1.부 극히. 아주. 지극히. 몹시. 매우.
2.명 정점. 절정. 최고점. 꼭대기. 끝.
3.명 극.
4.동 다하다. 정점에 이르다.
5.형 최고도의. 극도의. 최종의.

甚至(shènzhì) : 1.부 심지어. …까지도. …조차도.
2.접 …까지도. …조차도.
3.접 더욱이. 더 나아가서는.

生存(shēngcún) : 1.명 생존.
2.동 생존하다.

十分(shífēn) : 부 대단히. 매우. 아주. 충분히.

困难(kùnnan) : 곤란하다. 2-14.

8-3 번 역 9개 부와 위원회가 8대 업종의 구조조정 정책을 마련하다

〈경제참고보〉 기자의 정보에 의하면, 국가발개위 · 재정부 · 국자위 · 증감회 등 9개 부와 위원회가 한창 관련 정책을 마련하고 있고, 철강 · 자동차 · 시멘트 · 기계제조 · 전해 알루미늄 · 희토 · 전자정보 · 의약 등 8대 중점업종의 합병구조조정을 진력해서 추진하고 있다.

국가발개위의 관련 인사가 기자에게 다음 사실을 알려주었다. 즉 최근 국무원 '기업 합병구조조정 업무 부서간 조정 소조'가 구성 단위의 책임자 회의를 개최했고, 국무원의 관련 책임자는, 올내년이 8대 업종의 합병구조조정의 관건 시기이며, 방향성을 갖춘 정책을 제기하고 속도를 올려서 이들 업무를 추진하기를 국무원이 요구한다고 표명했다.

기자의 조사에 의하면, 이후 단계에서 기업 합병구조조정을 추진하는 5항 중요 업무를 부서간 회의의 "비망록"이 명확하게 했다. 하나는 기업을 주체로 하는 자리매김을 견고히 수립하고, 기업 합병구조조정 업무의 부서간 조정 메커니즘의 작용을 충분히 발휘하며, 문제를 조정하여 해결하는 메커니즘을 점차 수립하기 시작하여, 기업이 돌출 문제를 조정하여 해결하도록 도와야 하는 것이다. 둘은 중점업종 기업 합병구조조정의 지도적 의견을 연구하여 제기하고, 중점업종 기업 합병구조조정에 대한 지도와 봉사를 강화하는 것이다. 셋은 국무원의 기업 합병구조조정 촉진에 관한 업무배치에 따라, 기업 합병구조조정 중의 문제에 초점을 맞추어, 정책적 조치의 완성을 더욱 실현시키는 것이다. 넷은 지방정부의 기업 합병구조조정 촉진 중에서의 작용을 충분히 발휘하고, 조직의 영도력을 강화하며, 정책적 조치를 완벽하게 하여, 중앙과 지방이 연동하고 부서간 조정하여 협동하는 기업 합병구조조정 업무의 메커니즘을 형성하는 것이다. 다섯은 기업 합병구조조정의 공공정보서비스플랫폼을 노력해서 잘 세우는 것이다.

공신부 선임엔지니어 주 홍런의 의견에 의하면, "현재, 우리나라의 공업경제 구조에는 산업집중도가 낮으며, 기업이 작고 분산되며, 사회화 · 전문화의 수준이 비교적 낮은 등 문제가 존재한다. 이것이 바로 자원배분의 낮은 효율, 중복적인 연구개발 · 중복적인 건설 등 돌출문제를 초래했다. 합병구조조정의 진일보한 추진이 상당히 긴박한 것 같다."

공신부의 데이터에 의하면, 현재 우리나라의 조강 생산기업은 500여 곳이 있고, 평균 규모는 겨우 100여 만 톤이며, 순위 상위 10위 기업의 조강 생산량은 겨우 전국 총생산량의 48%를 점한다. 대조적으로, 한국 포스코의 조강 생산량은 대략 한국 총량의 60%를 점하고, 독일의 티센크루프 · 미국의 US스틸 · 러시아의 세버스탈 등 철강 기업의 조강 생산량은 본국의 총생산량을 점한 비율이 모두 20%를 초과했다.

우리나라 자동차 업종도 작고 약하고 분산된 특징을 나타낸다. 통계에 의하면, 현재 우리나라에는 각종 자동차의 생산기업 1천 3백여 곳이 있고, 그중 자동차 완성차 기업은 171 곳, 오토바이는 120 곳, 특수 특장차는 900여 곳, 삼륜차와 저속 화물차는 135 곳이 있다. 공신부의 생각에 의하면, 이 1,000여 곳의 기업 중에, 다년간 생산중지 혹은 반생산중지 상태에 놓여 있어서, 생산량이 극히 적고 심지어 생산량이 없으며, 생존이 대단히 곤란한 기업이 많이 있다. *

Memo

8-4 练习

国家发改委产业协调司有关负责人告诉记者，接下来国家发改委将在制定和完善重点产业专项规划的时候强化钢铁・水泥・汽车等行业兼并重组和淘汰落后行业要求。将把兼并重组和淘汰落后作为新项目审批前提。继续加强对兼并重组企业技术改造的支持力度，支持有条件企业建立技术中心来通过兼并重组淘汰落后产能。

财政部有关负责人表示，要积极做好企业兼并重组工作中财政部牵头落实的各项工作，目前，国务院要求财政部配合的8项工作也已落实到相关司局。

“对上市公司并购重组申请，证监会一直在研究分通道进行审核。”中国证监会有关负责人表示。具体而言，就是证监会将对评级良好的并购重组申请简化审批程序，而评级较差的申请将被审慎考核。他表示，评级标准一共有四个，分别是产业政策的考量・交易类型的考量・上市公司的诚信状况以及中介机构的资质和水平。上市公司诚信状况主要是根据监管部门日常的监管记录评判。

国家发改委产业协调司有关负责人表示，“从目前来看，跨行业・跨地区・跨所有制的企业兼并存在较大难度，因此，在兼并重组的过程中要处理好中央・企业・地方各方面关系。”

용 어

1) 国家发改委产业协调司(guójiā fāgǎiwěi chǎnyè xiétiáosī) : 국가발개위 산업조정국(局). 중국의 司(sī)는 한국의 국(局)에 해당하는 행정 부서이다.

2) 司局(sījú) : 부국(部局), 관공서 등에서 사무를 분담하여 다루는 곳으로, 국(局), 부(部), 과(课) 따위를 통틀어 이르는 말이다.

번 역

국가발개위 산업조정국의 관련 책임자가 기자에게 다음 사실을 알려주었다. 즉 이어서 국가발개위는 중점산업의 특정계획을 제정하고 완벽하게 할 때 철강・시멘트・자동차 등 업종의 합병구조조정과 도태낙오 업종의 요구를 장차 강화할 것이다. 장차 합병구조조정과 도태낙오를 새로운 항목의 심사허가 전제로 삼을 것이다. 합병구조조정 기업의 기술 개조에 대한 지지력을 계속 강화하고, 조건을 구비한 기업의 기술센터 건립을 지지하여 합병구조조정을 통해 낙후한 생산능력을 도태시킨다.

재정부 관련 책임자의 의견에 의하면, 기업의 합병구조조정 업무 중 재정부가 앞장서서 구체화한 각종 업무를 적극적으로 잘 완성해야 하고, 현재 국무원은 재정부가 협동하는 8항 업무도 상관 부국에 이미 확정되기를 요청한다.

"상장회사의 인수합병구조조정 신청에 대해, 증감회는 경로를 나누어 사정을 진행하는 것을 줄곧 연구하고 있는 중이다."라고 중국 증감회의 관련 책임자는 밝혔다. 구체적으로 말하자면, 바로 증감회는 등급평가가 양호한 인수합병구조조정 신청에 대해서는 심사허가 절차를 장차 간소화하고, 하지만 등급평가가 비교적 떨어지는 신청은 장차 면밀하고 신중하게 심사를 받을 것이다. 그의 의견에 의하면, 등급평가 기준은 모두 4개로, 각각 산업정책의 고려・거래 유형의 고려・상장회사의 신용상태 및 중개기구의 자질과 수준이다. 상장회사의 신용상태는 주로 감독관리부서의 일상적인 감독관리 기록 판정에 근거한다.

국가발개위 산업조정국 관련 책임자의 의견에 의하면, "현재 상황에서 보면, 업종을 뛰어넘고, 지역을 뛰어넘고, 소유제를 뛰어넘는 기업 합병에는 비교적 커다란 난이도가 존재한다. 그래서 합병구조조정의 과정에서 중앙・기업・지방 각 방면의 관계를 잘 처리해야 한다."

제 9 과

经济成分类型

경제 구성성분의 유형

9-1 正文 我国按照新的标准划分经济类型

新的标准将我国经济成分划分为9种类型。

国有经济是指生产资料归国家所有的一种经济类型，是社会主义公有制经济的重要组成部分。主要企业包括中央和地方各级国家机关·事业单位和社会团体使用国有资产投资举办的企业，也包括实行企业化经营，国家不再核拨经费或核拨部分经费的事业单位和从事经营性活动的社会团体，以及上述企业·事业单位和社会团体使用自有资金投资举办的企业。

集体经济是指生产资料归公民集体所有的一种经济类型，是社会主义公有制经济的助成部分。包括城乡所有使用集体投资举办的企业，以及部分个人通过集资自愿放弃所有权并依法经工商行政管理机关认定为集体所有制的企业。

私营经济是指生产资料归公民私人所有·以雇用劳动为基础的一种经济类型。包括所有按国家法律·规定登记注册的私营独资企业·私营合伙企业和私营有限责任公司。

个体经济是指生产资料归劳动者个人所有，以个体劳动为基础，劳动成果归劳动者个人占有和支配的一种经济类型。包括所有按照国家有关规定登记注册的个体工商户和个人合伙。

联营经济是指不同所有制性质的企业之间或者企业·事业单位之间共同投资助成新的经济实体的一种经济类型。联营经济只包括具备法人条件的紧密型联营企业。

股份制经济是指全部注册资本由全体股东共同出资，并以股份形式投资举办企业而形成的一种经济类型。股份制经济主要有股份有限公司和有限责任公司两种组织形式。全民·集体·联营·私营企业等经济组织虽以股份制形式经营，但不以股份有限公司或有限责任公司登记注册的，仍按原有所有制性质划归经济类型。

外商投资经济是指国外投资者根据我国有关涉外经济的法律·法规，以合资·合作或独资的形式在大陆境内开办企业而形成的一种经济类型。外商投资经济包括中外合资经营企业·中外合作经营企业和外资企业3种形式。

* 검색어: 企业经济类型 출처: http://baike.baidu.com/view/2135502.htm

9-2 生词与解释

1) 我国按照新的标准划分经济类型。

wǒguó ànzhào xīn de biāozhǔn huàfēn jīngjì lèixíng

우리나라는 새로운 기준에 의해 경제 유형을 구분하다.

按照(ànzhào) : …에 의해. 8-7.

标准(biāozhǔn) : 기준. 2-14.

划分(huàfēn) : 동 구분하다. 나누다. 구획하다.

类型(lèixíng) : 명 유형.

2) 新的标准将我国经济成分划分为9种类型。

xīn de biāozhǔn jiāng wǒguó jīngjì chéngfèn huàfēn wéi jiǔ zhǒng lèixíng
새로운 기준은 우리나라의 경제 구성성분을 9가지 유형으로 구분한다.

将(jiāng) : …을. 3-2.
成分(chéngfèn) : 成份(chéngfèn).
1.명 (구성) 성분. 요소.
2.명 출신. 직업. 신분. 계급.
为(wéi) : …으로. 2-11.
种(zhǒng) : 1.양 종류. 부류. 가지.
2.명 종. 종류. 갈래.
3.명 종자. 열매. 씨(앗).
4.명 인종.

3) 国有经济是指生产资料归国家所有的一种经济类型，是社会主义公有制经济的重要组成部分。

국유 경제는 생산 수단이 국가 소유에 속하는 경제 유형을 가리키고, 사회주의 공유제 경제의 중요 구성부분이다.

a) 国有经济是指生产资料归国家所有的一种经济类型，
guóyǒu jīngjì shì zhǐ shēngchǎn zīliào guī guójiā suǒyǒu de yìzhǒng jīngjì lèixíng
국유 경제는 생산 수단이 국가 소유에 속하는 경제 유형을 가리키다

国有经济是指…一种经济类型 : 국유 경제는 … 경제 유형을 가리키다.
国有经济(guóyǒu jīngjì) : 국유 경제. 4-10.
指(zhǐ) : 1.동 가리키다. 지시하다.
2.동 겨냥하다. 초점을 맞추다. 은밀히 지적하다. 암시하다.
3.동 설명하다. 명확하게 지적하다〔밝히다〕.
4.동 비난하다. 지적하다. 질책하다. 지탄하다. 손가락질하다.
5.명 손가락.
生产资料归国家所有 : 생산 수단이 국가 소유에 속하다.
生产资料(shēngchǎn zīliào) : 생산 수단.
生产(shēngchǎn) : 생산. 1-16.
资料(zīliào) : 1.명 자료.
2.명 생필품. 생활 필수품.
归(guī) : 1.동 …에 속하다. …에 귀속되다.
2.동 돌아가다. 돌아오다.
3.동 돌려주다. 귀환하다.

所有(suǒyǒu) : 소유. 3-6.
一种(yìzhǒng) : 일종의. 〔양사로 쓰여, 때론 생략 가능함〕. 3-2.

b) 是社会主义公有制经济的重要组成部分。
shì shèhuìzhǔyì gōngyǒuzhì jīngjì de zhòngyào zǔchéng bùfen
사회주의 공유제 경제의 중요 구성부분이다

社会主义公有制经济(shèhuìzhǔyì gōngyǒuzhì jīngjì) : 사회주의 공유제 경제.
社会主义(shèhuìzhǔyì) : 사회주의. 2-3.
公有制(gōngyǒuzhì) : 명 공유제. 국유제.
公有(gōngyǒu) : 동 국가〔공공 기관 · 단체〕에서 소유하다.
重要(zhòngyào) : 중요하다. 1-3.
组成部分(zǔchéng bùfen) : 명 구성부분.
组成(zǔchéng) : 1.동 짜다. 조성하다. 구성하다. 조직하다.
2.명 구성.
部分(bùfen) : 부분. 1-6.

4) 主要企业包括中央和地方各级国家机关 · 事业单位和社会团体使用国有资产投资举办的企业，也包括实行企业化经营，国家不再核拨经费或核拨部分经费的事业单位和从事经营性活动的社会团体，以及上述企业 · 事业单位和社会团体使用自有资金投资举办的企业。

주요 기업은 중앙과 지방의 각급 국가기관 · 비영리기관 및 사회단체가 국유자산의 투자를 이용하여 운영하는 기업을 포함하며, 또한 기업화 경영을 실행하며, 국가가 다시는 경비를 심사하여 지급하지 않거나 혹 일부 경비를 심사하여 지급하는 비영리기관과 영업 활동에 종사하는 사회단체, 그리고 상술한 기업 · 비영리기관과 사회단체가 자기자본의 투자를 이용하여 운영하는 기업을 포함한다.

a) 主要企业包括中央和地方各级国家机关 · 事业单位和社会团体使用国有资产投资举办的企业，
zhǔyào qǐyè baōkuò zhōngyāng hé dìfāng gèjí guójiā jīguān · shìyè dānwèi hé shèhuì tuántǐ shǐyòng guóyǒu zīchǎn tóuzī jǔbàn de qǐyè
주요 기업은 중앙과 지방의 각급 국가기관 · 비영리기관 및 사회단체가 국유자산의 투자를 이용하여 운영하는 기업을 포함하다

主要(zhǔyào) : 주요한. 2-2.
企业(qǐyè) : 기업. 1-16.
包括(baōkuò) : 포함하다. 1-15.
中央(zhōngyāng) : 중앙(정부). 1-3.
地方(dìfāng) : 지방(정부). 1-3.

各级(gèjí) : 각급. 2-14.
国家机关(guójiā jīguān) : 1.명 국가기관.
2.명 중앙 1급 기관.
机关(jīguān) : 1.명 기관. 〔공공 사무를 처리하는 부서나 조직〕
2.명 기관. 기계 장치. 기어. 전동 장치.
3.명 계책. 책략. 계략. 속셈. 꾀. 궁리.
事业单位(shìyè dānwèi) : 명 비영리기관. 사업단체. 사업기관. 사업부서.
〔예컨대, 공립 학교·의원·과학 연구 기구 등〕
单位(dānwèi) : 기관. 3-6.
社会团体(shèhuì tuántǐ) : 명 사회단체.
社会(shèhuì) : 사회. 1-3.
团体(tuántǐ) : 1.명 단체.
2.명 집단.
使用国有资产投资举办 : 국유 자산의 투자를 이용하여 운영하다.
使用(shǐyòng) : 동 사용하다. 쓰다.
国有资产(guóyǒu zīchǎn) : 명 국유자산.
资产(zīchǎn) : 자산. 4-7.
投资(tóuzī) : 투자. 1-1.
举办(jǔbàn) : 동 거행하다. 개최하다. 열다. → (기업을) 운영하다.
办(bàn) : 1.동 운영하다. 경영하다.
2.동 처리하다. 취급하다. 다루다. 하다.
3.동 처벌하다.

b) 也包括实行企业化经营，国家不再核拨经费或核拨部分经费的事业单位和从事经营性活动的社会团体，以及上述企业·事业单位和社会团体使用自有资金投资举办的企业。

yě baōkuò shíxíng qǐyèhuà jīngyíng, guójiā búzài hébō jīngfèi huò hébō bùfen jīngfèi de shìyè dānwèi hé cóngshì jīngyíngxìng huódòng de shèhuì tuántǐ, yǐjí shàngshù qǐyè · shìyè dānwèi hé shèhuì tuántǐ shǐyòng zìyǒu zījīn tóuzī jǔbàn de qǐyè

또한 기업화 경영을 실행하며, 국가가 다시는 경비를 심사하여 지급하지 않거나 혹 일부 경비를 심사하여 지급하는 비영리기관과 영업 활동에 종사하는 사회단체, 그리고 상술한 기업·비영리기관과 사회단체가 자기자본의 투자를 이용하여 운영하는 기업을 포함한다

实行企业化经营 : 기업화 경영을 실행하다.
实行(shíxíng) : 동 실행하다.
企业化经营(qǐyèhuà jīngyíng) : 기업화 경영.
企业化(qǐyèhuà) : 1.동 기업화하다.
2.동 (공업·상업·운수 등의 분야에서) 독립 채산제를 시행하다.
化(huà) : 변하다. 2-11.
经营(jīngyíng) : 경영. 운영. 4-12.

国家不再核拨经费或核拨部分经费的事业单位和从事经营性活动的社会团体：국가가 다시는 경비를 심사하여 지급하지 않거나 혹 일부 경비를 심사하여 지급하는 비영리기관과 영업 활동에 종사하는 사회단체.

不再核拨经费或核拨部分经费：다시는 경비를 심사하여 지급하지 않거나 혹 일부 경비를 심사하여 지급하다

不再(búzài)：동 다시 …하지 않다. 더는 …(이) 아니다.

核拨(hébō)：동 심사하여 지급하다.

经费(jīngfèi)：경비. 2-15.

或(huò)：1.접 혹은. 또는. 그렇지 않으면. …이거나.
2.부 혹시. 아마도. 어쩌면.
3.대 어떤 사람. 아무개. 혹자. 모인(某人).

部分(bùfen)：일부. 1-6.

从事经营性活动：영업 활동에 종사하다.

从事(cóngshì)：1.동 …에 종사하다. 몸담다.
2.동 (방법대로) 처리하다.

经营性活动(jīngyíngxìng huódòng)：영업 활동.

经营性的(jīngyíngxìngde)：영업(성)의.

性(xìng)：…성. 2-10.

活动(huódòng)：1.명 활동. 운동. 행사. 모임.
2.동 움직이다. 운동하다. 놀리다.
3.동 (어떤 목적을 위해) 뛰다. 활동〔행동〕하다.

以及(yǐjí)：그리고. 1-3.

上述企业・事业单位和社会团体使用自有资金投资举办的企业：상술한 기업・비영리기관과 사회단체가 자기자본의 투자를 이용하여 운영하는 기업.

上述(shàngshù)：형 상술한. 위에서 말한. 앞에서 말한. 전술한.

使用自有资金投资举办：자기자본의 투자를 이용하여 운영하다.

自有资金(zìyǒu zījīn)：명 자기자본. 自有资本(zìyǒu zīběn).

自有(zìyǒu)：동 본래〔스스로〕 …이 있다. 자연히〔저절로〕 …이 있다.

资金(zījīn)：명 자금. 1-14.

5) 集体经济是指生产资料归公民集体所有的一种经济类型，是社会主义公有制经济的组成部分。

집단 경제는 생산 수단이 국민의 집단 소유에 속하는 경제 유형을 가리키고, 사회주의 공유제 경제의 구성부분이다.

a) 集体经济是指生产资料归公民集体所有的一种经济类型，
jítǐ jīngjì shì zhǐ shēngchǎn zīliào guī gōngmín jítǐ suǒyǒu de yìzhǒng jīngjì lèixíng
집단 경제는 생산 수단이 국민의 집단 소유에 속하는 경제 유형을 가리키다

集体经济(jítǐ jīngjì) : 명 집단〔공동〕 경제.
  集体(jítǐ) : 명 집단. 단체.
生产资料归公民集体所有 : 생산 수단이 국민의 집단 소유에 속하다.
  公民(gōngmín) : 명 국민. 공민.
  集体所有(jítǐ suǒyǒu) : 명 집단〔공동〕 소유.

b) 是社会主义公有制经济的组成部分。
shì shèhuìzhǔyì gōngyǒuzhì jīngjì de zǔchéng bùfen
사회주의 국유제 경제의 구성부분이다

6) 包括城乡所有使用集体投资举办的企业，以及部分个人通过集资自愿放弃所有权并依法经工商行政管理机关认定为集体所有制的企业。

baōkuò chéngxiāng suǒyǒu shǐyòng jítǐ tóuzī jǔbàn de qǐyè, yǐjí bùfen gèrén tōngguò jízī zìyuàn fàngqì suǒyǒuquán bìng yīfǎ jīng gōngshāng xíngzhèng guǎnlǐ jīguān rèndìngwéi jítǐ suǒyǒuzhì de qǐyè

집단적 투자를 이용하여 운영하는 모든 도농 기업, 그리고 일부 개인이 자금모금을 통해 스스로 소유권을 포기하고 동시에 법에 따라 상공업 행정관리기관을 경유해 집단소유제로 인정되는 기업을 포함한다.

城乡所有使用集体投资举办的企业 : 집단적 투자를 이용하여 운영하는 모든 도농기업.
  城乡所有…企业 : 도농의 모든 … 기업 → … 모든 도농 기업.
    城乡(chéngxiāng) : 명 도시와 농촌. 도농.
    所有 : 모든. 3-6.
  使用集体投资举办 : 집단적 투자를 이용하여 운영하다.
    集体投资(jítǐ tóuzī) : 집단적 투자.
部分个人通过集资自愿放弃所有权并依法经工商行政管理机关认定为集体所有制的企业 : 일부 개인이 자금모금을 통해 스스로 소유권을 포기하고 동시에 법에 따라 상공업 행정관리기관을 경유해 집단소유제로 인정되는 기업.
  个人(gèrén) : 개인. 6-10.
  通过集资 : 자금모금을 통해.
    通过(tōngguò) : …을 통해. …을 거쳐. …에 의해. 1-6.
    集资(jízī) : 1. 명 자금모금.
      2. 동 자금을 모으다.
  自愿放弃所有权 : 스스로 소유권을 포기하다.
    自愿(zìyuàn) : 동 자원하다. → 스스로.
    放弃(fàngqì) : 동 (권리나 주장 · 의견 등을) 버리다. 포기하다.
    所有权(suǒyǒuquán) : 명 소유권.
  并(bìng) : 1. 부 동시에. 함께. 같이.
    2. 동 병렬하다. 나란히 하다. 가지런히 하다.

3.부 결코. 전혀. 조금도. 별로. 〔부정문에서 부정을 강조함〕
依法(yīfǎ) : 법에 따라. 법에 의거해. 6-8.
经工商行政管理机关 : 상공업 행정관리기관을 경유하다.
经(jīng) : 1.동 (장소를) 경유하다. 지나다. (손 등을) 거치다. 통하다.
2.동 (일 · 사건 등을) 경험하다. 겪다. 체험하다.
3.동 견디다. 버티다. 이겨내다. 감당하다.
4.동 다스리다. 경영하다. 관리하다.
工商(gōngshāng) : 명 공업과 상업. 상공업.
行政管理机关(xíngzhèng guǎnlǐ jīguān) : 행정관리기관.
行政(xíngzhèng) : 명 행정. 사무.
管理(guǎnlǐ) : 관리하다. 2-13.
认定为 : …으로 인정되다.
认定(rèndìng) : 1.동 인정하다. 확신하다. 굳게 믿다.
2.동 확정적으로 여기다.
集体所有制(jítǐ suǒyǒuzhì) : 집단소유제.
所有制(suǒyǒuzhì) : 명 소유제.

7) 私营经济是指生产资料归公民私人所有 · 以雇用劳动为基础的一种经济类型。

sīyíng jīngjì shì zhǐ shēngchǎn zīliào guī gōngmín sīrén suǒyǒu · yǐ gùyōng láodòng wéi jīchǔ de yìzhǒng jīngjì lèixíng

민영 경제는 생산 수단이 국민의 개인 소유에 속하고 임금노동을 기초로 하는 경제 유형을 가리킨다.

私营经济(sīyíng jīngjì) : 명 민영 경제.
私营(sīyíng) : 형 민영의. 사영의. 개인의. 민간인이〔사적으로〕 경영하는.
公民私人所有 : 국민의 개인 소유.
私人(sīrén) : 1.명 개인. 민간.
2.형 개인의. 사적인. 민간의.
3.형 개인 간의. 개인과 개인 사이의.
4.명 연고자. 개인적으로 연관이 있는 사람.
私人所有(sīrén suǒyǒu) : 개인 소유.
以雇用劳动为基础 : 임금노동을 기초로 하다.
以(yǐ)…为(wéi) : …을 …으로 삼다. 1-6.
雇佣劳动(gùyōng láodòng) : 임금노동.
雇佣(gùyōng) : 동 고용하다.
劳动(láodòng) : 1.동 육체 노동을 하다.
2.명 일. 노동.
基础(jīchǔ) : 기초. 1-13.

8) 包括所有按国家法律・规定登记注册的私营独资企业・私营合伙企业和私营有限责任公司。

baōkuò suǒyǒu àn guójiā fǎlǜ・guīdìng dēngjì zhùcè de sīyíng dúzī qǐyè・sīyíng héhuǒ qǐyè hé sīyíng yǒuxiàn zérèn gōngsī

국가 법률・규정에 준하여 등재하고 등록한 모든 민영 단독투자기업・민영 합명기업과 민영 유한책임회사를 포함한다.

所有…私营独资企业・私营合伙企业和私营有限责任公司：모든 … 민영 단독투자기업・민영 합명기업과 민영 유한책임회사
→ … 모든 민영 단독투자기업・민영 합명기업과 민영 유한책임회사.

按国家法律・规定登记注册：국가 법률・규정에 준하여 등재하고 등록하다.

按(àn)：1.개 …에 준하여. …에 의거하여. …에 따라서.
2.동 (손이나 손가락 등으로) 누르다.
3.동 억누르다. 억제하다.

法律(fǎlǜ)：명 법률.

规定(guīdìng)：1.동 규정하다. 정하다.
2.명 규정. 규칙.

登记注册：등재하고 등록하다.

登记(dēngjì)：동 등기하다. 등록하다. 기입하다. 기재하다.

注册(zhùcè)：동 (주관 기관・학교 등에) 등록하다. 등기하다.

企业登记注册(qǐyè dēngjì zhùcè)：기업 등록.

私营独资企业(sīyíng dúzī qǐyè)：민영 단독투자기업.

独资(dúzī)：단독〔독자〕 투자. 개인〔단독〕 투자하다.

私营合伙企业(sīyíng héhuǒ qǐyè)：민영 합명기업.

合伙企业(héhuǒ qǐyè)：합명기업. 합명회사.

合伙(héhuǒ)：동 동업하다. 동료가 되다. 한패가 되다.

合伙人(héhuǒrén)：동업자. 공동 출자 경영자.

私营有限责任公司(sīyíng yǒuxiàn zérèn gōngsī)：민영 유한책임회사.

有限责任公司(yǒuxiàn zérèn gōngsī)：유한책임회사.

有限(yǒuxiàn)：1.형 유한하다. 한계가 있다.
2.형 수량이 적다. 정도가 비교적 낮다. 수준이 떨어지다.

责任(zérèn)：책임. 4-14.

9) 个体经济是指生产资料归劳动者个人所有，以个体劳动为基础，劳动成果归劳动者个人占有和支配的一种经济类型。

gètǐ jīngjì shì zhǐ shēngchǎn zīliào guī láodòngzhě gèrén suǒyǒu, yǐ gètǐ láodòng wéi jīchǔ, láodòng chéngguǒ guī láodòngzhě gèrén zhànyǒu hé zhīpèi de yìzhǒng jīngjì lèixíng

개인 경제는 생산 수단이 노동자 개인 소유에 속하고, 개인 노동을 기초로 하며, 노동 성과가 노동자 개인의 점유와 지배에 속하는 경제 유형을 가리킨다.

个体经济(gètǐ jīngjì) : 명 개인 경제.
　个体(gètǐ) : 1.명 개인. 인간. 개체. 개물(个物).
　　　　　　 2.명 자영업(자). 개인 사업(자).
　个体户(gètǐhù) : 명 자영업자.
生产资料归劳动者个人所有 : 생산 수단이 노동자 개인 소유에 속하다.
　劳动者(láodòngzhě) : 1.명 근로자. 노동자.
　　　　　　　　　　 2.명 육체 노동자.
　个人(gèrén) : 개인. 6-10.
以个体劳动为基础 : 개인 노동을 기초로 하다.
劳动成果归劳动者个人占有和支配 : 노동 성과가 노동자 개인의 점유와 지배에 속하다.
　劳动成果(láodòng chéngguǒ) : 노동 성과.
　　成果(chéngguǒ) : 성과. 7-13.
　占有(zhànyǒu) : 1.동 점유하다.
　　　　　　　　 2.동 (어떤 유리한 위치를) 차지하다.
　　　　　　　　 3.동 장악하다. 차지하다. 소유하다. 소지하다.
　支配(zhīpèi) : 1.동 안배하다. 분배하다. 배치하다.
　　　　　　　 2.동 지배하다. 통제하다. 지휘하다.

10) 包括所有按照国家有关规定登记注册的个体工商户和个人合伙。

baōkuò suǒyǒu ànzhào guójiā yǒuguān guīdìng dēngjì zhùcè de gètǐ gōngshānghù hé gèrén héhuǒ

국가의 관련 규정에 의해 등재하고 등록한 모든 개인 사업자와 개인 동업자를 포함한다.

所有…个体工商户和个人合伙 : 모든 … 개인 사업자와 개인 동업자.
　　　　　　　　　　　　　→ … 모든 개인 사업자와 개인 동업자.
　个体工商户(gètǐ gōngshānghù) : 个体户(gètǐhù).
　　　　　　　　　　　　　　　 1.명 개인 사업자(계층). 자영업자(계층).
　　　　　　　　　　　　　　　 2.명 자영업. 개인 사업.
　个人合伙(gèrén héhuǒ) : 개인 동업자.
按照国家有关规定登记注册 : 국가의 관련 규정에 의해 등재하고 등록하다.

有关规定 : 관련 있는 규정 → 관련 규정.
有关(yǒuguān) : 관련 (있는). 8-3.

11) 联营经济是指不同所有制性质的企业之间或者企业·事业单位之间共同投资组成新的经济实体的一种经济类型。

liányíng jīngjì shì zhǐ bùtóng suǒyǒuzhì xìngzhì de qǐyè zhījiān huòzhě qǐyè · shìyè dānwèi zhījiān gòngtóng tóuzī zǔchéng xīnde jīngjì shítǐ de yìzhǒng jīngjì lèixíng

공동경영 경제는 소유제 성분이 상이한 기업 사이에 혹은 기업·비영리기관 사이에 공동으로 투자하여 새로운 경제 실체를 구성한 경제 유형을 가리킨다.

联营经济(liányíng jīngjì) : 명 공동경영 경제.
联营(liányíng) : 통 공동으로 경영하다. 연합하여 운영하다. → 공동경영.
不同所有制性质的企业之间 : 상이한 소유제 성분의 기업 사이
→ 소유제 성분이 상이한 기업 사이.
不同(bùtóng) : 상이한. 다른. 1-7.
性质(xìngzhì) : 명 성분(性分). 성질.
之间(zhījiān) : (…의) 사이. 5-7.
或者(huòzhě) : 1.부 아마. 어쩌면. 혹시(…인지 모른다).
2.접 …이던가 아니면 …이다.
3.접 …를 하든지 아니면 …을 한다.
企业·事业单位之间共同投资组成新的经济实体 : ①共同投资가 동사일 경우 번역: 기업·비영리기관 사이에 공동으로 투자하여 새로운 경제 실체를 구성하다.
②共同投资가 명사일 경우 번역 : 기업·비영리기관 사이의 공동투자가 새로운 경제 실체를 구성하다.
共同投资(gòngtóng tóuzī) : 1.통 공동으로 투자하다.
2.명 공동투자.
共同(gòngtóng) : 1.형 공동의. 공통의.
2.부 함께. 다 같이. 더불어.
组成新的经济实体 : 새로운 경제 실체를 구성하다.
经济实体(jīngjì shítǐ) : 명 경제 실체.

12) 联营经济只包括具备法人条件的紧密型联营企业。

liányíng jīngjì zhǐ baōkuò jùbèi fǎrén tiáojiàn de jǐnmìxíng liányíng qǐyè

공동경영 경제는 법인 조건을 구비한 긴밀한 유형의 공동경영 기업만을 오직 포함한다.

只(zhǐ) : 1.부 단지. 다만. 오직. 겨우. 한갓.
2.통 오직〔단지·겨우〕…밖에 없다. 오직 …이다.
具备法人条件 : 법인 조건을 구비하다.
具备(jùbèi) : 구비하다. 4-11.

法人(fărén) : 명 법인.
条件(tiáojiàn) : 조건. 6-8.
紧密型联营(jĭnmìxíng liányíng) : 긴밀한 유형의 공동경영. 5-3.
联营은 紧密型联营, 半紧密型联营(bàn jĭnmìxíng liányíng, 반 긴밀한 유형의 공동경영), 松散型联营(sōngsănxíng liányíng, 느슨한 유형의 공동경영) 등 셋으로 나눈다.
型(xíng) : 1.명 유형. 규격. 모양. 형식. 양식. 모델. 타입.
2.명 본. 모형. 주형(铸型).

13) 股份制经济是指全部注册资本由全体股东共同出资，并以股份形式投资举办企业而形成的一种经济类型。

gŭfènzhì jīngjì shì zhĭ quánbù zhùcè zīběn yóu quántĭ gŭdōng gòngtóng chūzī, bìng yĭ gŭfèn xíngshì tóuzī jŭbàn qĭyè ér xíngchéng de yìzhŏng jīngjì lèixíng
주주제 경제는 등기자본 전부가 전체 주주로부터 공동으로 출자되고, 동시에 주식 형식의 투자로써 기업을 운영하여 형성된 경제 유형을 가리킨다.

股份制经济(gŭfènzhì jīngjì) : 주주제 경제.
股份制(gŭfènzhì) : 주주제. 6-11.
全部注册资本由全体股东共同出资 : 등기자본 전부가 전체 주주로부터 공동으로 출자되다.
全部注册资本 : 전부의 등기자본 → 등기자본 전부.
全部(quánbù) : 1.형 전부의. 전체의. 모두의. 전반의.
2.명 전부. 전체. 모두.
注册资本(zhùcè zīběn) : 등기자본.
由(yóu) : …으로부터. …이. …에서. 〔동작의 주체를 이끌어 냄〕. 3-6.
全体(quántĭ) : 1.명 전체.
2.명 전신. 온몸.
股东(gŭdōng) : 1.명 주주.
2.명 출자자.
出资(chūzī) : 출자하다. 4-14.
并以股份形式投资举办企业而形成的一种经济类型 : 동시에 주식 형식의 투자로써 기업을 운영하여 형성된 경제 유형.
以股份形式投资举办企业 : ①投资가 명사일 경우 번역 : 주식 형식의 투자로써 기업을 운영하다.
②投资가 동사일 경우 번역: 주식 형식으로써 투자하여 기업을 운영하다.
以(yĭ) : …으로써. 1-11.
股份(gŭfèn) : 주식. 6-11.
形式(xíngshì) : 명 형식. 형태.
形成(xíngchéng) : 형성되다. 8-8.

14) 股份制经济主要有股份有限公司和有限责任公司两种组织形式。

gǔfènzhì jīngjì zhǔyào yǒu gǔfèn yǒuxiàn gōngsī hé yǒuxiàn zérèn gōngsī liǎng zhǒng zǔzhī xíngshì

주주제 경제는 주식회사와 유한책임회사의 2가지 조직 형식이 주로 있다.

主要(zhǔyào) : 주로. 2-2.
股份有限公司(gǔfèn yǒuxiàn gōngsī) : 주식회사.
组织(zǔzhī) : 조직. 6-8.

15) 全民・集体・联营・私营企业等经济组织虽以股份制形式经营，但不以股份有限公司或有限责任公司登记注册的，仍按原有所有制性质划归经济类型。

전 국민 기업・집단 기업・공동경영 기업・민영 기업 등의 경제 조직은 비록 주주제 형식으로써 경영하지만, 그러나 주식회사 혹 유한책임회사로써 등재하고 등록한 것이 아니어서, 여전히 고유의 소유제 성질에 준하여 경제 유형을 구분 편입한다.

a) 全民・集体・联营・私营企业等经济组织虽以股份制形式经营，

quánmín・jítǐ・liányíng・sīyíng qǐyè děng jīngjì zǔzhī suī yǐ gǔfènzhì xíngshì jīngyíng

전 국민 기업・집단 기업・공동경영 기업・민영 기업 등의 경제 조직은 비록 주주제 형식으로써 경영하지만

全民・集体・联营・私营企业 : 전 국민 기업・집단 기업・공동경영 기업・민영 기업.
　全民(quánmín) : 명 전체 국민. 전 국민.
虽(suī) : 1.접 비록 …이지만.
　　2.접 설사 …이더라도
以股份制形式经营 : 주주제 형식으로써 경영하다.

b) 但不以股份有限公司或有限责任公司登记注册的，

dàn bù yǐ gǔfèn yǒuxiàn gōngsī huò yǒuxiàn zérèn gōngsī dēngjì zhùcè de

그러나 주식회사 혹 유한책임회사로써 등재하고 등록한 것이 아니다

但(dàn) : 그러나. 1-11.
不以…登记注册的 : …으로써 등재하고 등록한 것이 아니다.

c) 仍按原有所有制性质划归经济类型。

réng àn yuányǒu suǒyǒuzhì xìngzhì huàguī jīngjì lèixíng

여전히 고유의 소유제 성질에 준하여 경제 유형을 구분 편입하다

仍(réng) : 1.부 여전히. 아직도.

2.동 따르다. 답습하다.
3.형 빈번하다. 잦다.
原有(yuányǒu) : 형 고유의. 원래 있는.
划归(huàguī) : 동 구분 편입하다. 구분하여 귀속시키다.

16) 外商投资经济是指国外投资者根据我国有关涉外经济的法律・法规，以合资・合作或独资的形式在大陆境内开办企业而形成的一种经济类型。
wàishāng tóuzī jīngjì shì zhǐ guówài tóuzīzhě gēnjù wǒguó yǒuguān shèwài jīngjì de fǎlǜ・fǎguī, yǐ hézī・hézuò huò dúzī de xíngshì zài dàlù jìngnèi kāibàn qǐyè ér xíngchéng de yìzhǒng jīngjì lèixíng
외자 경제는 외국 투자자가 우리나라의 대외경제 관련 법률・법규에 의거하여, 합자・합작 혹 단독 투자의 형식으로써 중국대륙의 국내에서 기업을 운영하여 형성된 경제 유형을 가리킨다.

外商投资经济(wàishāng tóuzī jīngjì) : 외자 경제.
外商(wàishāng) : 1.명 외국 상인.
2.명 외국 상사(商社). 외상(外商).
外商投资(wàishāng tóuzī) : 외국인투자. 외자.
外商投资企业(wàishāngtóuzīqǐyè) : 외자기업.
国外投资者(guówài tóuzīzhě) : 외국〔국외〕 투자자.
国外(guówài) : 명 외국. 국외.
根据我国有关涉外经济的法律・法规 : 우리나라의 대외경제 관련 법률・법규에 의거하여.
根据(gēnjù) : …에 의거하여. 7-12.
有关涉外经济的法律・法规 : 대외경제와 관련 있는 법률
→ 대외경제 관련 법률・법규.
涉外(shèwài) : 동 외교에 관련되다. → 대외의. 대외. 섭외.
涉外经济(shèwài jīngjì) : 대외경제.
法规(fǎguī) : 명 법규.
以合资・合作或独资的形式 : 합자・합작 혹 단독 투자의 형식으로써.
合资(hézī) : 동 합자하다. 공동으로 출자하다. → 합자.
合作(hézuò) : 합작. 3-16.
在大陆境内开办企业而形成 : 중국 대륙의 국내에서 기업을 운영하여 형성되다.
大陆(dàlù) : 1.명 중국 대륙.
2.명 대륙.
境内(jìngnèi) : 명 국내. 경내. 나라 안.
开办(kāibàn) : 동 개설하다. 창설하다. 설립하다. 창립하다. 개업하다.

17) 外商投资经济包括中外合资经营企业·中外合作经营企业和外资企业3种形式。

wàishāng tóuzī jīngjì baōkuò zhōngwài hézī jīngyíng qǐyè · zhōngwài hézuò jīngyíng qǐyè hé wàizī qǐyè sān zhǒng xíngshì

외자 경제는 중외합자경영기업 · 중외합자경영기업과 외자기업의 3가지 형식을 포함한다.

中外合资经营企业(zhōngwài hézī jīngyíng qǐyè) : 중외합자경영기업.
　中外(zhōngwài) : [명] 중국과 외국. 중외(中外).
　合资经营(hézī jīngyíng) : 합자경영.
中外合作经营企业(zhōngwài hézuò jīngyíng qǐyè) : 중외합작경영기업.
　合作经营(hézuò jīngyíng) : 합작경영.
外资企业(wàizī qǐyè) : 외자기업.
　外资(wàizī) : [명] 외자. 외국 자본. *

Memo

9-3 번 역 우리나라는 새로운 기준에 의해 경제 유형을 구분하다

새로운 기준은 우리나라의 경제 구성성분을 9가지 유형으로 구분한다.

국유 경제는 생산 수단이 국가 소유에 속하는 경제 유형을 가리키고, 사회주의 공유제 경제의 중요 구성부분이다. 주요 기업은 중앙과 지방의 각급 국가기관・비영리기관 및 사회단체가 국유자산의 투자를 이용하여 운영하는 기업을 포함하며, 또한 기업화 경영을 실행하며, 국가가 다시는 경비를 심사하여 지급하지 않거나 혹 일부 경비를 심사하여 지급하는 비영리기관과 영업 활동에 종사하는 사회단체, 그리고 상술한 기업・비영리기관과 사회단체가 자기자본의 투자를 이용하여 운영하는 기업을 포함한다.

집단 경제는 생산 수단이 국민의 집단 소유에 속하는 경제 유형을 가리키고, 사회주의 공유제 경제의 구성부분이다. 집단적 투자를 이용하여 운영하는 모든 도농 기업, 그리고 일부 개인이 자금모금을 통해 스스로 소유권을 포기하고 동시에 법에 따라 상공업 행정관리기관을 경유해 집단소유제로 인정되는 기업을 포함한다.

민영 경제는 생산 수단이 국민의 개인 소유에 속하고 임금노동을 기초로 하는 경제 유형을 가리킨다. 국가 법률과 규정에 준하여 등재하고 등록한 모든 민영 단독투자기업・민영 합명기업과 민영 유한책임회사를 포함한다.

개인 경제는 생산 수단이 노동자 개인 소유에 속하고, 개인 노동을 기초로 하며, 노동 성과가 노동자 개인의 점유와 지배에 속하는 경제 유형을 가리킨다. 국가의 관련 규정에 의해 등재하고 등록한 모든 개인 사업자와 개인 동업자를 포함한다.

공동경영 경제는 소유제 성분이 상이한 기업 사이에 혹은 기업・비영리기관 사이에 공동으로 투자하여 새로운 경제 실체를 구성한 경제 유형을 가리킨다. 공동경영 경제는 법인 조건을 구비한 긴밀한 유형의 공동경영 기업만을 오직 포함한다.

주주제 경제는 등기자본 전부가 전체 주주로부터 공동으로 출자되고, 동시에 주식 형식의 투자로써 기업을 운영하여 형성된 경제 유형을 가리킨다. 주주제 경제는 주식회사와 유한책임회사의 2가지 조직 형식이 주로 있다. 전 국민 기업・집단 기업・공동

경영 기업・민영 기업 등의 경제 조직은 비록 주주제 형식으로써 경영하지만, 그러나 주식회사 혹 유한책임회사로써 등재하고 등록한 것이 아니어서, 여전히 고유의 소유제 성질에 준하여 경제 유형을 구분 편입한다.

외자 경제는 외국 투자자가 우리나라의 대외경제 관련 법률・법규에 의거하여, 합자・합작 혹 단독 투자의 형식으로써 중국대륙의 국내에서 기업을 운영하여 형성된 경제 유형을 가리킨다. 외자 경제는 중외합자경영기업・중외합자경영기업과 외자기업의 3가지 형식을 포함한다.

Memo

9-4 练习

港澳台投资经济是指港·澳·台地区投资者依照中华人民共和国有关涉外经济的法律·法规，以合资·合作或独资的形式在大陆举办企业而形成的一种经济类型。港·澳·台投资经济参照外商投资经济，可分为合资经营企业·合作经营企业和独资企业3种形式。

其他经济是指以上8种类型之外的其他经济类型。随着经济体制改革的深化，可能会出现新的经济形式，或遇到不易划清的，可列入其他经济类型。

1998年9月，国家统计局制定了《关于统计上划分经济成分的规定》，对我国的经济类型进行了重新划分。其主要内容包括我国的经济成份划分为两大类别，共五种成份类型。第一大类为公有经济，其中包括国有经济和集体经济两种成份类型；第二大类为非公有经济，其中包括私有经济·港澳台经济·外商经济三种成份类型。在具体确定企业经济成份时的推算方法是根据企业实收资本中的国家资本·集体资本·个人资本·港澳台资本和外商资本确定经济成份。即实收资本中的国家资本作为国有经济成份，集体资本作为集体经济成份，个人资本作为私人经济成份，外商资本作为外商经济成份。新的经济成份类型划分，为观察我国社会经济结构变化提供了一个更为准确·全面的工具，为宏观经济决策提供了客观依据，也为我国社会主义市场经济体制的建立提供了一个重要的基础。

용 어

1) 国家统计局(guójiā tǒngjìjú) : 中华人民共和国国家统计局(중화인민공화국 국가통계국)의 약칭. 국가통계국.
2) 实收资本(shíshōu zīběn) : 납입자본.
   实收(shíshōu) : 명 실수입. 실제로 받은 금액.
3) 私人经济(sīrén jīngjì) : 민간 경제.
4) 宏观经济(hóngguān jīngjì) : 거시경제.

번 역

홍콩・마카오・타이완 투자 경제는 홍콩・마카오・타이완 지역의 투자자가 중화인민공화국의 대외경제 관련 법률・법규에 의해서, 합자・합작 혹 단독 투자의 형식으로써 중국대륙에서 기업을 운영하여 형성된 경제 유형을 가리킨다. 홍콩・마카오・타이완 투자 경제는 외자 경제를 참조하고, 합자경영기업・합작경영기업과 단독투자기업의 3가지 형식으로 구분한다.

기타 경제는 이상 8종 유형 이외의 기타 경제 유형을 가리킨다. 경제체제개혁의 심화에 따라, 아마도 새로운 경제 형식이 나타나고, 혹은 분명하게 구별하기 쉽지 않은 것에 마주칠 수 있어서, 기타 경제 유형에 편입시킬 수 있다.

1998년 9월, 국가통계국은 〈통계상 경제 성분의 구분에 관한 규정〉을 제정했고,
우리나라의 경제 유형에 대해 새로운 구분을 진행했다. 그 주요 내용은 우리나라의 경제 성분이 2대 종류로 구분되고, 모두 5가지의 성분 유형임을 포함하고 있다. 첫 번째 종류는 공유 경제이고, 그 중에는 국유 경제와 집단 경제의 2가지 성분 유형이 포함되고, 두 번째 종류는 비공유 경제이고, 그 중에는 사유 경제와 홍콩・마카오・타이완 경제 및 외상 경제의 3가지 성분 유형이 포함된다. 기업의 경제 성분을 구체적으로 확정할 때 추산 방법은 기업 납입자본 중의 국가 자본, 집단 자본, 개인 자본, 홍콩・마카오・타이완 자본, 외상 자본에 근거하여 경제 성분을 확정한다. 즉 납입자본 중의 국가

자본은 국유 경제 성분이 되고, 집단 자본은 집단 경제 성분이 되고, 개인 자본은 민간 경제 성분이 되고, 외상 자본은 외상 경제 성분이 된다. 새로운 경제 성분의 유형 구분은, 우리나라 사회・경제 구조변화의 관찰을 위해 더욱 정확하고 전면적인 도구를 제공했고, 거시경제의 정책결정을 위해 객관적 근거를 제공했으며, 또한 우리나라 사회주의 시장경제체제의 수립을 위해 중요한 기초를 제공했다.

Memo

제10과

收入分配制度

소득분배제도

10-1 正文 我国收入分配制度改革箭在弦上

近十年来，中国经济体制改革取得重大进展，增强了经济社会发展的动力和活力。同时，在历时八年的争议后，收入分配制改革总体方案有望今年推出。近日，多位专家在谈及收入分配改革方案时认为，在使居民收入增幅能够跟上社会财富增长幅度的同时，垄断行业的改革是下一步收入分配改革的重要领域。

收入分配改革总体方案多年“难产” 专家认为今年年内一定出台

从2004年以来，有关出台收入分配改革方案的消息几乎每年都会出现，但仍然不见方案出台。对于“难产”的原因，主要是在于它牵涉到了各种利益的博弈，包括权贵利益群体·垄断利益群体和资源利益群体。

人力资源和社会保障部劳动工资研究所最新发布的《2011中国薪酬报告》显示，去年，我国居民收入增长远远低于财政收入和企业收入增长，使得居民收入占国民收入相对比重不升反降。

去年我国公共财政收入增长24.8%，增幅是城镇居民人均可支配收入的1.76倍，是农村居民人均纯收入名义的1.39倍，而同期企业收入增长幅度为20%左右，也远高于居民收入。《报告》认为，收入分配不合理·不均衡状况并没有根本扭转，在一定程度上已经成为制约我国社会发展的瓶颈，也将影响到经济进一步升级和社会转型，应加快工资制度改革和收入分配改革。

北京国际城市发展研究院联合中国社科文献出版社发布的首部«社会管理蓝皮书--中国社会管理创新报告»指出，2010年我国基尼系数已达到0.438，20世纪90年代以来，基尼系数在以每年0.1个百分点的速度提高，并且有进一步扩大的可能。

据悉，在中国收入分配差距中，城乡差距和地区差距已经占据支配性地位，城乡差距的影响尤其突出。据报道，2007年城乡差距对总体收入差距的贡献约占50%左右。

据国家统计局最新发布的数据显示，上半年，城镇居民人均总收入13679元。其中，城镇居民人均可支配收入12509元，同比名义增长13.3%；扣除价格因素实际增长9.7%。农村居民人均现金收入4303元，同比名义增长16.1%；扣除价格因素实际增长12.4%，比上年同期回落1.3个百分点，农村居民收入增速快于城镇。

* 출처: 中国网. http://finance.people.com.cn/n/2012/1007/c1004-19180446.html

10-2 生词与解释

1) 我国收入分配制度改革箭在弦上

wǒguó shōurù fēnpèi zhìdù gǎigé jiàn zài xián shàng

우리나라 소득분배제도의 개혁은 반드시 행해야 할 지경에 이르다

收入(shōurù)：소득. 수입. 3-11.
分配(fēnpèi)：분배. 2-8.
制度(zhìdù)：제도. 4-14.
改革(gǎigé)：개혁. 1-12.
箭在弦上(jiàn zài xián shàng)：1.화살이 시위에 올려지다.

2.일의 형세가 이미 그만둘 수 없는 지경에 이르다.
→ 반드시 행해야 할 지경에 이르다.

2) 近十年来，中国经济体制改革取得重大进展，增强了经济社会发展的动力和活力。

jìn shí nián lái, zhōngguó jīngjì tǐzhì gǎigé qǔdé zhòngdà jìnzhǎn, zēngqiáng le jīngjì shèhuì fāzhǎn de dònglì hé huólì

최근 10년 동안, 중국 경제체제의 개혁은 크게 진보하고, 경제・사회 발전의 동력과 활력을 강화했다.

近十年来：최근 10년 동안.
近(jìn)：(시간적 거리가) 가깝다. 3-19.
来(lái)：…동안. 1-6.
经济(jīngjì)：경제. 1-2.
体制(tǐzhì)：체제. 2-10.
取得重大进展：커다한 진보〔발전〕을 얻다 → 크게 진보하다.
取得(qǔdé)：취득하다. 얻다. 2-3.
重大(zhòngdà)：(무겁고) 커다란. 3-3.
进展(jìnzhǎn)：진보. 발달. 3-4.
增强(zēngqiáng)：강화하다. 6-5.
社会(shèhuì)：사회. 1-3.
发展(fāzhǎn)：발전. 1-7.
动力(dònglì)：동력. 2-11.
活力(huólì)：활력. 4-15.

3) 同时，在历时八年的争议后，收入分配体制改革总体方案有望今年推出。

동시에, 8년 동안 계속된 논의 이후, 소득분배체제 개혁의 총체적 방안은 올해에 내놓을 가능성이 있다.

a) 同时，在历时八年的争议后，
tóngshí, zài lìshí bā nián de zhēngyì hòu
동시에, 8년 동안 계속된 논의 이후에

同时(tóngshí)：동시에. 1-14.
在(zài)…后(hòu)：…한 이후〔후〕에. 1-3. 3-3.
历时八年：8년을 경과하다. 8년이 계속되다. → 8년 동안 계속되다.
历)时(lìshí)：1.동 (일정) 시간이 경과되다〔계속되다・지속되다〕.
2.형 통시적. 역사적. 〔共时(공시적)와 구별됨〕

争议(zhēngyì) : 1.[동] 쟁의하다. 논의하다. 쟁론하다. 논쟁하다. → 논의. 논쟁.
2.[명] 이견. 다른 의견.

b) 收入分配体制改革总体方案有望今年推出。
shōurù fēnpèi tǐzhì gǎigé zǒngtǐ fāngàn yǒuwàng jīnnián tuīchū
소득분배체제 개혁의 총체적 방안은 올해에 내놓을 가능성이 있다

总体(zǒngtǐ) : 총체[적]. 전체[적]. 2-9.
方案(fāngàn) : 방안. 6-5.
有望今年推出 : 올해에 내놓을 가능성이 있다.
有望(yǒuwàng) : [동] 유망하다. 가능성이 있다. 희망적이다.
今年(jīnnián) : [명] 올해. 금년. 8-3.
推出(tuīchū) : 내놓다. 1-9.

4) 近日，多位专家在谈及收入分配改革方案时认为，在使居民收入增幅能够跟上社会财富增长幅度的同时，垄断行业的改革是下一步收入分配改革的重要领域。

최근, 많은 전문가가 소득분배 개혁방안을 언급할 때, 주민의 소득 증가폭이 사회 재산의 증가폭을 따라잡을 수 있게 만드는 동시에, 독점 업종의 개혁은 다음 단계 소득분배 개혁의 중요 영역이라고 생각한다.

a) 近日，多位专家在谈及收入分配改革方案时认为，
jìnrì, duō wèi zhuānjiā zài tánjí shōurù fēnpèi gǎigé fāngàn shí rènwéi
최근, 많은 전문가가 소득분배 개혁방안을 언급할 때 …라고 생각하다

近日(jìnrì) : 최근. 7-11.
多位专家 : 여러 명의 전문가 → 많은 전문가.
多(duō) : 많은. 3-7.
位(wèi) : 분. 명. 8-13.
专家(zhuānjiā) : [명] 전문가.
在谈及收入分配改革方案时 : 소득분배 개혁방안을 언급할 때.
在(zài)…时(shí) : …(하는) 때에. 5-3.
谈及(tánjí) : [동] 언급하다. …에까지 말이 미치다.
认为(rènwéi) : …라고 생각하다. 5-14

b) 在使居民收入增幅能够跟上社会财富增长幅度的同时，
zài shǐ jūmín shōurù zēngfú nénggòu gēnshàng shèhuì cáifù zēngzhǎng fúdù de tóngshí
주민의 소득 증가폭이 사회 재산의 증가폭을 따라잡을 수 있게 만드는 동시에

在(zài)…的同时(de tóngshí)：…하는 동시에. 1-14.
使居民收入增幅能够跟上…：주민의 소득 증가폭으로 하여금 …을 따라잡을 수 있게 하다
→ 주민의 소득 증가폭이 …을 따라잡을 수 있게 만들다.
使(shǐ)：…하게 하다. 2-14.
居民(jūmín)：명 주민. 거(주)민.
增幅(zēngfú)：명 증가폭.
能够(nénggòu)：1.동 …할 수 있다.
2.동 …해도 된다.
3.동 …에 쓰인다. …에 효과가 있다.
跟上(gēnshàng)：동 따라잡다. 따라붙다. 뒤를 쫓다. 뒤따르다. 시간에 대다.
社会财富(shèhuì cáifù)：명 사회 재산.
财富(cáifù)：명 부(富). 재산. 자산.
增长(zēngzhǎng)：증가. 1-1.
幅度(fúdù)：1.명 폭. 정도. 너비.
2.명 사물의 변동 폭.

c) 垄断行业的改革是下一步收入分配改革的重要领域。
lǒngduàn hángyè de gǎigé shì xiàyíbù shōurù fēnpèi gǎigé de zhòngyào lǐngyù
독점 업종의 개혁은 다음 단계 소득분배 개혁의 중요 영역이다

垄断(lǒngduàn)：독점. 4-1.
行业(hángyè)：업종. 1-6.
下一步(xiàyíbù)：1.명 다음 단계〔방법〕.
2.명 다음 발걸음.
重要(zhòngyào)：중요한. 1-3.
领域(lǐngyù)：영역. 1-13.

5) 收入分配改革总体方案多年"难产" 专家认为今年年内一定出台

소득분배 개혁의 총체적 방안은 다년간 "난산을 겪고", 전문가들은 올해 연내에 반드시 제기할 것이라고 생각한다.

a) 收入分配改革总体方案多年"难产"
shōurù fēnpèi gǎigé zǒngtǐ fāngàn duōnián "nánchǎn"
소득분배 개혁의 총체적 방안은 다년간 "난산을 겪다"

多年(duōnián)：오랜 세월. 다년간. 8-17.
难产(nánchǎn)：1.동 (분만시) 난산하다.
2.동 (계획·작품 등이) 난산을 겪다. 쉽게 완성되지 않다. 탈고가 어렵다.

b) 专家认为今年年内一定出台
zhuānjiā rènwéi jīnnián niánnèi yídìng chūtái
전문가들은 올해 연내에 반드시 제기할 것이라고 생각하다

年内(niánnèi) : 명 연내.
一定(yídìng) : 반드시. 4-4.
出台(chūtái) : 제기하다. 1-15.

6) 从2004年以来，有关出台收入分配改革方案的消息几乎每年都会出现，但仍然不见方案出台。

2004년 이래로, 소득분배 개혁방안의 제기와 관련된 소식은 거의 매년 모두 나타날 것이고, 그러나 방안의 제기는 여전히 보이지 않는다.

a) 从2004年以来，有关出台收入分配改革方案的消息几乎每年都会出现，
cóng èr líng líng sì nián yǐlái, yǒuguān chūtái shōurù fēnpèi gǎigé fāngàn de xiāoxi jǐhū měinián dōu huì chūxiàn
2004년 이래로, 소득분배 개혁방안의 제기와 관련된 소식은 거의 매년 모두 나타날 것이다

从(cóng) : …부터. 1-9.
以来(yǐlái) : 이래. /-4.
有关出台收入分配改革方案的消息 : 소득분배 개혁방안을 제기하는 것과 관련된 소식
→ 소득분배 개혁방안의 제기와 관련된 소식.
有关(yǒuguān) : 관련 (있는). 8-3.
消息(xiāoxi) : 1.명 뉴스. 정보. 기사. 보도. 소식.
2.명 소식. 기별. 편지.
几乎(jǐhū) : 1.부 거의. 거의 모두. 거의 다.
2.부 하마터면.
每年(měinián) : 매년. 해마다. 2-7.
都(dōu) : 모두. 다. 2-3.
会(huì) : …할 것이다. …할 가능성이 있다. 1-9.
出现(chūxiàn) : 출현하다. 나타나다. 1-3.

b) 但仍然不见方案出台。
dàn réngrán bújiàn fāngàn chūtái
그러나 방안의 제기는 여전히 보이지 않다

但(dàn) : 그러나. 1-11.
仍然(réngrán) : 여전히. 2-10.
不见(bújiàn) : 1.동 보이지 않다. 볼 수 없다.
2.동 (물건을) 찾을 수가 없다. 없어지다.

3.동 만나지 않다.

出台(chūtái) : 제기하다. → 제기. 1-15.

7) 对于"难产"的原因，主要是在于它牵涉到了各种利益的博弈，包括权贵利益群体・垄断利益群体和资源利益群体。

"난산"에 대한 원인은, 주로 그것이 각종 이익의 게임과 연루되었다는 데 있고, 권력이익집단・독점이익집단과 자원이익집단을 포함한다.

a) 对于"难产"的原因，主要是在于它牵涉到了各种利益的博弈，
duìyú "nánchǎn" de yuányīn, zhǔyào shì zàiyú tā qiānshè dào le gèzhǒng lìyì de bóyì
"난산"에 대한 원인은, 주로 그것이 각종 이익의 게임과 연루되었다는 데 있다.

对于"难产"的原因 : "난산"에 대한 원인.
对于(duìyú) : 개 …에 대해(서). …에 대하여.
原因主要是在于… : 원인은 주로 …에 있다.
原因(yuányīn) : 명 원인.
主要(zhǔyào) : 주로. 2-2.
在于(zàiyú) : 1.동 …에 있다.
2.동 …에 달려 있다.
它牵涉到了各种利益的博弈 : 그것이 각종 이익의 게임과 연루되었다.
牵涉(qiānshè) : 동 연루되다. 관련되다. 파급되다. 영향을 미치다.
到(dào) : 〔동사 뒤에서 동작의 목적 달성이나 결과 발생을 나타냄.〕 2-11.
各种(gèzhǒng) : 형 각종의. 갖가지의.
利益(lìyì) : 이익. 이득. 1-10.
博弈(bóyì) : 1.동 바둑을 두다. → 게임을 하다. 게임. 시합.
2.명 도박.

b) 包括权贵利益群体・垄断利益群体和资源利益群体。
baōkuò quánguì lìyì qúntǐ・lǒngduàn lìyì qúntǐ hé zīyuán lìyì qúntǐ
권력이익집단・독점이익집단과 자원이익집단을 포함하다

包括(baōkuò) : 포함하다. 1-15.
权贵利益群体 : 권력이익집단.
权贵(quánguì) : 명 실력자. 집권자. 세도가. 권세와 지위가 높은 사람.
利益群体(lìyì qúntǐ) : 이익집단.
群体(qúntǐ) : 1.명 단체. 집단.
2.명 군체.
资源(zīyuán) : 자원. 2-15.

8) 人力资源和社会保障部劳动工资研究所最新发布的«2011中国薪酬报告»显示，去年，我国居民收入增长远远低于财政收入和企业收入增长，使得居民收入占国民收入相对比重不升反降。

인력자원사회보장부 노동임금연구소가 최신 발표한 〈2011 중국 임금 보고서〉에 의하면, 작년 우리나라 주민 소득의 증가는 재정 소득과 기업 소득의 증가보다 몹시 밑돌아서, 주민 소득이 국민 소득에서 점유하는 상대적 비중으로 하여금 오르지 않고 반대로 내리게 만들었다.

a) 人力资源和社会保障部劳动工资研究所最新发布的«2011中国薪酬报告»显示，
rénlì zīyuán hé shèhuì bǎozhàng bù láodòng gōngzī yánjiūsuǒ zuìxīn fābù de 〈èr líng yī yī zhōngguó xīnchóu bàogào〉 xiǎnshì
인력자원사회보장부 노동임금연구소가 최신 발표한 〈2011 중국 임금 보고서〉는 …을 보여 주다 → 〈2011 중국 임금 보고서〉에 의하면

人力资源和社会保障部：中华人民共和国人力资源和社会保障部(중화인민공화국인력자원사회보장부, 약칭 国家人社部). 인력자원사회보장부.
人力资源(rénlì zīyuán)：명 인력자원.
社会保障(shèhuì bǎozhàng)：사회보장. 1-3. 1-14.
部(bù)：부. 〔행정 부서〕 5-2.
劳动工资研究所：노동임금연구소.
劳动工资(láodòng gōngzī)：노동임금.
劳动(láodòng)：노동. 9-7.
工资(gōngzī)：명 임금. 월급. 노임.
研究所(yánjiūsuǒ)：1.명 연구소.
2.명 (타이완의) 대학원.
最新(zuìxīn)：형 최신의.
发布(fābù)：발표하다. 7-9.
薪酬(xīnchóu)：명 임금. 봉급. 급료. 급여. 품삯. 노임.
报告(bàogào)：보고서. 2-1.
显示(xiǎnshì)：보여주다. 내보이다. 분명하게 표현하다. 8-13.

b) 去年，我国居民收入增长远远低于财政收入和企业收入增长，
qùnián, wǒguó jūmín shōurù zēngzhǎng yuǎnyuǎn dīyú cáizhèng shōurù hé qǐyè shōurù zēngzhǎng
작년, 우리나라 주민 소득의 증가는 재정 소득과 기업 소득의 증가보다 몹시 밑돌다

去年(qùnián)：작년. 2-8.
远远(yuǎnyuǎn)：1.부 크게. 몹시. 상당히. 대단히. 대량으로. 대폭.
2.부 멀리.
低于(dīyú)：밑돌다. …보다 낮다. …보다 뒤떨어지다.

低(dī) : 낮다. 뒤떨어지다. 5-6.
于(yú) : …보다. 1-6.
财政(cáizhèng) : 재정. 2-14.
企业(qǐyè) : 기업. 1-16.

c) 使得居民收入占国民收入相对比重不升反降。
shǐde jūmín shōurù zhàn guómín shōurù xiāngduì bǐzhòng bùshēng fǎnjiàng
주민 소득이 국민 소득에서 점유하는 상대적 비중으로 하여금 오르지 않고 반대로 내리게 만들다

使得(shǐde) : 1.동 …로 하여금 …하게 하다. 어떠한 결과를 불러일으키다.
2.동 사용할 수 있다. 쓸 수 있다.
3.동 괜찮다. 좋다. 쓸 만하다.
使(shǐ) : 동 (…에게) …하게 하다. …시키다. 2-14.
占国民收入相对比重 : 국민 소득을 점유하는 상대적 비중
→ 국민 소득에서 점유하는 상대적 비중.
占(zhàn) : 점유하다. 차지하다. 2-15.
相对(xiāngduì) : 1.부 비교적. 상대적으로.
2.형 상대적이다.
3.동 마주하다. 상대하다.
比重(bǐzhòng) : 명 비중.
不升反)降(bùshēng fǎnjiàng) : 오르지 않고 반대로 내리다.
升(shēng) : 1.동 오르다. 올라가다. 떠오르다.
2.동 (등급 따위를) 올리다. 높이다. 승급하다. 진급하다.
3.양 리터(liter).
反(fǎn) : 1.부 반대로. 도리어. 거꾸로. 오히려. 역으로.
2.형 거꾸로의. 반대의. 뒤집힌.
3.동 뒤집다. 바꾸다.
4.동 돌아가다. 반대로 …하다.
5.동 반대하다. 대항하다. 반항하다. 맞서다.
6.동 배반하다.
7.동 위배하다. 어기다. 거스르다.
降(jiàng) : 1.동 내리다. 내려가다. 내려오다.
2.동 내리다. 낮추다.
3.동 출생하다. 태어나다.

9) 去年我国公共财政收入增长24.8%，增幅是城镇居民人均可支配收入的1.76倍，是农村居民人均纯收入名义的1.39倍，而同期企业收入增长幅度为20%左右，也远高于居民收入。

작년 우리나라 공공재정의 소득은 24.8% 성장했고, 증가폭은 도시 주민 1인당 평균 가처분소득의 1.76배이고, 농촌 주민 1인당 평균 순소득 명목의 1.39배이며, 그리고 같은 시기 기업 소득의 증가폭은 20% 안팎이고, 또한 주민 소득보다 훨씬 많았다.

a) 去年我国公共财政收入增长24.8%，
qùnián wǒguó gōnggòng cáizhèng shōurù zēngzhǎng bǎifēnzhī èr shí sì diǎn bā
작년 우리나라 공공재정의 소득은 24.8% 성장했다

公共财政(gōnggòng cáizhèng) : 공공재정. 2-15.
增长(zēngzhǎng) : 성장하다. 1-1.

b) 增幅是城镇居民人均可支配收入的1.76倍，
zēngfú shì chéngzhèn jūmín rénjūn kě zhīpèi shōurù de yī diǎn qī liù bèi
증가폭은 도시 주민 1인당 평균 가처분소득의 1.76배이다

城镇居民(chéngzhèn jūmín) : 도시 주민. 2-13.
人均(rénjūn) : 명 1인당 평균.
可支配收入(kě zhīpèi shōurù) : 명 가처분소득.
支配(zhīpèi) : 지배하다. 9-9.
倍(bèi) : 배. 곱절. 3-21.

c) 是农村居民人均纯收入名义的1.39倍，
shì nóngcūn jūmín rénjūn chún shōurù míngyì de yī diǎn sān jiǔ bèi
농촌 주민 1인당 평균 순소득 명목의 1.39배이다

农村(nóngcūn) : 농촌. 2-15.
纯收入(chún shōurù) : 명 순소득.
名义(míngyì) : 1.명 명목. 명분. 명의. 자격.
2.명 표면상. 형식상.

d) 而同期企业收入增长幅度为20%左右，
ér tóngqī qǐyè shōurù zēngzhǎng fúdù wéi bǎifēnzhī èr shí zuǒyòu
그리고 같은 시기 기업 소득의 증가폭은 20% 안팎이다

而(ér) : 그리고. 1-8.
同期(tóngqī) : 1.명 같은 시기. 동일한 시기. 동기.
2.명 (학번 · 졸업 연도 등이) 같은 기. 동기.
3.명 (간행물의) 같은 호.

左右(zuǒyòu) : 1.명 가량. 안팎. 만큼. 내외. 쯤.
2.명 좌와 우. 왼쪽과 오른쪽.
3.명 주위. 옆. 곁.
4.명 측근. 시종. 주변 사람.
5.동 통제하다. 좌우하다. 좌지우지하다. 지배하다.

e) 也远高于居民收入。
yě yuǎn gāo yú jūmín shōurù
또한 주민 소득보다 훨씬 많다

远高于(yuǎn gāo yú)… : …보다 훨씬 높다 → …보다 훨씬 많다. 3-21.
远(yuǎn) : 훨씬. 3-21.

10) «报告»认为，收入分配不合理·不均衡状况并没有根本扭转，在一定程度上已经成为制约我国社会发展的瓶颈，也将影响到经济进一步升级和社会转型，应加快工资制度改革和收入分配改革。

〈보고서〉에 의하면, 소득분배의 불합리·불균형 상황은 결코 근본적으로 시정되지 않고, 상당한 정도에서 우리나라 사회 발전을 제약하는 장애가 이미 되었으며, 또한 장차 경제의 진일보한 향상과 사회체제 전환에 영향을 줄 것이고, 임금제도 개혁과 소득분배 개혁을 마땅히 재촉해야 한다.

a) «报告»认为，
〈bàogào〉 rènwéi
〈보고서〉는 …라고 생각하다 → 〈보고서〉에 의하면

b) 收入分配不合理·不均衡状况并没有根本扭转，
shōurù fēnpèi bùhélǐ · bùjūnhéng zhuàngkuàng bìng méiyǒu gēnběn niǔzhuǎn
소득분배의 불합리·불균형 상황은 결코 근본적으로 시정되지 않다

不合理(bùhélǐ) : 불합리.
合理(hélǐ) : 합리적이다. 1-15.
不均衡(bùjūnhéng) : 불균형.
均衡(jūnhéng) : 형 고르다. 균형이 잡히다. → 균형.
状况(zhuàngkuàng) : 명 상황. 형편. 상태.
并没有根本扭转 : 결코 근본적인 시정이 없다
→ 결코 근본적으로 시정되지 않다.
并没有(bìng méiyǒu) : 결코 …가 없다.
并(bìng) : 결코. 전혀. 조금도. 별로. 〔부정문에서 부정을 강조함〕 9-6.
根本(gēnběn) : 1.명 근본. 근원. 기초. 가장 주요한 부분. → 근본적인.

2.부 여태껏. 이제〔지금〕까지. 본래. 원래.
3.부 시종. 전혀. 도무지. 아예. 〔주로 부정형으로 쓰임〕
扭转(niǔzhuǎn) : 1.동 시정하다. 교정하다. 바로잡다. (발전 방향이나 목전의 상황을) 바꾸다. 되돌리다. 반전하다. 전환하다.
2.동 (반대 방향으로) 돌리다.

c) 在一定程度上已经成为制约我国社会发展的瓶颈,
zài yídìng chéngdù shang yǐjīng chéngwéi zhìyuē wǒguó shèhuì fāzhǎn de píngjǐng
상당한 정도에서 우리나라 사회 발전을 제약하는 장애가 이미 되었다

在(zài)…上(shang) : …(위)에서. 1-15.
一定(yídìng) : 상당한. 4-4.
程度(chéngdù) : 정도. 5-3.
已经(yǐjīng) : 이미. 1-15.
成为(chéngwéi) : 동 …이 되다. …(으)로 되다.
制约我国社会发展的瓶颈 : 우리나라 사회 발전을 제약하는 장애.
制约(zhìyuē) : 제약하다. 2-10.
发展(fāzhǎn) : 발전하다. 1-7.
瓶颈(píngjǐng) : 명 장애. 병목. 난관. 걸림돌. 슬럼프.
瓶颈制约(zhìyuē) : 병목제약.

d) 也将影响到经济进一步升级和社会转型,
yě jiāng yǐngxiǎng dào jīngjì jìnyíbù shēngjí hé shèhuì zhuǎnxíng
또한 장차 경제의 진일보한 향상과 사회체제 전환에 영향을 줄 것이다

将(jiāng) : 장차 …일 것이다. 3-2.
影响(yǐngxiǎng) : 영향을 주다. 5-8.
进一步(jìnyíbù) : 진일보한. 1-12.
升级(shēngjí) : 1.동 (품질을) 향상시키다. 업그레이드하다. → 향상.
2.동 승급하다. 승진하다. 격상하다.
3.동 (학생이) 진급하다. 학년이 오르다.
4.동 (전쟁이) 확대되다. (사태가) 심해지다.
5.명 진급. 승급. 업그레이드.
社会转型(shèhuì zhuǎnxíng) : 사회체제 전환.
社会(shèhuì) : 사회. 1-3.
转型(zhuǎnxíng) : 체제 전환. 4-12.

e) 应加快工资制度改革和收入分配改革。
yīng jiākuài gōngzī zhìdù gǎigé hé shōurù fēnpèi gǎigé
임금제도 개혁과 소득분배 개혁을 마땅히 재촉해야 하다

应(yīng) : 1.동 마땅히〔응당〕 …해야 한다. …하는 것이 마땅하다.
2.동 대답하다. 응답하다.
3.동 응하다. 승낙하다

加快(jiākuài) : 재촉하다. 빨리 하다. 2-7.

11) 北京国际城市发展研究院联合中国社科文献出版社发布的首部«社会管理蓝皮书--中国社会管理创新报告»指出，2010年我国基尼系数已达到0.438，20世纪90年代以来，基尼系数在以每年0.1个百分点的速度提高，并且有进一步扩大的可能。

북경 국제도시발전연구원이 중국사회과학문헌출판사와 연합하여 발표한 제1편 〈사회관리 청서--중국 사회관리 혁신 보고서〉는, 2010년 우리나라의 지니계수는 이미 0.438에 도달했고, 20세기 90년대 이래로, 지니계수는 매년 0.1 퍼센트의 속도로 향상되고 있으며, 게다가 더욱 증대할 가능성이 있다고 밝혔다.

a) 北京国际城市发展研究院联合中国社科文献出版社发布的首部«社会管理蓝皮书--中国社会管理创新报告»指出，

běijīng guójì chéngshì fāzhǎn yánjiūyuàn liánhé zhōngguó shèkē wénxiàn chūbǎnshè fābù de shǒubù 〈shèhuì guǎnlǐ lánpíshū--zhōngguó shèhuì guǎnlǐ chuàngxīn bàogào〉 zhǐchū

북경 국제도시발전연구원이 중국사회과학문헌출판사와 연합하여 발표한 제1편 〈사회관리 청서--중국 사회관리 혁신 보고서〉는 …라고 밝히다

城市(chéngshì) : 명 도시.

研究院(yánjiūyuàn) : 명 연구원.

联合(liánhé) : 1.동 연합하다. 결합하다. 단결하다.
2.형 연합한. 공동의. 여럿의.
3.명 (뼈의) 결합.

社科(shèkē) : 社会科学(shèhuìkēxué, 사회과학)의 약칭.

文献(wénxiàn) : 명 문헌.

出版社(chūbǎnshè) : 명 출판사.

首部 : 제1편.

首(shǒu) : 1.명 시작. 최초. 처음.
2.명 머리.
3.명 우두머리. 수령. 수반. 지도자.

部(bù) : 부. 편. 〔서적이나 영화 편수 등을 세는 단위〕 5-2.

社会管理(shèhuì guǎnlǐ) : 명 사회 관리.

管理(guǎnlǐ) : 관리. 2-13.

蓝皮书(lánpíshū) : 명 청서(青书). 〔영국 의회나 추밀원의 보고서. 청색 표지에서 유래함〕

创新(chuàngxīn) : 혁신. 2-15.
指出(zhǐchū) : 밝히다. 지적하다. 가리키다. 1-7.

b) 2010年我国基尼系数已达到0.438,
èr líng yī líng nián wǒguó jīní xìshù yǐ dádào líng diǎn sì sān bā
2010년 우리나라의 지니계수는 이미 0.438에 도달했다

基尼系数(jīní xìshù) : 명 지니계수(Gini's coefficient).
〔사회 계층간 소득 불균형을 나타내는 지수. 0에서 10까지로 나눠 0에 가까울수록 소득 분포가 평등함을 나타냄.〕
达到(dádào) : 도달하다. 2-15.

c) 20世纪90年代以来，基尼系数在以每年0.1个百分点的速度提高,
èr shí shìjì jiǔ shí niándài yǐlái, jīní xìshù zài yǐ měinián líng diǎn yī ge bǎifēndiǎn de sùdù tígāo
20세기 90년대 이래로, 지니계수는 매년 0.1 퍼센트의 속도로 향상되고 있다

世纪(shìjì) : 세기. 4-6.
年代(niándài) : 연대. 4-6.
在(zài) : …하고 있는 중이다. 1-3.
以(yǐ) : …(으)로(써). 1-11.
0.1个百分点 : 0.1 퍼센트.
百分点(bǎifēndiǎn) : 명 퍼센트. 백분율. 백분비.
速度(sùdù) : 속도. 5-2.
提高(tígāo) : 동 제고하다. 향상시키다. 높이다. 끌어올리다.

d) 并且有进一步扩大的可能。
bìngqiě yǒu jìnyíbù kuòdà de kěnéng
게다가 더욱 증대할 가능성이 있다

并且(bìngqiě) : 1.접 게다가. 나아가. 그리고.
2.접 동시에. 또. 또한. 아울러.
进一步(jìnyíbù) : 더욱. 1-12.
扩大(kuòdà) : 증대하다. 1-3.
可能(kěnéng) : 가능성. 가망. 1-11.

12) 据悉，在中国收入分配差距中，城乡差距和地区差距已经占据支配性地位，城乡差距的影响尤其突出。

알려진 바에 의하면, 중국 소득분배의 격차 중에서, 도농 격차와 지구 격차가 이미 지배적인 지위를 차지하며, 도농 격차의 영향이 특히 뚜렷하다.

a) 据悉，在中国收入分配差距中，
jùxī, zài zhōngguó shōurù fēnpèi chājù zhōng
알려진 바에 의하면, 중국 소득분배의 격차 중에서

据悉(jùxī) : 동 …로 알려지다. 아는 바로는〔아는 바에 의하면〕…라고 한다.
→ 알려진 바에 의하면.
在(zài)…中(zhōng) : …(중)에(서).
差距(chājù) : 1.명 격차. 차이. 차. 갭(gap).
2.명 (거리의) 차이. 거리 차.

b) 城乡差距和地区差距已经占据支配性地位，
chéngxiāng chājù hé dìqū chājù yǐjīng zhànjù zhīpèixìng dìwèi
도농 격차와 지구 격차가 이미 지배적인 지위를 차지하다

城乡差距(chéngxiāng chājù) : 도농 (간의) 격차. 9-6.
城乡差别(chéngxiāng chābié) : 명 (문화 · 생활 수준 등에서의) 도농 격차.
差别(chābié) : 명 격차. 차별. 차이. 구별.
地区差距(dìqū chājù) : 지구 (간의) 격차.
地区(dìqū) : 지구. 1-13. 〔예로, 동부지구와 서부지구 간의 소득 격차. 혹은 화동지구와 서북지구 간의 소득 격차.〕
占据(zhànjù) : 동 점거하다. 점유하다.
支配性(zhīpèixìng) : 지배적인.
性(xìng) : …적. 2-10.
地位(dìwèi) : 1.명 지위. 위치.
2.명 자리.

c) 城乡差距的影响尤其突出。
chéngxiāng chājù de yǐngxiǎng yóuqí tūchū
도농 격차의 영향이 특히 뚜렷하다

尤其(yóuqí) : 특히. 더욱이. 4-24.
突出(tūchū) : 뚜렷하다. 1-2.

13) 据报道，2007年城乡差距对总体收入差距的贡献约占50%左右。
jù bàodào, èr líng líng qī nián chéngxiāng chājù duì zǒngtǐ shōurù chājù de gòngxiàn yuē zhàn bǎifēnzhī wǔ shí zuǒyòu
보도에 따르면, 2007년 도농 격차의 총체적 소득 격차에 대한 공헌은 50% 안팎을 대략 점하다.

据(jù) : …에 따르면. …에 의거〔근거〕하여. 3-7.
报道(bàodào) : 보도. 7-11.

对(duì) : …에 대해(서). 1-3.
总体(zǒngtǐ) : 총체(적). 2-9.
贡献(gòngxiàn) : 공헌. 기여. 4-21.
约(yuē) : 약. 대략. 3-7.

14) 据国家统计局最新发布的数据显示，上半年，城镇居民人均总收入13679元。

국가통계국이 최신 발표한 데이터에 의하면, 상반기에 도시 주민의 1인당 평균 총소득은 13,679 위안이다.

a) 据国家统计局最新发布的数据显示，
jù guójiā tǒngjìjú zuìxīn fābù de shùjù xiǎnshì
국가통계국이 최신 발표한 데이터에 의하면

据…显示 : …가 보여주는 것에 의하면 → …에 의하면.
国家统计局(guójiā tǒngjìjú) : 국가통계국. 9-四.
数据(shùjù) : 데이터. 8-13.

b) 上半年，城镇居民人均总收入13679元。
shàngbànnián, chéngzhèn jūmín rénjūn zǒng shōurù yī wàn sān qiān liù bǎi qī shí jiǔ yuán
상반기에 도시 주민의 1인당 평균 총소득은 13,679 위안이다

上半年(shàngbànnián) : 명 (일년의) 상반기. 상반년.

15) 其中，城镇居民人均可支配收入12509元，同比名义增长13.3%；扣除价格因素实际增长9.7%。

그중, 도시 주민의 1인당 평균 가처분소득은 12,509 위안이고, 전년동기대비 명목성장은 13.3%이며; 가격 요소를 공제한 실질성장은 9.7%이다.

a) 其中，城镇居民人均可支配收入12509元，
qízhōng, chéngzhèn jūmín rénjūn kě zhīpèi shōurù yī wàn èr qiān wǔ bǎi líng jiǔ yuán
그중, 도시 주민의 1인당 평균 가처분소득은 12,509 위안이다

其中(qízhōng) : 대 그 중에. 그 안에.

b) 同比名义增长13.3%；
tóngbǐ míngyì zēngzhǎng bǎifēnzhī shí sān diǎn sān
전년동기대비 명목성장은 13.3%이다

同比(tóngbǐ)：동 전년도 동기(同期)와 대비(对比)하다. → 전년(동기)대비.
名义增长(míngyì zēngzhǎng)：명 명목성장.

c) 扣除价格因素实际增长9.7%。
kòuchú jiàgé yīnsù shíjì zēngzhǎng bǎifēnzhī jiǔ diǎn qī
가격 요소를 공제한 실질성장은 9.7%이다

扣除(kòuchú)：동 공제하다. 빼다.
价格(jiàgé)：명 가격. 값.
因素(yīnsù)：1.명 (구성) 요소. 성분.
2.명 (사물이 발전하는) 원인. 요인. 조건. 요소.
实际增长(shíjì zēngzhǎng)：명 실질성장.
实际(shíjì)：실제(적). 1-13.

16) 农村居民人均现金收入4303元，同比名义增长16.1%；扣除价格因素实际增长12.4%，比上年同期回落1.3个百分点，农村居民收入增速快于城镇。

농촌 주민의 1인당 평균 현금수입은 4,303 위안이고, 전년동기대비 명목성장은 16.1%이며; 가격 요소를 공제한 실질성장은 12.4%이고, 전년 동기에 비해 1.3 퍼센트 반락하며, 농촌 주민 소득의 가속이 도시보다 빠르다.

a) 农村居民人均现金收入4303元，
nóngcūn jūmín rénjūn xiànjīn shōurù sì qiān sān bǎi líng sān yuán
농촌 주민의 1인당 평균 현금수입은 4,303 위안이다

现金收入(xiànjīn shōurù)：명 현금수입.
现金(xiànjīn)：1.명 현금.
2.명 바로 현금과 바꿀 수 있는 수표.
3.명 은행준비금. 지급준비금. 은행 금고에 보존된 화폐.

b) 同比名义增长16.1%；
tóngbǐ míngyì zēngzhǎng bǎifēnzhī shí liù diǎn yī
전년동기대비 명목성장은 16.1%이다

c) 扣除价格因素实际增长12.4%,
kòuchú jiàgé yīnsù shíjì zēngzhǎng bǎifēnzhī shí èr diǎn sì
가격 요소를 공제한 실질성장은 12.4%이다

d) 比上年同期回落1.3个百分点,
bǐ shàngnián tóngqī huíluò yī diǎn sān ge bǎifēndiǎn
전년 동기에 비해 1.3 퍼센트 반락하다

比(bǐ) : 1.개 …에 비해. …보다.
2.동 비교하다. 재다. 겨루다.
3.동 (…에) 비할 수 있다. 견줄 수 있다.
4.동 예를 들다. 비유하다.

上年同期 : 전년 동기
上年(shàngnián) : 명 작년. → 전년. 과년도.
回落(huíluò) : 반락하다. 1-8.

e) 农村居民收入增速快于城镇。
nóngcūn jūmín shōurù zēngsù kuàiyú chéngzhèn
농촌 주민 소득의 가속이 도시보다 빠르다

增速(zēngsù) : 가속. 1-8.
快于(kuàiyú) : …보다 빠르다. *

Memo

10-3 번 역 우리나라 소득분배제도의 개혁은 반드시 행해야 할 지경에 이르다

최근 10년 동안, 중국 경제체제의 개혁은 크게 진보하고, 경제 · 사회 발전의 동력과 활력을 강화했다. 동시에, 8년 동안 계속된 논의 이후, 소득분배체제 개혁의 총체적 방안은 올해에 내놓을 가능성이 있다. 최근, 많은 전문가가 소득분배 개혁방안을 언급할 때, 주민의 소득 증가폭이 사회 재산의 증가폭을 따라잡을 수 있게 만드는 동시에, 독점 업종의 개혁은 다음 단계 소득분배 개혁의 중요 영역이라고 생각한다.

소득분배 개혁의 총체적 방안은 다년간 "난산을 겪고", 전문가들은 올해 연내에 반드시 제기할 것이라고 생각한다.

2004년 이래로, 소득분배 개혁방안의 제기와 관련된 소식은 거의 매년 모두 나타날 것이고, 그러나 방안의 제기는 여전히 보이지 않는다. "난산"에 대한 원인은, 주로 그것이 각종 이익의 게임과 연루되었다는 데 있고, 권력이익집단 · 독점이익집단과 자원이익집단을 포함한다.

인력자원사회보장부 노동임금연구소가 최신 발표한 〈2011 중국 임금 보고서〉에 의하면, 작년 우리나라 주민 소득의 증가는 재정 소득과 기업 소득의 증가보다 몹시 밑돌아서, 주민 소득이 국민 소득에서 점유하는 상대적 비중으로 하여금 오르지 않고 반대로 내리게 만들었다.

작년 우리나라 공공재정의 소득은 24.8% 성장했고, 증가폭은 도시 주민 1인당 평균 가처분소득의 1.76배이고, 농촌 주민 1인당 평균 순소득 명목의 1.39배이며, 그리고 같은 시기 기업 소득의 증가폭은 20% 안팎이고, 또한 주민 소득보다 훨씬 많았다. 〈보고서〉에 의하면, 소득분배의 불합리 · 불균형 상황은 결코 근본적으로 시정되지 않고, 상당한 정도에서 우리나라 사회 발전을 제약하는 장애가 이미 되었으며, 또한 장차 경제의 진일보한 향상과 사회체제 전환에 영향을 줄 것이고, 임금제도 개혁과 소득분배 개혁을 마땅히 재촉해야 한다.

북경 국제도시발전연구원이 중국사회과학문헌출판사와 연합하여 발표한 제1편 〈사회관리 청서--중국 사회관리 혁신 보고서〉는, 2010년 우리나라의 지니계수는 이미

0.438에 도달했고, 20세기 90년대 이래로, 지니계수는 매년 0.1 퍼센트의 속도로 향상되고 있으며, 게다가 더욱 증대할 가능성이 있다고 밝혔다.

알려진 바에 의하면, 중국 소득분배의 격차 중에서, 도농 격차와 지구 격차가 이미 지배적인 지위를 차지하며, 도농 격차의 영향이 특히 뚜렷하다. 보도에 따르면, 2007년 도농 격차의 총체적 소득 격차에 대한 공헌은 50% 안팎을 대략 점하다.

국가통계국이 최신 발표한 데이터에 의하면, 상반기에 도시 주민의 1인당 평균 총소득은 13,679 위안이다. 그중, 도시 주민의 1인당 평균 가처분소득은 12,509 위안이고, 전년동기대비 명목성장은 13.3%이며; 가격 요소를 공제한 실질성장은 9.7%이다. 농촌 주민의 1인당 평균 현금수입은 4,303 위안이고, 전년동기대비 명목성장은 16.1%이며; 가격 요소를 공제한 실질성장은 12.4%이고, 전년 동기에 비해 1.3 퍼센트 반락하며, 농촌 주민 소득의 가속이 도시보다 빠르다.

Memo

10-4 练习

据媒体此前普遍报道，国家发改委已经完成了《方案》初稿的起草工作，目前正在深入征求部级以上官员对《方案》的意见。

总体方案共涉及十大问题，包括居民收入在国民收入分配中的比重·工资正常增长和最低工资标准·国有资本经营预算与收益分享制度·公共资源出让收益的全民共享机制·高收入者的税收调节·国有企业金融机构高管人员薪酬管理以及公务员津贴补贴和事业单位绩效工资等。

国家开发银行顾问刘克崮日前在公开场合表示，改革开放后的收入分配改革打破了计划经济时期的"大锅饭"·"平均主义"格局，调动了个人·企业·政府的积极性；但对于公平与均衡问题则有所忽视，积累了一些问题，应当通过深化改革，进一步规范收入分配秩序。为此，他建议要更好地发挥政府在调节收入再分配中的作用，加快财税体制改革，规范收入分配秩序，促进经济发展方式转变和社会和谐稳定。

请华大学中国经济研究中心研究员教授常修译认为，居民的收入增长远远跟不上财富增长，"这是一个很大的战略性的问题"，因此必须实行一种新的改革思路，就是使居民收入增长幅度能够跟上社会财富增长的幅度，"这两个应该同步，现在这个同步化差距比较大，离差越来越大，因此整个社会应该对这个事情引起关注。"

용 어

1) 深入(shēnrù) : 1.형 깊다. 철저하다. 투철하다. → 심도 있게.
2.동 깊이 들어가다. 깊이 파고들다. 깊이 침투하다.

2) 部级(bùjí) : (중국 국무원의) 부급(部级, 예: 外交部, 国防部, 科学技术部 등).

3) 分享(fēnxiǎng) : 동 함께 나누다. → 배분하다.

4) 高官人员(gāoguān rényuán) : 고위 관리. 고위 공무원.

5) 大锅饭(dàguōfàn) : 명 대중식사. 공동식사. → 평균분배.

6) 平均主义(píngjūnzhǔyì) : 명 절대 평등주의.

7) 改革思路(gǎigé sīlù) : 개혁적 사고.

8) 同步(tóngbù) : 동시 발생하다. 同步化(tóngbùhuà) : 동시화.

해 설

1) 据媒体此前普遍报道 : 대중매체의 이전 널리 퍼져 있는 보도에 따르면
→ 이전에 널리 퍼져 있는 대중매체의 보도에 따르면.

2) 要更好地 : 要(조동사) + 更好地(부사)의 구조로써, 이들은 아래 4개 본동사(发挥, 加快, 规范, 促进)와 모두 연계되어 있으므로, 번역할 때는 마지막 본동사(促进)에서 표현되어야 함〔더 잘 …해야 하다〕.

3) 差(lí chā) : 격차로부터.

번 역

이전에 널리 퍼져 있는 대중매체의 보도에 따르면, 국가발개위는 이미 〈방안〉 초고의 기초 업무을 완성했고, 국무원 부급 이상 관리의 〈방안〉에 대한 의견을 현재 심노 있게 구하고 있는 중이다.

총체적 방안은 모두 10대 문제와 연관되어 있고, 국민 소득분배 중에서의 주민 소득 비중 · 임금의 정상적 증가와 최저 임금 기준 · 정부자본의 경영 예산과 수익 배분 제도 · 공공자원 양도 수익의 국민 공유 메커니즘 · 고수입자의 세수 조절 · 국유 기업 금융기구 고위관리의 임금 관리 그리고 공무원 수당과 보조금 및 비영리기관의 성과 임금 등을 포함한다.

국가개발은행 고문 리유커구가 며칠 전 공개 장소에서 발표한 의견에 의하면, 즉 개혁개방 이후의 소득분배 개혁은 계획경제시기의 "평균분배" · "평등주의"의 구조를 타파했고, 개인 · 기업 · 정부의 적극성을 불러일으켰다 ; 그러나 공평과 균형 문제에 대해 바로 어느 정도 소홀히 하여, 일부 문제를 누적했고, 마땅히 심화된 개혁을 통해, 소득분배 질서를 더욱 규범화해야 한다. 이 때문에, 그는 더 잘 소득재분배 조절에서의 정부 역할을 발휘하고, 재정과 세무 체제의 개혁을 재촉하고, 소득분배의 질서를 규범화하고, 경제발전방식의 전환과 사회 조화의 안정을 촉진해야 한다고 건의한다.

청화대학 중국경제연구중심 연구원 교수 창시이의 생각에 의하면, 즉 주민의 소득 증가는 재산 증가에 몹시 뒤떨어져 있고, "이것은 커다란 전략성의 문제이며," 때문에 반드시 새로운 개혁적 사고를 실행하고, 즉 주민의 소득 증가폭으로 하여금 사회 재산 증가폭을 따라잡을 수 있도록 해야 하며, "이 둘은 반드시 동시 발생해야 하고, 현재 이 동시화의 격차가 비교적 커서, 격차로부터 점점 커진다. 그래서 전체 사회는 반드시 이 일에 대해 관심을 갖고 중시해야 한다."

Memo

부록

단어 색인

(로마자와 성조의 순서이고, 숫자는 해당된 과-문장의 번호를 표시함.)

A

B

C

D

顶梁柱(dǐngliángzhù)：4–20
定位(dìngwèi)：7–13
动力(dònglì)：2–11
动辄(dòngzhé)：7–2
东盟(dōngméng)：3–6
东北亚(dōngběiyà)：5–5
都(dōu)：2–3
独岛(dúdǎo)：5–7
独资(dúzī)：9–8
独自(dúzì)：1–10
度(dù)：8–10
短短(duǎnduǎn)：4–9
短期(duǎnqī)：1–10
断裂(duànliè)：6–3
对(duì)：1–3
对外(duìwài)：7–19
对于(duìyú)：10–7
吨(dūn)：8–13
多(duō)：3–7
多边(duōbiān)：2–3
多年(duōnián)：8–17
多头(duōtóu)：4–14
多远(duōyuǎn)：3–9
多层次(duō céngcì)：6–12
多方面(duō fāngmiàn)：5–13
多年来(duōniánlái)：8–17

E

额(é)：7–2
俄罗斯(éluósī)：3–15
而(ér)：1–8
而且(érqiě)：5–4
二(èr)：3–12
二十国集团(èrshí guó jítuán, G20)：3–2

F

发布(fābù)：7–9
发挥(fāhuī)：1–12
发起(fāqǐ)：6–8
发生(fāshēng)：4–9
发行(fāxíng)：3–18
发展(fāzhǎn)：1–7
法国(fǎguó)：3–2
法规(fǎguī)：9–16
法律(fǎlǜ)：9–8
法人(fǎrén)：9–12
反(fǎn)：10–8
反思(fǎnsī)：3–2
反映(fǎnyìng)：1–6
反垅断(fǎn lǒngduàn)：5–13
繁多(fánduō)：3–19
繁重(fánzhòng)：2–3
范围(fànwéi)：2–14
方案(fāngàn)：6–5
方面(fāngmiàn)：1–13
方式(fāngshì)：2–6
方向(fāngxiàng)：2–9
防范(fángfàn)：6–5
放(fàng)：1–3
放宽(fàngkuān)：3–10

H

K

L

M

N

P

Q

R

S

市场(shìchǎng)：3-4
市一级(shì yìjí)：7-16
市辖区(shìxiáqū)：6-12
市政府(shìzhèngfǔ)：7-9
是(shì)…的(de)：5-3
试办(shìbàn)：3-6
试点(shìdiǎn)：3-6
试验(shìyàn)：3-11
试验区(shìyànqū)：6-1
适逢(shìféng)：3-3
世纪(shìjì)：4-6
世界(shìjiè)：4-16
事实(shìshí)：1-13
事宜(shìyí)：5-8
事实上(shìshíshang)：1-13
事业单位(shìyè dānwèi)：9-4
势在必行(shìzàibìxíng)：3-3
收入(shōurù)：3-11
首(shǒu)：10-11
首次(shǒucì)：3-15
首尔(shǒuěr)：5-2
首先(shǒuxiān)：3-15
首席代表(shǒuxí dàibiǎo)：5-12
受到(shòudào)：3-3
疏通(shūtōng)：4-12
数据(shùjù)：8-13
树立(shùlì)：8-5
水(shuǐ)：3-19
水泥(shuǐní)：8-2
水平(shuǐpíng)：8-10
顺利(shùnlì)：2-5
司局(sījú)：8-四
私人(sīrén)：9-7
私营(sīyíng)：9-7
私人经济(sīrén jīngjì)：9-四
私人所有(sīrén suǒyǒu)：9-7
私营经济(sīyíng jīngjì)：9-7
私营独资企业(sīyíng dúzī qǐyè)：9-8
私营合伙企业(sīyíng héhuǒ qǐyè)：9-8
私营有限责任公司(sīyíng yǒuxiàn zérèn gōngsī)：9-8
松散型(sōngsǎnxíng)：9-12
速度(sùdù)：5-2
素质教育(sùzhìjiàoyù)：2-15
虽(suī)：9-15
随迁(suíqiān)：2-15
随着(suízhe)：1-3
虽然(suīrán)：7-18
所有(suǒyǒu)：3-6
所有权(suǒyǒuquán)：9-6
所有制(suǒyǒuzhì)：9-6

T

汰(tài)：4-12
态势(tàishì)：1-8
谈及(tánjí)：10-4
探索(tànsuǒ)：6-4
探寻(tànxún)：3-2
讨论(tǎolùn)：3-2
特别(tèbié)：3-4
特点(tèdiǎn)：8-15
特色(tèsè)：7-1

W

X

Y

저자 소개

차성만(車城滿)

- 약력
  - 국민대학교 졸업
  - 國立政治大學(臺灣, National Chengchi University, Taiwan) 석사
  - 中國文化大學(臺灣, Chinese Culture University, Taiwan) 박사
- 현재
  - 서경대학교 국제비즈니스어학부 중어전공 교수
- 저서
  - 꽃보다시사중국어(백산출판사)

경제시사중국어－초급

2013년 1월 30일 초　판 1쇄 발행
2015년 3월 10일 수정판 1쇄 발행

지은이 차성만
펴낸이 진욱상 · 진성원
펴낸곳 백산출판사
교　정 편집부
본문디자인 편집부
표지디자인 오정은

저자와의 합의하에 인지첩부 생략

등　록 1974년 1월 9일 제1-72호
주　소 서울시 성북구 정릉로 157(백산빌딩 4층)
전　화 02-914-1621/02-917-6240
팩　스 02-912-4438
이메일 editbsp@naver.com
홈페이지 www.ibaeksan.kr

ISBN 978-89-6183-692-0
값 15,000원